Christina Gehse

Die spirituelle Macht der Frau

Irdana – Verlag für spirituelle Literatur von Frauen

www.irdana-verlag.de

ISBN 978-3-9813609-3-6

Umschlaggestaltung: pixelpfad.de (Hamburg)
Coverfoto: © Irdana-Verlag (unter Verwendung von Fotos von Anne Kathrin Coordes und JMB-Fotolia.com)
Autorinnenfoto: © Adolf Schumacher
Lektorat: Susanne Broos
Gestaltung und Satz: pixelpfad.de (Hamburg)

Herstellung/Druck: FontFront.com /Finidr

»Weibliche Spiritualität bedeutet, das eigene Potenzial zu entfalten und lustvoll am Schöpfungsprozess teilzunehmen.«

Christina Gehse

Inhalt

Einführung

Vor langer Zeit, als es weder Licht noch Dunkel gab, lebte die Alte Spinnenfrau, deren Kraft allmächtig war, an einem Ort, der kein Ort war, klarer als das Nichts, ohne Form und Bewegung. Allein mit ihrer Kraft erschuf sie ein Traumlied, und weil die Macht des Liedes so groß war, wünschte sie sich, dass sie es teilen könne, dass es gehört würde. Mit den Schwingungen ihrer Lieder erschuf die Spinnenfrau ihre Schwester und mit ihr zusammen die Welt und alle in ihr lebenden Wesenheiten, auf der Erde wie im Kosmos. Glücklich schaute sie schließlich auf ihre Enkelinnen und sang mit ihnen ein Lied, das in einigen Welten auch menschliche Wesen erschuf, die ebenfalls singen konnten.[1]

So beginnt die Schöpfungsgeschichte der Pueblo-IndianerInnen, die seit Jahrtausenden bis heute erzählt wird. Die Geschichte beschreibt ausführlich, wie die Alte Spinnenfrau die Macht ihres Geistes, ihrer Träume und Visionen einsetzt, um die verschiedenen Kräfte und Wesen zu erschaffen, die im Kosmos wirken.

Dieser Mythos ist einer der vielen alten Schöpfungsmythen, die die Entstehung des Universums auf eine weibliche Kraft zurückführen. Er birgt großes Wissen und tiefe Weisheit in sich und kann Frauen an ihre eigene spirituelle, schöpferische Macht erinnern. Und er gibt Hinweise darauf, worin diese besteht: in der Macht des Geistes, der Bewusstheit, der Träume und Visionen, der Kraft der Töne und der Freude am Gestalten und am Teilen.

Dieses Buch handelt davon, wie weibliche spirituelle Macht erinnert, geweckt und gestärkt werden kann und davon, was Frauen damit bewirken können. Es basiert auf den Erfahrungen, die ich selbst auf unterschiedlichen spirituellen Wegen gemacht habe und auf meiner Tätigkeit als spirituelle Lehrerin. Es basiert auf dem Wissen und der Weisheit Alter Kulturen und dem Kontakt zu denen, die dieses Wissen bewahrt haben.

Das Buch befasst sich mit dem Wissen, das ich für notwendig halte, um wirkungsvoll spirituell arbeiten zu können. Es ist wichtig, um die Kräfte zu wissen, die in und außerhalb von uns wirken und darum, wie und warum sie ihre Wirkung entfalten. Denn je mehr wir verstehen, was wir tun, desto bewusster können wir mit geistigen Kräften umgehen und sie im eigenen Sinne einsetzen.

1. Die spirituelle Macht der Frau

Spirituelle Macht umfasst eine Vielfalt von Fähigkeiten. Sie bedeutet im positiven Sinn, das eigene schöpferische Potenzial zu entfalten, sich der eigenen geistigen Stärke bewusst zu sein und sie einzusetzen, um das Leben auf dieser Erde mitzugestalten. Sie entsteht aus der Verbindung zum eigenen Wesenskern und dem Bewusstsein, dass es eine göttliche Dimension gibt, von der wir Teil sind.

Spirituelle Macht liegt in der Kraft, Vorstellungen und Bilder, von der göttlichen Urkraft zu erschaffen, wie zum Beispiel den Mythos der Alten Spinnenfrau, um sie hier auf der Erde sichtbar und erfahrbar zu machen. Vorstellungen, die auf eigenen Erfahrungen beruhen, die im Kontakt mit dem Göttlichen entstanden sind und die möglicherweise anderen die Türen zu diesen Erfahrungen öffnen können. Spirituelle Macht bedeutet, Entscheidungen zu treffen, auf welche Bilder des Göttlichen wir uns beziehen wollen. Das können zum Beispiel kraftvolle Bilder und Vorstellungen sein, die unsere Ahninnen erschaffen haben und von denen wir spüren, dass sie eine Resonanz in uns haben. Um diese Bilder und Vorstellungen wird es unter anderem in diesem Buch gehen.

Warum ich den Begriff Macht gewählt habe und nicht Stärke oder Kraft, hat damit zu tun, dass Frauen häufig zögern, die eigene Kraft tatsächlich auch einzusetzen. **Macht bedeutet, Veränderung zu bewirken**. Abgesehen von den tief sitzenden Verboten und entsprechenden Ängsten, genau dies zu tun, gibt es so viele negative Erfahrungen mit dem Umgang von Macht, dass wir sie meist mit Gewalt, Manipulation und Herrschaft verbinden. Die Konsequenz ist oft ein Zurückhalten der eigenen Stärke, ein Zögern, sie überhaupt zu entwickeln, oder Resignation, wenn wir auf Widerstände stoßen. Auch stellt sich manchen Frauen die Frage, wie wir sie einsetzen können, ohne dem negativen Machtprinzip (= Macht ausüben, um andere zu beherrschen) zu verfallen.

Ich möchte mit diesem Buch dazu beitragen, dass Frauen zu dem Bewusstsein ihrer eigenen Macht zurückfinden und vor allem zu der Lust, sie einzusetzen. Das bedeutet, sich auf den Weg zu begeben, das ganze eigene Potenzial kennenzulernen, zu entfalten und mit (einer bestimmten) Absicht für sich selbst und andere einzusetzen, denn Macht bedeutet auch, Veränderung bewirken zu können.

Macht an sich ist weder positiv noch negativ, sie wird es erst durch die Absicht, mit der sie eingesetzt wird. Ob wir andere damit beherrschen oder ausbeuten möchten oder sie nutzen, um Verbundenheit und Gleichberechtigung zu unterstützen, ist eine Frage der inneren Entscheidung. Neben der Frage nach der Absicht ist es wichtig, die Motivation zu klären, mit der eine Macht ausüben möchte: geht es um Liebe, um Mitgefühl oder um das Bedürfnis, andere zu kontrollieren? Steckt der Wunsch nach Rache oder Hass dahinter, oder geht es um Gier, Besitz oder Gerechtigkeit?

Macht bedeutet Verantwortung, wovor einige zurück schrecken und sie gern auf andere übertragen. In der heutigen Gesellschaft sind wir es gewohnt, spirituelle Macht an die Vertreter einer Religion, einer Kirche, abzugeben, an eine Priesterschaft, die den Kontakt zum Göttlichen herstellt und die dazu da ist, Fragen nach dem Sinn des Lebens zu beantworten. Wenn wir uns selbst jedoch als spirituelle Wesen begreifen, als Teil des Göttlichen, sind wir es, die dem Geschehen Sinn geben – auch dadurch holen wir uns unsere spirituelle Macht zurück.

Die Verantwortung für die Entwicklung ihres seelischen Potenzials und das eigene Handeln trägt jede Erwachsene selbst, und es hilft nicht, die eigene Kraft zu unterdrücken oder es zu vermeiden, sie zu nutzen. Denn nicht gelebte Kraft richtet sich entweder nach innen und wirkt dort als Blockierung oder sie wird von anderen in deren Sinne benutzt.

Jede Entscheidung, die wir treffen oder nicht treffen, hat eine Auswirkung – nicht nur auf unser eigenes Leben, sondern auch auf das, was Weiblichkeit kollektiv bedeutet. Mit jedem Handeln oder mit jedem Resignieren wirken wir zurück auf das kollektive Bild der Frau, das uns wiederum im Inneren stärkt oder schwächt. Wir tragen ein inneres Bild dessen in uns, was Weiblichkeit, weibliche Macht bedeutet. Auf dieses innere Bild können wir, wenn es uns zum Beispiel schwächt, verändernd wirken. Unser eigenes inneres Bild wiederum wirkt zurück auf das kollektive Bild einer Gesellschaft. Auch hierin liegt eine Macht, die wir bewusst einsetzen können, für uns selbst und für die Gemeinschaft. Je mehr Frauen daran mitwirken und je entschiedener sie es tun, desto größer ist die Wirkung. Dabei müssen es gar nicht so viele sein; der Erfahrung nach reichen schon etwa fünf Prozent der Gesamtbevölkerung, um eine Veränderung zu bewirken.

Es ist daher wichtig, dass wir ein Bewusstsein dafür entwickeln, dass unsere inneren Vorstellungen, Überzeugungen, Gedanken und Gefühle einen Einfluss auf das Leben auf dieser Erde haben, nicht nur in unserem persönlichen Umfeld. Auch die Entfaltung unserer geistigen Macht hat sehr viel damit zu tun, wie bewusst wir uns unserer schöpferischen Kräfte sind. Was immer wir denken und fühlen, hat eine Wirkung: nach innen auf uns selbst und nach außen auf andere, auf die Welt. Diese Wirkung können wir bewusst verstärken. Dafür ist es wichtig zu verstehen, was wirkt und wie es wirkt.

Auf dem Wege der Entwicklung der Eigenmacht gibt es einige Stationen, die zurückzulegen sind, und es gibt helfende Kräfte und Wesen. Zu diesen Stationen gehören die Auseinandersetzung mit der eigenen Persönlichkeit und das Wissen, welche Bedürfnisse und Wünsche uns bewegen, welche Ziele und Sehnsüchte uns antreiben. Wir müssen darüber hinaus wissen, wie wir einen Zugang zu unserer geistigen Kraft finden und wie wir sie stärken und lenken können. Letztlich führt der Weg zum eigenen Wesenskern, der die Quelle der spirituellen Kraft ist. Über sie sind wir mit der göttlichen Urkraft verbunden. Zur Entwicklung spiritueller Macht gehört zudem das Wissen, welche Kräfte und Wesen in unserem Kosmos wirken und wie wir uns mit ihnen verbinden können.

Wir können Macht aus der Verbindung zu unseren spirituellen Wurzeln, dem Wissen unserer Ahninnen und aus unserer persönlichen und kollektiven Geschichte beziehen. Wir können unsere Kräfte miteinander verbinden und auf diese Weise potenzieren. Wir können die Verbindung zu anderen Wesen auf dieser Erde suchen, zu Pflanzen, Steinen, Tieren, Kraftorten, und aus dieser Verbundenheit heraus wirken. Das Wissen darum, wie unsere Kräfte miteinander wirken, gehört ebenso dazu, wie das Wissen, wie wir den Kontakt zu anderen schöpferischen Kräften, etwa denen der vier Elemente, herstellen können.

Wenn Macht mit der Freude verbunden wird, die aus diesem Kontakt entsteht, nähern wir uns der göttlichen schöpferischen Urkraft, von der alle Lebewesen Teil sind, die in jeder von uns lebt, und geben ihr so die Möglichkeit, durch uns zu wirken.

1.1 Weibliche Spiritualität

Natürlich gibt es keine übereinstimmende Definition dessen, was weibliche Spiritualität eigentlich ist. Ich beschreibe hier mein eigenes Verständnis davon, das aus der Verbindung eigener Erfahrungen mit weiblichen spirituellen Wegen und dem Kontakt zu anderen spirituell arbeitenden Frauen entstanden ist.

Weibliche Spiritualität geht davon aus, dass es eine göttliche Urkraft gibt, die alles erschaffen hat und von der alle Wesen und Kräfte in unserem Kosmos Teil sind. Wie diese Urkraft genannt wird, ist unterschiedlich. Wichtig ist, dass sie kein Wesen ausschließt oder abwertet, sondern allen mit Achtung und Respekt begegnet.

Für die weiblich spirituellen Wege ist das Bewusstsein der Verbundenheit wesentlich: Verbundenheit mit der göttlichen Kraft, mit der Schöpfung und allen ihren Wesen auf der Erde wie im Kosmos. Zu dem Prinzip der Verbundenheit kommt die Vorstellung von Ganzheit, das heißt, das Göttliche umfasst Licht und Dunkel, Energie und Materie, weiblich und männlich, es ist beides und mehr als das. Ganzheit bedeutet auch, das Prinzip der Polarisierung, das patriarchalen Religionen eigen ist, zu überwinden. Licht und Dunkel sind keine sich gegenüberstehende Kräfte, sondern beide sind Ausdruck einer Kraft, die sich in gewissen Rhythmen unterschiedlich gestaltet. Dazu gehört die Vorstellung der zyklischen Natur der Schöpfung. Das bedeutet, dass Entwicklung nicht linear von A nach B geschieht, sondern in Kreisen und Spiralen, dass Prozesse sich wiederholen und die Entwicklung dabei auf einer anderen Ebene geschieht.

Um diese Prinzipien zum Ausdruck zu bringen, haben matrizentrierte Kulturen überall auf der Erde das Bild der Schöpferischen Urgöttin als ersten Ausdruck, als erste Gestaltung des Göttlichen gewählt. Sie verstanden die Entstehung der Menschen dazu analog: Denn alle Menschen werden von Frauen geboren und im embryonalen Stadium bis zum dritten Monat, sind sie zunächst alle weiblich.

Das Bild der Schöpfergöttin ist uralt. Wir finden es in den frühen Kulturen der Menschheit, es lebt tief in unserem kollektiven Gedächtnis. Als Bild der Göttin mit ihrem Menschenkind auf dem Schoß finden wir es zum Beispiel in Ägypten (Isis mit Horus), in Kleinasien (Arinna mit ihrer Tochter) und es existiert heute noch in der christlichen Religion als Maria mit dem Jesuskind.

Isis mit Horus

Es gibt eine Fülle verschiedener Schöpfungsmythen, die von einer weiblichen Urkraft erzählen, die aus Freude am Teilen die Welt, die Erde und die Menschen erschaffen hat, die sie als ihre Töchter und Söhne schützt.[1]

Das Umfassende an der Vorstellung einer Urgöttin ist, dass darin die Prinzipien des Werdens, Seins und Vergehens zum Ausdruck kommen. Die kosmische Urgöttin lässt Leben entstehen, sie schützt und nährt es und nimmt es wieder zu sich zurück, bis es neu geboren werden will. Das sind die Zyklen, denen das Leben in diesem Universum folgt. Sie wurden über Jahrtausende in verschiedenen Kulturen der Erde durch die sich ewig wandelnde Göttin dargestellt. Häufig wurde sie als die

Weiße, Rote und Schwarze gestaltet, als Jungfrau, Mutter und Alte Weise, die Wachstum, Reifung und Auflösung verkörperten.

Auch Tod und Zerstörung gehören zu den Kräften der Göttin. Sie sind notwendig, damit gehen kann, was vollendet ist, damit Raum für Neues ist, wenn das Alte nicht mehr stimmt, damit Entwicklung möglich ist. Gerade dieser Aspekt wurde jedoch von patriarchalen Religionen verteufelt und Frauen, die ihn verkörperten, wurden bestraft. Er wurde vom Göttlichen abgespalten und wird seitdem entsprechend in Kriegen, täglicher Gewalt und Zerstörung der Natur gelebt. Es ist wichtig, diesen Aspekt wieder zu integrieren, das heißt für Frauen, ihn wieder in das Bild des Göttlichen zurückzuholen und ihm in verantwortungsvoller Weise Ausdruck zu verschaffen.

Ein weiteres Prinzip weiblicher Spiritualität ist, dass alle Wesen Teil der Göttin sind. Daher haben alle einen direkten Zugang zu ihr. Das bedeutet, dass es keine Religion oder Priester braucht, um zum Göttlichen zu finden, sondern dass jede ihren Weg dahin selbst für sich finden kann.

Die Göttin ist in allem wahrnehmbar was existiert, wir finden sie in uns selbst wie auch außerhalb unserer Selbst. Anders ausgedrückt: Alles ist beseelt. Wir haben also ein immanentes wie auch transzendentes Verständnis des Göttlichen. Damit unterscheiden sich die Wege weiblicher Spiritualität von den patriarchal geprägten Religionssystemen, die in der Regel Tod und Zerstörung vom Göttlichen abspalten. Die katholische Kirche behauptet zudem tatsächlich, dass ausschließlich der Mensch eine Seele habe, eine Behauptung, die uns von der Natur trennt und zu ihrer Zerstörung und Ausbeutung beigetragen hat.

Religionen werden von Menschen gemacht, nicht von Gott oder Göttin, und sie sind in der Regel recht dogmatisch. Meist geht damit einher, bestimmte Menschen, in der Regel Frauen und Homosexuelle, zu entwerten und auszuschließen. Beispiele dafür gibt es in den christlichen, jüdischen, islamischen und buddhistischen Systemen auch heute leider noch genug.

Mit weiblicher Spiritualität ist keine Religion gemeint, vielmehr umfasst sie verschiedene spirituelle Erfahrungswege. Allen gemeinsam ist die Vorstellung, dass es nicht nur die materielle Wirklichkeit gibt, die wir mit den fünf Sinnen wahrnehmen können, sondern gleichzeitig eine feinstoffliche Wirklichkeit, für deren Wahrnehmung wir andere Sinne zur Verfügung haben. Diese

Sinne können wir ausbilden (siehe Kapitel 5.1). Gleichzeitig ist es ein wichtiges Anliegen all dieser Wege, die materielle Wirklichkeit zu achten, zu ehren, sie als Ausdruck des Göttlichen zu verstehen und alle unsere Fähigkeiten zu nutzen, sie mit zu gestalten. Das bedeutet, der Spiritualität auch einen kreativen Ausdruck zu geben, sie mit allen Sinnen zu erleben und sie miteinander zu teilen. Wie das zum Beispiel in Ritualen und Jahreskreisfesten geschehen kann, beschreibe ich ausführlich im Praxisteil ab S. 117.

Eine große Schwierigkeit auf dem spirituellen Weg liegt oft darin, die Erfahrungen des Göttlichen, die wir in Meditationen oder Trancen machen, in Sprache zu fassen und zu vermitteln. Manche erleben die göttliche Urkraft auf eine Weise, die ihnen die Vorstellung einer Urgöttin als zu begrenzt erscheinen lässt. Tatsächlich reicht unsere Sprache auch nicht aus, um die göttliche Urkraft zu beschreiben, und auch unsere bildlichen Vorstellungen sind begrenzt. Wie können wir eine Wesenheit beschreiben, die unendlich ist? Wenn wir ihre Kraft direkt erfahren, liegt dieses Erleben oft in einem Bereich jenseits von Sprache und Bildern.

Der Taoismus, eine sehr alte spirituelle Richtung, die weibliche Wurzeln hat, versucht dieses Problem folgendermaßen zu lösen: Die göttliche Urkraft wird Tao genannt. Tao bedeutet so viel wie Mutter – manchmal wird der Begriff auch mit »Weg« oder »Prinzip« übersetzt. Mit Tao/Mutter wird also eine schöpferische Kraft bezeichnet. Gleichzeitig heißt es im Taoismus »Tao ist nicht Tao« (oder »das Tao, das benannt wird, ist nicht Tao«). Damit ist gemeint, dass in dem Moment, in dem die göttliche Urkraft einen Namen bekommt, eine Begrenzung geschieht, die ihrem Wesen nicht entspricht, denn sie ist grenzenlos.[2]

Was wir allerdings beschreiben können, ist ihr vielfältiger Ausdruck und ihr Wirken, so wie es die Schöpfungsmythen, Legenden und Sagen seit alters her versuchen. Dafür haben wir unendlich viele Bilder zur Verfügung, da Unendlichkeit und Vielfalt Teile ihres Wesens sind. Wichtig dabei ist, dass wir uns bewusst machen, welche Wirkung die Bilder und Worte haben, die wir für sie wählen: Ob sie Verbundenheit und Freude zum Ausdruck bringen, ob sie uns als Frauen schwächen oder stärken, ob sie ausgrenzen oder öffnen. Auf den weiblichen spirituellen Wegen beziehen wir uns natürlich auf die Bilder und Vorstellungen, die das Bewusstsein für die weibliche schöpferische Urkraft wecken und Frauenkraft stärken.

1.2 Die Macht der spirituellen Bilder

Seit jeher haben Menschen sich bildhafte Vorstellungen von den göttlichen Kräften gemacht und sich Geschichten über sie ausgedacht. Um spirituelles Wissen und Weisheit weiterzugeben, wurden Mythen geschaffen, Schöpfungsgeschichten. Um kollektive spirituelle Erfahrungen zu vermitteln, wurden die Gestalten von Göttinnen und Göttern erschaffen, die bestimmte Kräfte und den Umgang mit ihnen verkörpern. Welche Gestalt, welches Bild dabei mit einer göttlichen Kraft verbunden wurde, ist eine Frage der jeweiligen Kultur und Zeit und von Menschen gemacht.

Erschaffen wir Menschen also die Göttinnen und Götter? Oder existieren sie unabhängig von uns? Beides trifft zu. Natürlich existieren die göttlichen Kräfte unabhängig von uns Menschen, auf einer sogenannten transpersonalen Ebene. Das bedeutet, dass sie sind nicht einfach Projektionen unserer Psyche sind (wobei dies auch vorkommen kann). Wir Menschen aber geben diesen göttlichen Kräften in unserer Welt eine Gestalt, die uns hilft, ihr Wesen sichtbar zu machen. Wir können dadurch ihre besonderen Eigenschaften und ihr Wirken in der feinstofflichen Welt verdeutlichen und zum Ausdruck bringen, dass sie auch in der materiellen Welt Realität sind.

Unsere Macht liegt im Erschaffen spiritueller Bilder und der Entscheidung, auf welche wir uns beziehen. Die Macht, die solch ein Bild, solch eine Gestalt einer göttlichen Kraft hat, entsteht zum einen aus der Begegnung, die zwischen ihr und einem Menschen stattgefunden hat. Je intensiver der Kontakt mit der göttlichen Kraft ist, desto mehr Energie fließt in das Bild. Zum anderen muss das Bild die entsprechenden Eigenschaften transportieren können, also das Wesen der Kraft zum Ausdruck bringen. Wenn das gelingt, kann das Bild auch für andere Menschen hilfreich sein, um Zugang zu der göttlichen Kraft zu finden und sozusagen zu einem Tor zu ihrer Kraft werden.

Um zu einem kollektiven Bild zu werden, muss es auch der Kultur, die es hervorgebracht hat, und dem jeweiligen Zeitgeist entsprechen. Je öfter es in spirituellen Zusammenhängen, etwa in Ritualen, benutzt wird, desto stärker wird seine Kraft werden. Und nicht zuletzt spielt die Quantität, die Anzahl der Menschen, die es verwenden, ebenfalls eine Rolle, um es im kollektiven Gedächtnis zu verankern.

Um uns mit der göttlichen Kraft zu verbinden, können wir uns die Bilder von Göttinnen in Erinnerung rufen, die in den Alten Kulturen lebendig waren, da sie noch im kollektiven Gedächtnis der Menschheit ruhen. Einige dieser Bilder sind unserer Kultur und der heutigen Zeit sehr fremd. Andere hingegen wecken tiefe Gefühle und haben eine innere Resonanz, und es fällt uns leichter, uns auf diese zu beziehen und sie wiederzubeleben. Am wichtigsten ist es jedoch, dass wir verstehen, welche göttliche Kraft sie jeweils verkörpern, denn dann wird es uns auch gelingen, ihr ein der jetzigen Zeit und Kultur angemessenes Bild zu geben.

Auf der persönlichen Ebene können wir zum Beispiel aus der Erfahrung mit der schützenden Kraft der Göttin heraus nach bereits vorhandenen Bildern suchen, die unsere Erfahrung zum Ausdruck bringen. Häufig werden schützende Göttinnen mit Flügeln dargestellt (wie Isis) oder mit Schwertern (wie Athene). Wir können aber auch ein neues, eigenes Bild erschaffen, in das wir beispielsweise bekannte Schutzsymbole mit einbauen. In einer Gruppe können wir uns zum Beispiel auf ein gemeinsames Bild einigen und diesem Bild in Ritualen und Meditationen immer wieder Kraft geben, bis es sich stabilisiert hat und einfach wahrzunehmen ist. Auf diese Weise können wir besonders intensiv auf das kollektive Bild weiblich spiritueller Kraft einwirken.

Aus der Geschichte der Menschheit sind uns viele Mythen überliefert, die in ihrer Zeit Kraft besaßen. Manche sind inzwischen verblasst, weil niemand mehr die Aufmerksamkeit auf sie gerichtet hat, andere sind uns erhalten geblieben, weil spirituelle Schulen oder Religionen weiter mit ihnen gearbeitet haben oder sie in Märchen weiter bewahrt wurden. Im kollektiven Gedächtnis der Menschheit sind sie jedoch alle noch vorhanden, auch wenn manche von bestimmten Religionen mit Verboten und Tabus belegt sind, durch die wir uns erst hindurcharbeiten müssen, um uns ihre Kraft zu erschließen.

Die Bilder und Symbole, die die Menschen einer Kultur sich von der göttlichen Kraft erschaffen, entfalten eine große Macht auf persönlicher und kollektiver Ebene. Aus der neurophysiologischen Forschung wissen wir, dass die Vorstellungen und Bilder, die wir in den ersten fünf Lebensjahren vermittelt bekommen, die inneren Strukturen des Gehirns prägen und dort

Muster bilden, die für unsere Wahrnehmung der Realität entscheidend sind.[3] Wenn wir in einer Kultur aufwachsen, für die es selbstverständlich ist, dass es keine feinstofflichen Wesen gibt, wird es für uns schwer sein, unsere Wahrnehmung in diese Ebenen hinein zu öffnen, und wir werden erst einmal an unserem Verstand zweifeln, wenn wir einem Feenwesen begegnen. In einer Kultur, in der Gott selbstverständlich männlich und alleinherrschend ist, braucht es viel innere Verwandlungsarbeit, um sich die Vorstellung einer Göttin zu erlauben.

Die spirituellen Bilder, mit denen wir aufwachsen, sind tief in der Psyche verankert und wirken von dort aus auch in Form von Verboten und Erlaubnissen. Sie prägen unsere Sichtweise auf die Welt und unseren geistigen Spielraum. Sie wirken zurück auf unsere Ethik, unsere Moral, unsere Kunst, und prägen unser Verständnis für soziale und politische Strukturen.

In den tieferen Schichten der Persönlichkeit finden wir stärkende und heilende oder auch zerstörerische Kräfte, die dort in Form von Bildern, Worten oder auch Symbolen ihre Energie entfalten. Das zeigt sich besonders in der Arbeit mit Träumen und Trancen. Heilsam sind diese Kräfte dann, wenn sie einem Menschen erlauben, ganz zu sein, sich mit allen inneren Anteilen zu akzeptieren und alle Erfahrungen, die das Leben bietet, zu integrieren. Die Bilder, die Menschen in verschiedenen Kulturen für diese Kräfte geschaffen haben, zeigen das deutlich. Es ist ein großer Unterschied, ob die Kraft der Zerstörung als ein Teil des Göttlichen gilt oder dämonisiert wird.

Wenn Heilungsbilder innerlich abgespalten werden müssen, weil sie etwa durch den gerade herrschenden Glauben verboten oder verdreht wurden, steht ihre Kraft nicht zur Verfügung oder wird sogar als bedrohlich erlebt. Zum Beispiel ist das Bild der alten Hexe hierzulande heute noch absolut negativ besetzt, es ist zum Schimpfwort geworden. Ursprünglich war eine Hexe aber eine Heilerin und Begleiterin in den Übergängen – also bei der Geburt und beim Sterben – und verkörperte auf der menschlichen/irdischen Ebene den Aspekt der dreifachen Göttin, der mit Auflösung, Trennung und Tod verbunden war, die schwarze Göttin, die Alte Weise. In der Zeit der Inquisition machte die katholische Kirche daraus ein abstoßendes Hexenbild, mit dem sich keine mehr identifizieren konnte. Immer noch ist das Hexenbild so negativ und mit Angst besetzt, dass es die Kraft der alten weisen Frau völlig überlagert. Mit der Verwandlung des heilsamen in ein abstoßendes, negatives, angstbesetztes Bild wurde zugleich auf spiritueller Ebene der Zugang zur Macht der Göttin in ihrem schwarzen Aspekt abgeschnitten. Damit sind wir bis heute von der Ganzheit, die das Bild der dreifachen Göttin verkörpert, getrennt.

Das Bild der Hexe ist nur ein Beispiel. Es gibt eine Fülle weiterer Beispiele dafür, wie mit zunehmender Macht patriarchaler Religionen die ursprünglich heilsamen Bilder weiblicher spiritueller Kraft mit Angst belegt wurden, sodass der Zugang zu ihnen immer schwieriger wurde. Trotzdem sind sie in der Tiefe des kollektiven Gedächtnisses noch immer vorhanden, und ihre Kraft kann wieder aktiviert werden, wenn wir uns durch die Verbote und Tabus durcharbeiten.

Ein Bild aber konnte die christliche Kirche nie ganz ausmerzen: Das Bild der Göttin in ihrem roten, das heißt unter anderem mütterlichen Aspekt. Ein großer Teil der spirituellen Macht der katholischen Kirche liegt genau darin, dass der Klerus sie im Bild der Maria bewahrt hat. Viele Katholiken beten in größter Not zu ihr, Pilgerfahrten mit Bitten um Heilung sind in der Regel Fahrten zu Marienplätzen. Diese wiederum sind meist Quellen oder Höhlen – Orte, an denen in vorchristlichen Zeiten die heilende, nährende und schützende Kraft einer Göttin verehrt worden war.

Das Bild einer Göttin, die das Leben erschafft, die es nährt und wieder zu sich nimmt, ist unserer Erfahrung als Menschen, die von Frauen geboren und genährt werden, im Grunde sehr viel näher als das eines Vatergottes, der Männer aus Lehm und Frauen aus deren Rippe bastelt. Ein derartiges Gottesbild konnte kollektiv nur durch den Einsatz von Gewalt über Jahrhunderte hinweg durchgesetzt werden. Wenn dieser Gott dann noch rächende, strafende Charakterzüge trägt, wird die Gewalt auch noch spirituell gerechtfertigt.

Die Bilder des Göttlichen, mit denen wir aufwachsen, prägen uns oftmals noch tiefer als die Sprache, die Worte, mit denen sie uns überliefert werden. Das Bild von Gott als einem alten Mann, einem Übervater, sei er nun gütig oder rächend, hat in der westlichen Kultur so lange unseren Glauben beherrscht, dass die Vorstellung einer Göttin oder Gottmutter heute viele Menschen zutiefst empört, zumal sie, wie beschrieben, in Teilen auch angstbesetzt ist. Dieses Bild vom mächtigen Vatergott wirkt seit Jahrhunderten auf die gesellschaftliche Ordnung und prägte zutiefst die Vorstellung mit, männliche Herrschaft sei selbstverständlich und gottgewollt. Das hierarchische Bild eines Gottes, der über mächtige Lichtwesen herrscht – Erzengel, die ebenfalls alle männlich sind – spiegelt sich nicht nur in der Hierarchie der Kirche wider, in der Frauen an unterster Stelle stehen. Solche Bilder haben natürlich auch eine tiefe Wirkung auf das Selbstwertgefühl von Frauen (die es in der katholischen Kirche noch heute nicht wert sind, Priesterin zu sein). »Frauen und Spiritualität« bedeutete lange Zeit Unterwürfigkeit. Kann eine Frau sich auf diese Weise tatsächlich als Teil einer göttlichen Kraft fühlen? Oder kann Gott dann nicht doch nur außerhalb von ihr existieren?

Unsere Sprache hat eine ähnlich tiefe Wirkung wie die Bilder. Bereits im frühesten Kindesalter werden wir mit der Macht der Worte vertraut. Die Worte der Mutter prägen sich tief in die Gehirnstrukturen ein und bilden eine wichtige Grundlage dafür, wie wir denken und sprachlich kommunizieren. In den meisten europäischen Sprachen ist heute das Wort für Gott männlich, in den meisten Sprachen ist das Wort für Mensch männlich und die meisten Frauen sprechen von sich selbst und anderen Frauen immer noch in der männlichen Form. Die Alltagssprache ist hierzulande selbstverständlich männlich, die Anstrengungen, die die Frauenbewegung gemacht hat, um dies zu verändern, haben zwar eine Weile in gewissen Kreisen etwas bewirkt, doch viele Frauen fielen und fallen nach einer Weile wieder in den männlichen Sprachgebrauch zurück. Tatsächlich kommen sie sich manchmal albern vor, die weibliche Form zu benutzen, selbst wenn ausschließlich Frauen im Raum sind. Auch das ist eine Form von (verinnerlichter) Abwertung.

Die gesellschaftliche Ordnung hat sich in den letzten Jahrzehnten erheblich verändert und auch auf der spirituellen Ebene wird der Zeitenwandel, in dem wir uns befinden, deutlich. Schon seit einiger Zeit empfinden viele Frauen die christlichen spirituellen Bilder als überholt, denn sie geben ihnen weder Halt noch Kraft oder Vertrauen. Manche haben sich deshalb auf die Suche nach anderen Glaubenssystemen als dem christlichen gemacht. Sie wenden sich nach Osten, dem Buddhismus zu, sie suchen im Westen in der indianischen Mythologie, sie schauen zurück in die vorpatriarchale Zeit, oder sie suchen in den lange unterdrückten oder verbotenen magischen oder mystischen Schulen Europas, etwa im Keltentum. Ihre Suche zeigt, dass es deutlich Zeit ist für neue spirituelle Bilder, die Frauen stärken. Um sie zu finden, können wir an die machtvollen Bilder spiritueller weiblicher Kraft anknüpfen, die die Alten Kulturen geschaffen haben und die noch im Gedächtnis der Menschheit ruhen. Denn wir bewahren die Geschichte der Menschheit im kollektiven Gedächtnis und jede hat potenziell Zugang zu diesem Erinnerungsspeicher.

1.3 Die dreifache Göttin

Isis, Astarte, Diana, Hekate, Demeter, Kali, Inanna, Artemis, Hel, Freya, Saule, Anu, Dana, Gaia, Hera, Nammu, Janna, Nut, Hathor, Amaterazu, Tzakol, Athene, Arianrhod, Mara, Ceres, Sif, Brighid, Sophia, Sarasvati, Maat, Schechina, Akka, Cailleach, Tara, Dreifache Göttin, Himmelskönigin, Allumfassende Mutter, Urmutter, kosmische Mutter, Mutter des Universums, Mutter der 10.000 Namen …

Sie hat unendlich viele Namen in den verschiedenen Kulturen der Erde, über Jahrtausende hinweg. Doch immer bleibt sie, die sich ewig Wandelnde, im Wesen ihrer drei Aspekte gleich: Die weiße Göttin des Neubeginns, die rote Göttin, die alle ihre Geschöpfe liebt, nährt und schützt, die schwarze Göttin, die in ihrer Weisheit das Leben wieder zurücknimmt. Werden, Bewahren, Vergehen – Erschaffen, Nähren, Zerstören – Geburt, Leben, Sterben – und da ihre Natur zyklischer Art ist, folgt auf den Tod die Wiedergeburt.

Sie begleitet alle ihre Geschöpfe in diesem immer wiederkehrenden Prozess. Ihr Wesen spiegelt sich im Leben der Menschen auf der Erde in den verschiedenen Lebensphasen, die wir durchlaufen. Wachstum in der Kindheit und Jugend, die Ausbildung unserer Kräfte; der Einsatz dieser Kräfte mit der Übernahme von Verantwortung für unsere Fähigkeiten, das Eingehen von Beziehungen und Einsatz der kreativen Kräfte; die Verarbeitung der Erfahrungen zu Weisheit und das Weitergeben des Wissens im Alter. Doch stehen uns ihre Kräfte nicht nur im zeitlichen Ablauf des Lebens zur Verfügung. Denn diese Prinzipien finden in jedem

Moment ihren Ausdruck, in jedem Tagesablauf, in jeder Tätigkeit. Auch die Sonne folgt von der Erde aus gesehen diesen Rhythmen, weshalb sie von vielen Völkern Himmelkönigin genannt wurde.

Ihre Kräfte wirken im Kosmos wie auch auf der Erde, im feinstofflichen wie im materiellen, auf der psychischen Ebene wie im Körper.

Ihr Körper ist die Erde, so heißt es, was nichts anderes bedeutet, als dass auch die Materie beseelt ist, dass alles, was existiert, eine göttliche Dimension hat.

Manche Menschen sind verwirrt über die vielen verschiedenen Namen, die sie trägt, mal ist sie Erdgöttin, dann wieder Venus oder Mondgöttin, oder gar der ganze Kosmos. All das bedeutet, dass alles Teil von ihr ist, so wie sie Teil von uns ist. Und dass ihre vielen Namen die unendliche Fülle von Kräften beschreiben, die sie verkörpert. Sie wurde und wird in Tempeln ebenso verehrt wie an Quellen, an Bäumen, in Steinen und Höhlen.

Seit jeher haben Menschen sich von ihr Bilder gemacht, Skulpturen angefertigt, die in ihrer Unterschiedlichkeit doch immer auch diese drei Hauptmerkmale (weiße / rote / schwarze Göttin) tragen. Sie alle bringen zum Ausdruck, dass die Urgöttin unendlich vielfältig ist und doch immer die Eine bleibt, die Schöpferin allen Lebens, zu der wir am Ende der Zeit zurückkehren.

»Ich bin die, die war, ist und sein wird, kein Sterblicher wird je meinen Schleier lüften« lautet die Inschrift auf einem Tempel der Isis. Auf ihrem Standbild in Sais (Ägypten) heißt es »Ich bin alles, was war, ist und sein wird«. Ihren Tempel zu betreten, ist eine Einladung dazu, diese Erfahrung, eine unsterbliche Seele zu sein, auch in uns selbst zu finden.

1.4 Die Kraft von Göttinnen

In den Alten Kulturen finden wir, wie erwähnt, eine Fülle von Mythen, Geschichten und Bildern von Göttinnen, die jeweils ganz unterschiedliche Kräfte verkörpern. Sie alle sind Ausdrucksformen der einen Urgöttin. Während die Urgöttin die Quelle und die Einheit all dessen ist, was an Kräften in unserem Universum vorhanden ist, verkörpern die Göttinnen (und Götter) die spirituelle Ebene ihrer unendlich vielen Aspekte, Eigenschaften und Kräfte. Sie schuf die Galaxien, die Sonnensysteme mit ihren Planeten, die Kräfte der vier Elemente Luft, Feuer, Wasser und Erde, und viele mehr, und jedes dieser Geschöpfe hat eine Entsprechung auf einer spirituellen Ebene in einem göttlichen Wesen. Diesen Wesenheiten gaben und geben Menschen der verschiedensten Kulturen Namen und Gestalten.

Die Göttin Artemis

Auf der spirituellen Ebene der Planeten zum Beispiel ist ein göttlicher Name Gaia (griechisch) für die Erde, Luna (römisch) für die Mondin, Saule (lettisch) für die Sonne. Die Kraft, die von Artemis, der göttlichen Jägerin, verkörpert wird, ist dem Planeten Mars zugeordnet. Artemis wiederum hat viele Schwestern unter den Göttinnen, Kämpferinnen für Gerechtigkeit, Schwertträgerinnen, wie Justitia, Athene und die keltische Göttin Brighid. Machtvolle Göttinnen wie Kali (indisch), Hekate (griechisch) und Cerridwen (irisch) verkörpern hingegen die Kräfte von Tod und Wiedergeburt. Sonnengöttinnen wie Sunna (germanisch), Amaterazu (japanisch) und Arinna (hethitisch) erinnern an die tiefe Liebe der Mutter zu ihren Töchtern.

Wir können uns ihren jeweiligen Kräften nähern, wenn wir ihre Namen meditieren, uns Bilder von ihnen in Erinnerung rufen, ihnen auf Traumreisen begegnen.

Jede dieser Göttinnen verkörpert bestimmte Schwingungen

auf einer sehr feinstofflichen Ebene – ein energetisch intensiv geladenes, komplexes Schwingungsmuster sozusagen. Für diese Schwingungen können wir uns zum Beispiel in einer Meditation oder Trance öffnen. Göttinnen sind energetische Wesenheiten, die sich soweit verdichtet haben, dass wir als Menschen eine Wahrnehmung von ihnen bekommen können. Dabei ist die Wahrnehmung ihrer Kraft nicht für alle bildlich erfahrbar, manche hören sie als Stimme, manche spüren sie als inneres Wissen, manche nehmen ihre Anwesenheit »irgendwie« wahr.

Die Menschen der Alten Kulturen haben ihre Wahrnehmung der Göttinnen in Skulpturen und Statuen geformt, Bilder von ihnen gemalt und Geschichten über ihr Wirken erzählt. In archäologischen Ausgrabungen wurden auf der ganzen Erde uralte Göttinnenskulpturen ans Licht geholt. Wenn wir das Glück haben, sie als Originale zu sehen, können wir ihre besondere Ausstrahlung wahrnehmen. Sie entsteht, wenn die Künstlerin bei der Herstellung der Statue im Kontakt mit der göttlichen Kraft ist, denn dann fließt die entsprechende Energie in die Skulptur hinein (sie erhält dadurch sozusagen ihre energetische Ladung). Das ist der eigentliche schöpferische Prozess. Ob es Wandmalereien sind, Webereien, Töpfereien, die Ausstrahlung des Objektes entsteht durch den Kontakt der Künstlerin zu der Kraft der Göttin, die sie gestalten möchte.

Um diesen Kontakt herzustellen, müssen wir uns als Menschen aus dem normalen Alltagsbewusstsein heraus begeben. Die Schwingungen der Alltagsebene sind dafür zu dicht. Wenn wir uns auf einer Ebene erweiterter Bewusstheit, etwa in einer Meditation oder Trance, mit den Energien der Göttinnen verbinden, kann ihre Kraft in uns eine tiefere Wirkung entfalten und für eine Weile auf uns übergehen. Das heißt, die entsprechende göttliche Kraft wird in uns geweckt beziehungsweise gestärkt. Im Zustand erweiterter Bewusstheit erschließen sich die vielfältigen Aspekte ihrer Kräfte, wir erhalten ein inneres Wissen und einen Energieschub zur Entfaltung dieser Kräfte in uns selbst. Von innen her werden sie anschließend zurück auf unseren Alltag wirken.

Nicht nur Bilder oder Statuen, auch die Namen der Göttinnen enthalten eine starke energetische Ladung. Wir können sie wie Mantras benutzen (siehe Kapitel 6.3). Ein altes hinduistisches Mantra lautet »Saham«, »Ich bin sie« (heute wird es allerdings meist in der männlichen Form benutzt, »Soham«, »Ich bin er«). Die Meditation dieses Mantras kann in einen Zustand der Verschmelzung mit der Kraft der Göttin in all ihren Aspekten und Gestaltungen führen. Sie öffnet für die Erfahrung »Ich bin, die ich bin«. Wenn Saham eine Weile hintereinander gesprochen wird, ergibt sich die Umkehrung Hamsa, was Schwan bedeutet. Und der Schwan wiederum ist ein Symboltier für die Urgöttin. Wenn wir bei der Meditation dieses Mantras einzelne Aspekte ihrer Kraft erfahren wollen, können wir entsprechend den Namen einer Göttin dazu wählen. »Saham Kali«, »Ich bin sie als Kali«, wäre beispielsweise die Verbindung mit dem schwarzen Aspekt der Göttin, der mit Tod und Zerstörung in Zusammenhang gebracht wird. »Saham Shakti« »Ich bin sie als Shakti« stünde hingegen für die Verbindung mit dem roten Aspekt der Göttin.

Tiefe Trancen und Traumreisen ermöglichen ebenfalls Begegnungen mit einer Göttin, in denen wir direkt mit ihr kommunizieren können. Das geschieht manchmal sogar über Sprache, wir hören in der Regel ihre Stimme dann in uns selbst. Oft findet die Kommunikation jedoch auf einer anderen Ebene statt, einer, die sich Worten entzieht, sie ist eher wie ein gemeinsames Erleben, aus dem wir mit einem Wissen oder tieferen Verstehen zurückkehren. Wenn wir es zulassen und die Wirkung der Kraft nicht wieder blockieren, haben diese Begegnungen gleichfalls eine Auswirkung auf unseren Alltag.

Die Kraft der Göttin wird außerdem in Ritualen genutzt. Dort wird eine Göttin mit ihrem Namen in den rituellen Raum gerufen und gebeten, das Ritual mit ihrer Kraft zu begleiten. Unterstützend dabei können Abbildungen sein, da sie die Anziehung verstärken. Auch die Visualisierung eines Bildes der jeweiligen Göttin ist sehr wirkungsvoll, sowie die der jeweiligen Tiere, Pflanzen und Symbole, die ihr zugeordnet sind (mehr dazu in Kapitel 11).

2. Die Kraft von Symbolen

Symbole gehören mit zu den ältesten Ausdrucksformen der Menschheit. Sie wirken auf die tieferen Schichten der Persönlichkeit und werden dort sowie im kollektiven Gedächtnis der Menschheit bewahrt. Sie vermitteln eine Weisheit, die aus Erfahrungen entstanden ist. Wie tief ihre Wirkung ist und wie heilsam oft ihre Botschaften sind, zeigt sich unter anderem in Träumen, in der schamanischen Heilarbeit, in Trancen oder Ritualen.

Symbole sind nur ganzheitlich zu verstehen. Die Informationen, die sie enthalten, lassen sich am besten assoziativ, sinnlich oder meditativ entschlüsseln. Das verstandesorientierte analytische Denken kommt bei der Entschlüsselung nicht weit, dazu brauchen wir vielmehr unsere Intuition, bildhaftes Denken und die Ebenen jenseits des Alltagsbewusstseins.

Einige uns heute noch überlieferte machtvolle Symbole sind entstanden, indem Menschen früher Kulturen Zeichen und Bilder mit ihrem Erfahrungswissen verknüpften. Auf diese Weise schufen sie Symbole, die kollektiv verstanden wurden. Das geschah nicht zufällig, sondern bewusst, um nachkommenden Generationen Erkenntnisse über das Leben, die Natur und das Wirken kosmischer Kräfte zu überliefern. So wurden ganze Symbolsysteme entwickelt, die das Zusammenwirken von Kräften in unserem Universum, unserem Sonnensystem zum Ausdruck bringen. Bekannte Beispiele sind das I Ging, die astrologischen Symbole, der kabbalistische Lebensbaum oder Tarot.

Es gibt sehr einfache Symbole, die fast allen Menschen vertraut sind und deren Bedeutung in allen Kulturen auf Anhieb verstanden wird. Solch ein Symbol ist zum Beispiel der Kreis. Seine Bedeutung ist allerdings viel komplexer, als es zunächst den Anschein hat. Nähern wir uns dem Kreissymbol über das analytische Denken, berechnen wir seinen Durchmesser, seinen Umfang und überlegen vielleicht, was alles eine Kreisform hat. Wenn wir uns dem Kreissymbol dagegen auf einer assoziativen Ebene nähern, entstehen zum Beispiel Bilder von Kreisformen, wie Ringe, das kreisförmige Ausbreiten der Wellen, wenn ein Stein ins Wasser geworfen wird, oder das Bild von Menschen, die im Kreis tanzen.

Auf einer meditativen Ebene erschließt sich die Symbolik des Kreises noch tiefer: Er symbolisiert Ganzheit, Vollkommenheit und Verbundenheit und eignet sich als einfaches Meditationssymbol gut, um sich diesen Erfahrungen zu öffnen. Die Konzentration auf seine Mitte führt sehr tief nach innen, in das eigene innere Zentrum. Wenn wir die Wahrnehmung auf die Kreislinie ausdehnen, führt es uns mehr in das Thema des Raumes und seiner Grenzen.

Das Symbol des Kreises kann auch sinnlich sehr gut erfahren werden. Wenn wir uns als Gruppe zu einem Kreis zusammenfinden, ermöglicht uns seine Form, alle anderen zu sehen und unterstützt so die Kommunikation. In einem Kreis haben alle den gleichen Abstand zur Mitte, was auf das Bewusstsein, dass alle gleich sind, zurückwirkt. Die Konzentration auf die gemeinsame Mitte kann deutlich machen, dass es ein gemeinsames Interesse gibt. Dieses können wir verstärken, wenn wir die Aufmerksamkeit immer wieder in die Mitte lenken.

Zu erleben, Teil eines Kreises zu werden, kann zutiefst heilsam sein. Dabei geht es einmal um das Erleben von Verbundenheit auf der Kreislinie, wie auch um die Erfahrung, im Zentrum zu stehen und von einem schützenden oder auch stärkenden Kreis umgeben zu sein. Nicht zuletzt erinnert der Kreis an die zyklische Natur des Lebens und der sich ewig wandelnden Göttin.

Durch diesen tieferen, komplexeren Gehalt unterscheiden sich Symbole von einfachen Zeichen wie Verkehrszeichen oder Piktogrammen. Sie haben die Kraft, innere Türen zu öffnen und uns ihre Botschaften zu vermitteln – wenn wir uns jenseits des Alltagsbewusstseins auf sie einlassen.

Symbole sind in verschiedenen Zeitaltern immer wieder benutzt worden, um vielschichtige Informationen zu vermitteln und über die Veränderungen der Sprachen hinaus zu erhalten. Einige Alte Kulturen haben in Symbolsprache versucht, ihr Wissen für uns zu bewahren, wie die Eingravierungen auf den Steinen alter Heiligtümer zeigen. Ebenso haben sie in der Art der Bauweise ihrer Heiligtümer versucht, bestimmte Informationen symbolisch zu vermitteln. Ein besonderes Beispiel hierfür ist die Cheopspyramide in Ägypten, die allerdings auch viel mathematisches Wissen über Raum und Zeit enthält. Hier sind bei der Entschlüsselung deshalb intuitives und analytisches Denken gleichermaßen gefragt.

Unsere heutige westliche Kultur bewegt sich sehr einseitig auf der Ebene des analytischen Denkens und hat ziemlich viel Mühe, diese alten Botschaften zu verstehen. Leichter wird es, wenn wir Meditationen und Trancen benutzen, um sie zu entschlüsseln (siehe Kapitel 6.3).

Die Labrys war einst ein zeremonielles Werkzeug kretischer Priesterinnen

Allerdings wurde die Bedeutung einiger machtvoller Symbole mit der Zeit verändert, sodass wir uns bei ihrer Entschlüsselung durch verschiedene Bedeutungsschichten hindurcharbeiten müssen. Das wird besonders unangenehm, wenn Symbole zum Beispiel von von Faschisten beziehungsweise Nationalsozialisten benutzt wurden / werden wie wir es mit dem Sonnenrad, der Svastika, der Labrys und einigen Runen erlebt haben. Wenn wir mit solchen Symbolen meditieren, kann es geschehen, dass wir auf der geistigen Ebene zunächst mit Bildern in Kontakt kommen, die aus der Zeit stammen, in der sie zuletzt benutzt wurden. Es braucht einige Meditationserfahrung, um diese Bilder hinter sich zu lassen und in Kontakt mit ihrer ursprünglichen Bedeutung zu kommen. Dabei ist es hilfreich, dass andere Kulturen in Asien und indianische Gruppen in Nord- und Südamerika das Sonnenrad inhaltlich anders verknüpfen, nämlich als Ausdruck einer göttlichen schöpferischen Kraft. Entscheidend für die Wirkung eines Symbols sind also auch die innere Bedeutung, die wir ihm heute kollektiv und persönlich geben, und der Zusammenhang, in dem es benutzt wird. Wenn wir die Svastika in Deutschland auf eine Hauswand gesprüht sehen, löst das ganz andere Assoziationen und Gefühle aus, als wenn wir ihr auf einer Rassel der Hopi begegnen oder auf einem 8.000 Jahre alten Keramikteller einer matriarchalen Kultur.

Hopi-Rassel mit Svastika

Um uns die Bedeutung eines Symbols zu erschließen, nutzen wir Techniken, die die rechte Gehirnhälfte aktivieren und/oder reisen in eine erweiterte Bewusstseinsebene. Die rechte Gehirnhälfte, die mehr mit dem assoziativen als dem analytischen Denken zu tun hat, können wir über kreative Wege ansprechen. Dafür ist es wichtig, sich zunächst zu entspannen. Anschließend können wir unsere fünf Sinne nutzen, indem wir beispielsweise damit beginnen, das Symbol zu malen oder es mit Materialien wie Steinen zu legen oder es in den Sand zu zeichnen. Manche

Symbole können sich auch über Bewegung erschließen, indem wir die jeweilige Form gehen oder tanzen. Besonders gut eignen sich hierfür die liegende Acht, die Spirale oder der Kreis. Mit Hilfe von Musik und einem gleichmäßigen Rhythmus entfalten sie ihre Kraft sinnlich wahrnehmbar.

Traumreisen eignen sich ebenfalls sehr gut, um sich die Kraft von Symbolen zu erschließen. Wenn wir darin in unserer Vorstellung etwa eine spiralförmige Treppe abwärts steigen, erreichen wir schnell tiefere Bewusstseinsebenen.

Mit Hilfe von Symbolen können wir an die Weisheit der Alten Kulturen anknüpfen und über Meditation das Wissen, das in ihnen steckt entschlüsseln, um die spirituelle Kraft von Frauen zu stärken. Symbolmeditationen können uns in bestimmte Erfahrungsräume führen, denn mit ihrer Hilfe können wir die Türen zu anderen Bewusstseinsebenen öffnen.

Die Meditation des Kreuzes der vier Elemente (siehe S. 133) beispielsweise kann uns mit ihren Kräften verbinden und ihr Wirken in uns selbst stärken. Außerdem bewirkt sie Zentrierung und Verbundenheit. Auch können Symbolmeditationen in uns Heilkräfte wecken und stärken.

Wir können Symbole nutzen, um unsere eigene geistige Entwicklung zu unterstützen. Komplexere Symbole – wie die Tarotkarten – können wir als Spiegel für unser Inneres verwenden oder auch, um Fragen beantwortet zu bekommen, die wir auf der Alltags- bzw. Verstandesebene nicht lösen können. Denn sie stellen den Kontakt zur inneren Weisheit her.

Symbole können Werkzeuge für rituelle oder heilende Zwecke werden. Sie können dazu dienen, bestimmte Kräfte anzuziehen, mit denen sie verknüpft wurden. Je länger ein Symbol in dieser Weise verwendet wurde, desto stärker ist seine Kraft. Seine Wirkung entfaltet sich über die feinstofflichen Ebenen auf die feststofflichen. Das bedeutet, dass es nicht ausreicht, ein Symbol einfach auf einen Stein zu malen, damit es wirkt. Wir müssen vielmehr zuerst einen inneren Bezug dazu herstellen, zum Beispiel in einer Meditation. Wenn wir auf einer geistigen Ebene den Kontakt hergestellt und die Kraft des Symbols erfahren haben und es dann auf einen Stein malen, wird es eine stärkere energetische Ladung bekommen und damit machtvoller wirken.

Magisch werden Symbole auch zur Herstellung von Amuletten und Talismanen verwendet. In Ritualen nutzen wir sie, um Kräfte anzuziehen (siehe Kapitel 11.5).

Darüber hinaus eignen sich Symbole auch gut, um sich selbst (oder auch die eigenen Räume und rituelle Plätze) geistig zu schützen, was für die spirituelle Arbeit unbedingt notwendig ist (siehe Kapitel 7).

Eine sehr wirkungsvolle Arbeit ist die eigene Gestaltung eines Symbols. Sie geht einher mit dem Prozess, indem wir uns seiner Kraft bewusst werden. Will ich zum Beispiel mit einem Symbol meine Verbindung zur dreifachen Göttin stärken, könnte ich regelmäßig das Symbol der Triskele meditieren und es dann auf einen Stoff malen oder sogar sticken, aus dem ich einen Kraftbeutel anfertige. Wenn ich während des Stickens oder Malens in innerer Beziehung zu dem Symbol bin, verstärkt sich dessen Kraft noch einmal. Es lässt sich natürlich auch aus Silberdraht gestalten, aus Holz anfertigen und vieles mehr.

Wenn wir uns zum Beispiel Symbole für die vier Elemente erschaffen wollen, können wir für das Wasser eine Muschel nehmen, für die Luft eine Feder, für das Feuer eine Kerze und für die Erde einen Stein. In jedem Fall wählen wir etwas, das eine Entsprechung zu dem Element hat, das etwas seine Eigenschaften zum Ausdruck bringt, und entscheiden dann: Das soll jetzt mein Symbol für dieses Element sein. Je öfter wir dieses Symbol in Ritualen oder einer magischen Arbeit benutzen, desto stärker wird seine Kraft, es wird immer mehr zum Energieträger. Dabei kann das Symbol auf geistiger Ebene, als inneres Bild, oder auf materieller Ebene (als Gegenstand) existieren. Um deutlich zu machen, dass seine Energien in unserer materiellen Welt wirken sollen, ist es auf jeden Fall hilfreich, einen Gegenstand zu benutzen.

Zusammenfassend lässt sich sagen, dass die Wirkung der Arbeit mit Symbolen zustande kommt durch

- die Eigenschaften des Symbols selbst,
- die Beziehung, die wir zu ihm aufbauen,
- die geistige Verknüpfung mit dem, was es bedeuten soll, und
- die Aufladung durch Benutzung.

Nicht zuletzt wurden und werden Symbole auch dazu verwendet, bestimmte Informationen zu verschlüsseln, die nicht allen Menschen zugänglich gemacht werden sollten. Spirituelle Schulen und Kreise aller Zeiten haben ihre Botschaften auf diese Weise verschlüsselt, sodass Nicht-Eingeweihte damit nicht viel anfangen konnten. Wissen bedeutet Macht. Und dieses Wissen wurde und wird ebenso geschützt wie es die Nicht-Eingeweihten davor schützt, mit Kräften zu arbeiten, mit denen sie möglicherweise gar nicht umgehen können.

2.1 Ursprünglich weibliche Symbole im Wandel der Zeit

Nicht immer ist die Bedeutung eines Symbols in der Geschichte der Menschheit gleich geblieben. Vielmehr haben einige kraftvolle Symbole einen Wandel erfahren, der ihnen gleichzeitig etwas von ihrer Macht genommen hat. Die Veränderungen, die in der Zeit des Übergangs von den matrizentrierten Kulturen zu patriarchalen Systemen stattfanden, zeigten sich auch in der Verknüpfung alter Symbole mit neuen Inhalten.

Was geschieht, wenn Symbole umgedeutet werden und ihre ursprüngliche Zuordnung verändert wird, wird am Beispiel einiger bekannter Symbole wie dem taoistischen Yin-Yang-Zeichen und dem Symboltier Schlange deutlich. Das Matriarchat kannte keine Aufspaltung in männliche und weibliche Energien mit den Verknüpfungen licht/dunkel, aktiv/passiv, Geist/Materie, so wie es heute üblich ist. Diese Trennung, die in der Zuordnung bestimmter Energien zu Frau und Mann zum Ausdruck kommt, entstand erst mit patriarchalen Religionen wie dem Judentum, dem Christentum und Teilen des Buddhismus und Hinduismus. In diesen Religionen trennte ein männlicher Gott Himmel und Erde, Geist und Materie voneinander, während in den matrizentrierten Kulturen beides miteinander verbunden war. Die meisten esoterischen Richtungen haben diese Aufspaltung übernommen und erhalten sie aufrecht. Angeblich ist ihr Ziel die Ganzwerdung durch Vereinigung der weiblichen und männlichen Anteile der Persönlichkeit. Das würde bedeuten, dass eine Frau, wenn sie aktiv ist, ihre sogenannte männliche Seite lebt. Meiner Ansicht nach vertieft das die Spaltung und verhindert, dass eine Frau sich als Frau stark fühlen darf, denn die ihr eigene Wesensenergie ist ja nach diesen Lehren passiv. Sehr viel einfacher ist die Vorstellung, dass alle Menschen alle Kräfte zur Verfügung haben und sie individuell gestalten.

Heute wird das uralte Yin-Yang-Zeichen als ein Symbol für die weibliche und männliche Energie gedeutet, dunkel und hell, passiv und aktiv sind die üblichen Eigenschaften, die damit verbunden werden. Im Verlaufe dieser Umdeutung hat es auch allmählich seine alte Form verloren. Das ursprüngliche Symbol, das aus der taoistischen Lehre stammt, deren Wurzeln weit in vorpatriarchale Zeiten zurückreichen, zeigt deutlich zwei Schlangen, die sich umeinander winden, die Punkte im heutigen Symbol sind ihre Augen.

Das ursprüngliche Yin-Yang-Symbol zeigt Schlangen

Diese Schlangen verkörperten die Kräfte von Leben und Tod, die beide als Ausdruck einer göttlichen Kraft galten. Sie hatten nichts mit männlich und weiblich zu tun, bis die patriarchalen Religionen begannen, das Weibliche mit Materie, Dunkelheit und Passivität zu verknüpfen, das Männliche mit Geist, Licht und Aktivität.[1] Die alte Schlangenform verschwand allmählich und übrig blieb ein relativ abstraktes Schwarz-Weiß-Symbol. Die Schlange als Symboltier erfuhr ebenfalls eine Wandlung. Als ein sich häutendes Tier war sie von alters her mit dem Prinzip der Wiedergeburt, der Wandlung, der Regeneration, Heilung und Weisheit verbunden. Das Christentum versuchte dann, die Kraft der Schlange negativ zu nutzen, indem sie sie zu einem Symbol für das Böse machte, zur Verräterin, Verführerin im Paradies, zur Falschheit, und mit dem weiblichen Prinzip verknüpfte.

Es gibt viele Beispiele für den Umgang mit den alten Symbolen in Religion und Politik, die zeigen, wie versucht wurde, ihnen entweder ihre Kraft zu nehmen, sie umzupolen oder sie auf die neuen Machthaber zu übertragen.[2] Auch das christliche Kreuz gehört dazu, das eigentlich auf dem ursprünglichen Kreuz der vier Elemente basiert.

3. Ursymbole der Menschheit als Ausdruck weiblicher Spiritualität

Symbole weiblicher Schöpfungskraft finden wir in allen Kulturen der Erde. Natürlich gehören dazu vor allem diejenigen Symbole, die mit dem weiblichen Schoß verbunden sind, in dem das Leben entsteht, aus dem heraus es geboren wird. Häufig wird dafür ein Dreieck verwendet, dessen Spitze nach unten zeigt. Es verkörpert gleichzeitig die drei Phasen des Erschaffens, Erhaltens und Vergehens. Der weibliche Schoß selbst war Ausdruck für die weiblich göttliche Kraft, die den Kosmos erschaffen hat, die ihre Geschöpfe nährt und sie mit dem Tod wieder in ihren Schoß aufnimmt.

Malta

Alte Tempel und Heiligtümer wurden so gebaut, dass ihr innerer Raum ein Bild des mütterlichen Körpers, besonders ihres Schoßes war. Sehr deutlich ist das an den Megalithbauten der Tempel in Malta und Gozo zu sehen, sowie an den Heiligtümern, die in Erdhügel hinein gebaut wurden wie in Irland, Großbritannien, der Bretagne und Skandinavien (auch auf der Insel Sylt ist noch solch ein Heiligtum erhalten). Der Eingang zu diesen Tempeln ist wie eine Art Geburtskanal gestaltet, die Kammer/n im Inneren erinnern an die Höhle der Gebärmutter. Der Übergang in andere Bewusstseinsebenen wird heute noch in den meisten spirituellen Schulen als Durchschreiten einer Tür, die in einen schmalen Gang führt, der sich dann in einen Raum öffnet, bildhaft beschrieben und ist eine der wirkungsvollsten Visualisierungen für eine tiefe Trance. Kleine Höhlen und Kammern sind seit jeher Initiationsplätze gewesen, oft unterirdisch (im Schoß der Erde), verbunden mit Gängen, deren Öffnung dann das Tor zu einem neuen Lebensabschnitt darstellte. Sie sind Symbole des Übergangs von einem Zustand in den anderen, von einer Lebensphase zur nächsten, im extrem vom Leben zum Tod.

3.1 Spirale, Labyrinth und Triskele

Zu den Symbolen, die wir ebenfalls in allen Kulturen der Erde finden, gehört die **Spirale**. Sie ist, ähnlich wie der Kreis, ein Symbol mit vielen Bedeutungsebenen. Wir finden sie auf den Steinen von Brû na Boîne in Irland ebenso wie in den Tempeln von Malta. Wir finden sie in Neuseeland aus Jade und Walknochen geformt, um das neue Leben zu begrüßen, in Afrika und auf dem amerikanischen Kontinent, auf Keramik gemalt, in Kleidungsstücke gewebt. Die Spirale ist ein Symbol, das in der Natur als Spiralwirbel des Wassers und des Windes vorkommt, als Form unserer Galaxie, als Schneckenhaus, als Farn und in vielen Bereichen mehr.

Sie symbolisiert Werden und Vergehen, Neuanfang und Auflösung, Aufbau oder Abbau von Kraft, je nachdem, ob sie mit oder gegen den Uhrzeigersinn verläuft.

In Ritualen kann die Spirale als Bewegungsweg zu tiefen Erfahrungen führen (siehe Kapitel 12.2 und 12.4). Spiralwege verbinden uns mit der zyklischen Natur des Lebens und symbolisieren Entwicklungen, Wachstum, Verfall, Neubeginn. Als Doppelspirale tauchen sie als Symbole für die diesseitige und die jenseitige Welt auf, für den Rhythmus von Leben und Sterben und Wiedergeburt.

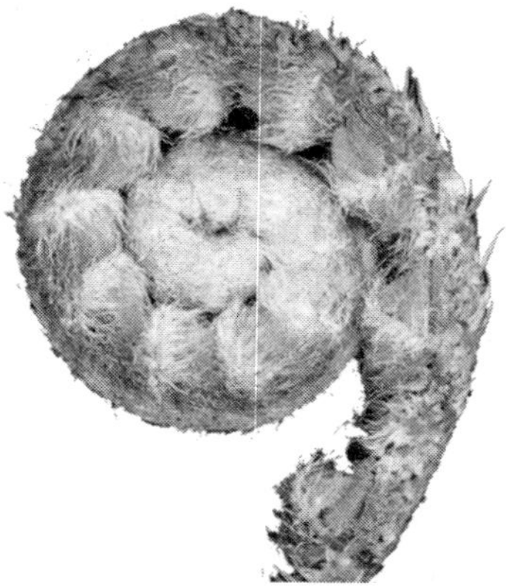

Farn-Spirale

Besondere Formen der Spirale sind das Labyrinth und die Triskele. Das **Labyrinth** beschreibt den seelischen Entwicklungsweg der Persönlichkeit, der eben nicht linear verläuft, sondern in seinem Wachstumsprozess mal vorwärts mal rückwärts zu verlaufen scheint.

Das Labyrinth ist ein Sinnbild seelischer Entwicklung

Mal sind wir nahe am Ziel und dann wieder weit entfernt, wie es scheint, bis wir im Prozess der Selbstfindung im Zentrum angekommen sind, in der eigenen Mitte. So symbolisiert das Labyrinth zugleich den Weg zu sich selbst, zur Selbsterkenntnis und schenkt uns als Bild eine Art Landkarte für die Psyche. Im Labyrinth kann keine verloren gehen, was ein wichtiger Unterschied zu den Irrgärten ist, die manchmal fälschlicherweise als Labyrinth bezeichnet werden. Im Labyrinth gibt es nur einen einzigen Weg, den wir immer in eine Richtung weitergehen. Egal auf welcher verschlungenen Wegschleife wir uns gerade befinden und das Gefühl haben, uns immer mehr vom Ziel zu entfernen, statt uns ihm anzunähern: Wenn das Bild eines Labyrinths in uns verankert ist, wird seine Kraft uns in allen möglichen Lebenssituationen daran erinnern, dass wir nur immer weiter gehen müssen, um anzukommen.

Die Triskele kann unter anderem die drei Aspekte des Göttlichen symbolisieren

Die **Triskele** oder Dreierspirale ist vor allem noch an den Orten zu finden, an denen wir die Reste der alten neolithischen Tempel der Göttin finden, wie dies in Brû na Boîne oder Malta der Fall ist. Die meiner Ansicht nach schönste erhaltene Triskele finden wir auf dem Stein, der den Eingang zum Heiligtum von Brû na Boîne schützt. Das Prinzip der Dreiheit, das sie symbolisiert, finden wir in den meisten Glaubenssystemen dieser Erde. Welcher Art diese Dreiheit ist, sagt die Triskele jedoch nicht aus, sie ist in dieser Hinsicht neutral. Wir können selbst entscheiden, ob wir sie als Ausdruck der Körper-Geist-Seele-Aspekte sehen wollen oder als die drei Aspekte der Göttin (weiß, rot und schwarz, die Amazone, die Mutter, die Alte Weise) oder als Symbol für Leben-Tod-Wiedergeburt.

Die Bedeutung der Triskele lässt sich sehr gut über eine Meditation erschließen. Dabei richten wir die Aufmerksamkeit auf das Zentrum der Triskele, den Schnittpunkt der drei Spiralarme und bleiben während der ganzen Meditationsdauer mit unserem Bewusstsein dort.

3.2 Der Baum als Symbol der weiblich göttlichen Kraft

Visualisierung »Die Kraft des Baumes«

Stell dir vor, du sitzt an den Wurzeln eines mächtigen, uralten Baumes. Sein Stamm ist so dick, dass es mehrere Menschen braucht, um ihn zu umfassen. Du spürst die Kraft dieses Stammes in deinem Rücken, spürst die Beschaffenheit seiner Rinde und lehnst dich an ihn an. Es ist, als würde deine Wirbelsäule allmählich mit dem Baumstamm verschmelzen.
Jetzt folgst du mit deiner Aufmerksamkeit den kraftvollen Wurzeln des Baumes, die tief hinunter in die Erde reichen und ihm dort Halt geben.
Du kannst wahrnehmen, wie die Wurzeln sich im Erdreich verästeln und die Kraft und Nahrung der Erde aufnehmen.
Du spürst, wie diese Kraft aus der Erde den Stamm hinaufsteigt, bis in seine mächtige Krone. Seine vielen Äste und Zweige sind voller Blätter und Früchte, sie scheinen fast bis in den Himmel zu reichen. Jetzt nimmst du wahr, wie das Licht der Sonne durch die Krone fällt und du spürst, wie dieses Licht hinunter bis in die Erde strömt …
Verweile in der Wahrnehmung dieser auf- und absteigenden Kräfte, spür den Halt und den Schutz, den dir der Baum schenkt, und wenn dir eine seiner Früchte in den Schoß fällt, nimm sie als ein Geschenk der Göttin an.

Erstaunlicherweise ist jedes Kind in der Lage einen Baum zu zeichnen, egal wo es aufgewachsen ist und ob es jemals einen Baum gesehen hat. Dieses Wissen bringen Kinder offenbar aus ihrer embryonalen Erfahrung mit, da die Baumstruktur in der Plazenta enthalten ist.[1] In vielen Kulturen der Erde gibt es rituelle Handlungen, die in Zusammenhang mit Bäumen, Geburt, Plazenta und Tod stehen: das Vergraben der Plazenta unter einem Baum, die Bestattung unter einem Baum, die Vorstellung, dass Bäume Quelle mütterlicher Nahrung sind und dass

Menschen aus der Verbindung zu Bäumen geboren werden.[2] Im vorgeburtlichen Leben erfährt jeder Mensch die schützende und nährende Kraft der Plazenta, die sich wie die Krone eines Baumes über ihn wölbt.[3]

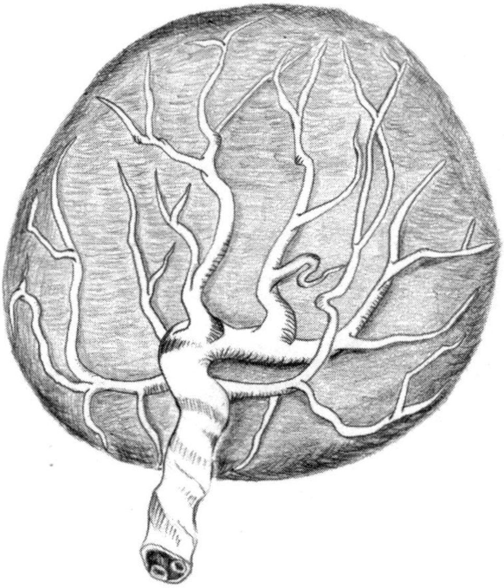

In jeder Plazenta ist die Baumstruktur enthalten

Das Symbol des Baumes ist dadurch nicht nur im persönlichen Gedächtnis jedes Menschen, sondern auch tief im kollektiven Gedächtnis der Menschheit verankert und dort mit weiblicher Schöpfungskraft verbunden. Das zeigt sich in der psychotherapeutischen Arbeit, in der Traumdeutung, in Trancen und Traumreisen immer wieder deutlich. Wenn wir die Symbole Alter Kulturen der Erde anschauen, finden wir überall dort, wo die Göttin als schöpferische Urkraft verehrt wurde, auch den Baum als eines ihrer Symbole für ihre Präsenz auf der Erde wie im Kosmos. Es gibt dafür eine Fülle von Beispielen. So wurde im Alten Ägypten (vor ca. 4.000 Jahren) die Göttin in Verbindung mit Granatapfelbäumen, Feigenbäumen und Dattelpalmen verehrt; Isis und Hathor wurden mit Bäumen verbunden dargestellt, die ein Bild für die ständige Erneuerung des Lebens waren, Hathor galt dabei als die Herrin eines heiligen Baumes, dessen Krone in den Himmel reicht. Die Sykomore, ein Maulbeerfeigenbaum, galt als Himmelsbaum und Gestaltung der kosmischen Göttin Nut.

Die Göttin Hathor in Baumgestalt

Unterschiedliche Bäume symbolisierten in vielen Kulturen der Erde die verschiedenen Aspekte der weiblich göttlichen Kraft. Für die zyklische Natur des Lebens standen Laubbäume wie die Eiche, für das immerwährende Leben die immergrünen Nadelbäume wie die Fichte. Der Granatapfelbaum verkörperte

Fruchtbarkeit, schöpferische Kraft und Wiedergeburt. Der Apfel selbst ist (als Baumfrucht) ein altes Symbol für das Geschenk der Göttin, mit dem sie ihre Liebe und das Versprechen der Wiedergeburt zum Ausdruck bringt. Ihre stärkende, beschützende und tröstende Kraft können wir erfahren, wenn wir an den Wurzeln eines Baumes sitzen und uns an den Stamm anlehnen.

In der hebräischen Sprache ist das Wort für Baum identisch mit dem Wort für Göttin (Elah), und der kabbalistische Lebensbaum, der für die jüdische Spiritualität von tiefer Bedeutung ist, wurzelt in dem Baumsymbol der Göttin Aschera. Auch die nordeuropäische Mythologie kennt diese Verbindung von Göttin und Baum. Im baltischen Raum wurde die Sonnengöttin Saule als Himmelskönigin verehrt, und es hieß, dass die Seelen der Menschen nach dem Tod zu ihrem Apfelbaum zurückkehren. Dieser Baum war voller glänzender goldener, silberner und diamantener Äpfel, ein Bild, das an den »Garten der Hesperiden« erinnert, in dem es Bäume mit zwölf goldenen Äpfeln gab. Dieser Garten war nach griechischer Mythologie ein Geschenk der Urgöttin Gäa/Gaia an ihre Tochter Hera, die wiederum die unsterbliche Schlange Ladon und die Hesperiden (Nymphen) zu dessen Hüterinnen einsetzte. Gaia ist heute vor allem als Erdgöttin, Hera als Ehefrau des Zeus bekannt; wie etliche Schöpfergöttinnen erfuhren sie eine Degradierung in der Zeit des griechischen Patriarchats. Ursprünglich war Gaia jedoch die Schöpferin des Himmels und der Erde, sie gebar sie aus sich selbst heraus. Hera galt ebenfalls als Himmelskönigin, aus deren Milch unsere Galaxie entstand (Milchstraße). Eines ihrer Symbole war der Apfel. Der germanischen Göttin Iduna gehörte ebenfalls ein Garten voller Apfelbäume. Ihre Äpfel verhalfen den Göttinnen und Göttern zu ewiger Jugend.

Haine waren oft Heiligtümer der Göttin und Orte von Ritualen. Einzelne Bäume waren Plätze, an denen spiritueller Rat gegeben und Prophezeiungen gesprochen wurden. Darüber berichtet zum Beispiel die Bibel. Im Alten Testament wird erzählt, dass Prophetinnen wie Sarah, Deborah oder Esther die Menschen an heiligen Bäumen berieten. Sie erhielten dort ihre Visionen. Da sie meist das Amt einer Richterin innehatten, wurde an diesem Ort auch Recht gesprochen, denn die Weisheit aus den kosmischen Ebenen und die Weisheit der Erde fließen gleichermaßen durch den Baum und unterstützen damit eine

Wahrnehmung, die über das Alltagsbewusstsein hinausgeht und zu tieferen Einsichten führt.

In der vorchristlichen keltischen Tradition war das Wort Baum identisch mit dem Begriff der spirituell Eingeweihten. Die vorchristlichen keltischen DruidInnen (Dru = Baum, uid = wissend), die sich als DienerInnen der Göttin verstanden, waren in das Wissen um die Kraft der Bäume eingeweiht. Aus dieser Zeit sind auch reine Druidinnenorden bekannt. Erst nachdem die keltische mit der christlichen Religion verbunden worden war, gab es immer weniger Frauen, die die druidische Einweihung erhielten, bis sie schließlich völlig ausgeschlossen wurden. Die vorchristlichen keltischen DruidInnen besaßen einen Baumkalender, der auf die Mondmonate abgestimmt war. Er verdeutlicht die verschiedenen Energien der jeweiligen Monate und auf welche Weise sie heilsam eingesetzt werden können. Auch gibt es in der druidischen Tradition Zuordnungen von Bäumen zu den Jahreskreisfesten sowie ein Baumalphabet. Die sogenannte Oghamschrift besteht aus 25 Zeichen, die jeweils der Kraft eines Baumes entsprechen und ist damit nicht nur ein Alphabet, sondern gleichzeitig eine energetisch geladene Symbolschrift, ähnlich wie das Sanskrit oder die hebräischen Buchstaben.

Das Bild des Baumes weckt vielfältige Assoziationen auf unterschiedlichen Ebenen. Neben der spirituellen Bedeutung solcher Bäume wie dem Baum der Erkenntnis im Paradies, dem Weltenbaum Yggdrasil oder dem kabbalistischen Lebensbaum, finden wir seine Symbolik auch auf ritueller Ebene. In vielen Kulturen wird an bestimmten Festtagen rituell ein Baum, manchmal nur der Stamm, aufgerichtet, um die Verbindung zwischen Erde und Kosmos zu symbolisieren. In den Jahreskreisfesten kennen wir ihn als Weihnachtsbaum zur Wintersonnenwende oder als Maibaum zu Walpurgis (siehe Kapitel 12).

Auch auf der innerpsychischen Ebene schickt uns das Unbewusste manchmal das Bild eines Baumes, um zum Ausdruck zu bringen, dass wir mit der Erde und dem Kosmos verbunden und von unserem Höheren Selbst geschützt sind. Auf der kollektiven Ebene verbinden uns seine Wurzeln symbolisch mit der Geschichte der Menschheit, auf der persönlichen mit der Geschichte der eigenen Familie, dem Stammbaum.

In der spirituellen Arbeit können wir aus dem Kontakt zum Baum sehr viel Kraft schöpfen, denn das Wissen um seine Bedeutung ist tief im persönlichen und kollektiven Unbewussten verankert. Er stärkt unsere Verbindung zur eigenen Vergangenheit, unser Vertrauen in den Halt durch die Erde und das Wissen, Teil des kosmischen Ganzen zu sein. Bäume bilden außerdem ein wichtiges Tor zu tieferen Ebenen des Bewusstseins. Auf Traumreisen können wir beispielsweise das Innere eines Baumstammes betreten und von dort aus in Welten reisen, in denen wir unseren AhnInnen oder auch Krafttieren begegnen können. In dieser Weise wird der Baum auch von den schamanischen Traditionen verschiedener Kulturen der Erde genutzt. In ihrer Vorstellung teilt er die Welt in drei Ebenen: in die untere, mittlere und obere Welt.

Baummeditationen – auf der symbolischen Ebene wie auch in der Natur – stärken und helfen, sich als Teil der Erde und des Kosmos zu erfahren. Sie unterstützen den vertikalen Energiefluss in der Wirbelsäule in beide Richtungen, die aufsteigende Erdenergie und die absteigende kosmische Energie und auf diese Weise den Kontakt zu sich selbst. Sie können helfen, sich zu zentrieren, Kraft zu tanken und schenken die Erfahrung von Schutz und Halt.

4. Die Macht der Ahninnen

Visualisierung »Mit der Kraft der Ahninnen verbinden«

Stell dir vor, du lehnst dich wieder an den Stamm eines uralten, mächtigen Baumes an. Du nimmst Verbindung auf mit seinen Wurzeln, die tief hinunter in die Erde reichen, in der sie sich weit verzweigen. Du spürst die Kraft, die über die Wurzeln in den Stamm hinaufsteigt und deinen Rücken stärkt ...

Jetzt gehst du um diesen mächtigen Baum herum und findest an einer Seite eine Öffnung, die in sein Inneres führt. Du trittst hinein und siehst auf dem Boden einen schwachen Lichtschimmer. Während du genauer hinschaust, erkennst du eine Öffnung im Boden und eine spiralförmige Treppe, die in die Tiefe führt, aus der das Licht schimmert. Stufe für Stufe steigst du abwärts und erkennst an den Wänden Zeichnungen und Symbole, aus verschiedenen Zeitaltern der Erde, die dich immer tiefer in der Zeit zurückführen.

Schließlich hast du das Ende der Treppe erreicht und und betritts einen Raum, in dessen Zentrum sich ein großer Bergkristall befindet. Es ist, als ob Licht von ihm ausginge. Fasziniert schaust du in den Kristall hinein, in die wunderschönen Strukturen und vielen Schichten. Das Licht wird immer stärker und plötzlich befindest du dich im Inneren des Kristalles, einem riesigen Raum. Eine Halle aus glänzendem Kristall breitet sich vor dir aus und tief in deinem Inneren wächst ein Gefühl von Vertrautheit und Freude. Während du beginnst, die Halle zu erkunden, spürst du immer deutlicher, dass du nicht allein bist. Ganz allmählich nimmst du schimmernde Gestalten wahr, die sich immer mehr verdichten, sodass du sie als Frauen erkennen kannst. Es sind Frauen aus allen Zeiten der Erdgeschichte. Sie versammeln sich zu einer langen Reihe, die letzte in der Reihe ergreift deine Hand und du spürst, wie eine starke Kraft dich durchströmt. Nimm diese Kraft ganz und gar in dich auf.

Wenn das geschehen ist, bedanke und verabschiede dich wieder von ihnen. Deine Umgebung löst sich allmählich in einen Lichtnebel auf ... und du spürst wieder den starken Baumstamm in deinem Rücken.

Auf der Suche nach den Wurzeln weiblicher Spiritualität können wir in Zeiträume zurückschauen, die mehr als 30.000 Jahre umfassen, vermutlich sogar 100.000 Jahre. Erst 2011 wurde in Südafrika eine Höhle mit Wandmalereien gefunden, deren Entstehung auf 100.000 Jahre zurück datiert wird und die deutlich von weiblicher Schöpfungskraft handeln. Immer wieder zeigen neue archäologische Funde, dass es seit langer Zeit überall auf der Erde – auch und gerade in Europa – Kulturen gab, deren Bild göttlicher Schöpfungskraft weiblich war. Die wunderschönen Höhlenmalereien in den mehr als 30.000 Jahre alten Höhlen in Chavaux und Lascaux in Frankreich, die Göttinnenstatuetten wie die der Venus von Willendorf in Österreich und die der Venus vom Hohlen Fels, die auf der Schwäbischen Alb gefunden wurde, sind nur einige Beispiele für hervorragend gearbeitete Kunstwerke, die die Bedeutung der weiblich spirituellen Kraft in den damaligen Kulturen spiegeln. Auch Bilder und Erzählungen von Schöpfergöttinnen finden wir in den Mythen aller Kulturen dieser Erde. Sie sind Teil unseres kollektiven Gedächtnisses und erzählen in symbolhafter Weise von der Geschichte der Menschheit und ihren spirituellen Vorstellungen.

Als Zeugnisse der spirituellen Architektur sind uns heute noch die Tempelbauten zu Ehren der Göttin aus der Megalithkultur in Malta, Mallorca, in der Bretagne, in Irland und Großbritannien erhalten, die teilweise mehr als 6.000 Jahre alt sind. Im gesamten Mittelmeerraum und bis weit nach Kleinasien hinein sind Kunstwerke und Bauten matriarchaler Kulturen gefunden worden und werden weiterhin ausgegraben. Sie alle stehen für den unglaublichen künstlerischen Reichtum, der uns aus diesen Zeiten überliefert ist und auf die Bedeutung der weiblichen spirituellen Kraft hinweist. Sie zeigen uns außerdem, dass die Menschen der damaligen Kulturen sehr weit entwickelt waren und ein geistiges Wissen besaßen, dem wir uns heute erst langsam wieder annähern.

Die Erinnerung an diese Kulturen ist für uns sehr wichtig, denn sie hilft, lange verdrängtes Wissen wieder ins Bewusstsein zu holen und die Verletzungen zu heilen, die Frauen im Laufe der Zeit auf kollektiver Ebene erlitten haben. Die Verbindung zu unserer Geschichte, das Bewusstsein dessen, was Frauen geschaffen haben, ist zutiefst stärkend und öffnet in uns längst vergessene Quellen schöpferischer Kraft. Meditationen und geistige Reisen ermöglichen es, Kontakt zu unseren Ahninnen aufzunehmen, die uns ihr Wissen zur Verfügung stellen. Sie vermitteln es meist in Symbolen, Zeichen und Bildern oder führen uns in bestimmte Erfahrungsräume.

Während wir uns erst wieder an die Wurzeln weiblicher Spiritualität erinnern und an sie anknüpfen müssen, wissen die alten Völker dieser Erde (noch) um die Bedeutung der Erinnerung an ihre Geschichte. Von den Aborigines im heutigen Australien, den Hopis in Nordamerika und vielen anderen indigenen Völkern ist bekannt, dass sie ihre Geschichte seit Jahrtausenden von Generation zu Generation mündlich überliefern. Auf diese Weise können ihre Erfahrungen und ihr Wissen ihren Nachfahren Kraft geben, und das spirituelle Wissen wird erhalten.

Wie notwendig und heilsam das Erinnern an die eigene Geschichte ist, ist aus der psychotherapeutischen Arbeit mit einzelnen Menschen bekannt. Wir wissen, was es auf psychischer Ebene für eine Persönlichkeit bedeutet, von der eigenen Geschichte abgeschnitten zu sein. Nicht an ihre Kraft anknüpfen zu können, führt zu einer großen inneren Verlorenheit. Wir wissen, was Verleugnung und Abspaltung für die individuelle Persönlichkeit bedeutet: Sie verkümmert, zersplittert, verliert die Lebensfreude und wird krank. Wir können diese psychischen Prozesse, die in einer einzelnen Persönlichkeit stattfinden, auf die kollektive Ebene übertragen. Am seelischen Zustand unserer heutigen Gesellschaft sehen wir, dass die Verleugnung der weiblichen Seite des Göttlichen die Menschen unglaublich geschwächt und entfremdet hat. Sie hat zu einer großen inneren Leere und Einsamkeit geführt und nicht zuletzt zu tiefen Ängsten vor Verlorenheit und vor dem Tod.

Auf welche Weise die Verbindung zur eigenen Geschichte stärkend sein kann, haben schon zahlreiche Frauen unter anderem in der Arbeit mit dem systemischen Familienstellen erlebt, das übrigens auch sehr gut zur Aufarbeitung kollektiver Themen genutzt werden kann. Wenn Frauen sich auf die Suche nach starken Frauen in der Geschichte ihrer Familie machen, finden sie diese im Familiensystem oft am Rande, ignoriert, ausgegrenzt, oder für verrückt erklärt. Wenn die Konflikte im familiären System gelöst werden können und es möglich ist, Frieden zu schließen, Ausgegrenzte wieder zu integrieren, kann deren Kraft den Frauen wieder zufließen.

Ebenso verhält es sich in der kollektiven Geschichte. Es steht noch viel Aufarbeitung der blinden Flecken und Traumatisierungen in der Menschheitsgeschichte an. Auf spiritueller Ebene betrifft das vor allem die Integration der verleugneten

Geschichte weiblicher Spiritualität. Der dafür notwendige Erinnerungsprozess ist allerdings nicht immer leicht, denn er führt uns zunächst durch 2.000 Jahre der Herrschaft patriarchaler Religionen und deren gewaltsamer Bekämpfung weiblicher spiritueller Kraft. Der größte Trennungsschnitt von unseren Wurzeln geschah mit zunehmender Macht der Religionen, die einen ausschließlich männlichen Gott verehrten und alle anderen spirituellen Vorstellungen gewaltsam bekämpften. So ist auch die Bibel voll von Geschichten darüber, wie der Glaube an die Göttin Aschera, eine der alten hebräischen Schöpfergöttinnen, gewaltsam ausgemerzt wurde.

Die letzten 2.000 Jahre, die in der europäischen Kultur spirituell im Wesentlichen vom Christentum beziehungsweise der Macht der Kirche bestimmt waren, haben dazu geführt, dass ein Teil des Wissens um die Geschichte weiblicher Spiritualität vernichtet worden ist. Schriften wurden verbrannt oder inhaltlich verfälscht, Tempel und Darstellungen der Göttin zerstört, mündliche Überlieferungen bei Todesstrafe verboten. Über die Gräueltaten im Auftrag der Kirche ist genügend geschrieben worden[1], die dadurch entstandene kollektive Traumatisierung ist aber noch längst nicht aufgearbeitet. Auch die daraus resultierenden Ängste sind immer noch tief in Frauen verankert. Das zeigt sich deutlich, wenn Frauen sich hierzulande auf den Weg machen, ihre spirituelle Macht zu leben. Die Auseinandersetzung mit den eigenen inneren Widerständen, Macht anzunehmen und einzusetzen, ist für viele ein langer und schmerzhafter Prozess. Auf der kollektiven Ebene ist mit der Abspaltung und Entwertung des göttlich Weiblichen eine spirituelle Leere entstanden, die das Christentum nur teilweise mit dem Bild der Maria auffangen konnte. Im Judentum existiert entsprechend das Bild der Schechina. Doch gibt es bei vielen Menschen eine tiefe Sehnsucht nach Ganzheit, Verbundenheit, nach All-einssein, was ohne die Kraft der Göttin nicht möglich ist.

Allerdings ist es trotz aller Zerstörung gelungen, Teile des alten Wissens zu bewahren, in Tempelanlagen, Kunstwerken und Symbolen, in Legenden und Schriftrollen. In all diesen Zeiten gab es Frauen (und Männer), die ihren eigenen spirituellen Wegen jenseits des Christen- und Judentums beziehungsweise jenseits der kirchlichen Dogmen folgten. Sie taten das im Verborgenen und lange Zeit unter Lebensgefahr. Sie gaben ihr

Wissen zum großen Teil mündlich weiter oder verwoben es in Geschichten, Liedern, Tänzen, Kunstwerken, sie bewahrten geheime Schriften auf und gründeten geheime Orden und spirituelle Gemeinschaften wie Hexenzirkel und magische Schulen.

In den 70er und 80er Jahren des letzten Jahrhunderts begannen spirituell interessierte Frauen nach weiblichen Wegen zu suchen und an das Wissen der Weisen Frauen und Hexen anzuknüpfen.[2] Sie beschäftigten sich mit den schamanischen und magischen Pfaden, da diese Wege bieten, die eigenen Kräfte auszubilden und einzusetzen und auch mit Bildern weiblicher spiritueller Kraft arbeiten. Einige spirituelle Wege, die uns heute darin unterstützen können, an die Wurzeln weiblicher Spiritualität anzuknüpfen, werde ich im Folgenden in ihren wesentlichen Aussagen beschreiben: Den Weg der Wicca, die magische Urlehre (»Pfad des Nordens«), die Kabbala als weiblichen Weg und die westlichen alten Wege, die uns zum Teil über den magisch-keltischen Weg überliefert sind.

Dem Weg der **Wicca**, aus dem viele magische Schulen hervorgegangen sind, vor allem die heutigen Wicca-Coven (Hexenzirkel), haben sich viele Frauen angeschlossen. Das Feiern der Jahreskreisfeste und die magische Arbeit mit den Werkzeugen der vier Elemente sind wesentliche Bestandteile dieses Weges.

Auch für die Reisenden auf den **alten Wegen des Westens** gehört beides zu ihrer Spiritualität, hier fließt zudem einiges druidisches Wissen mit ein und mischt sich mit magisch-keltischer Spiritualität.

Die magische Urlehre, auch »Pfad des Nordens« genannt, ist ebenfalls ein Weg, der in uralte Zeiten zurückreicht, aber er ist im Gegensatz zur Kabbala oder zum Weg der Wicca wenig bekannt. Die magische Urlehre geht vermutlich auf ein Volk zurück, das in Grönland zuhause war, als dieses noch ein wärmeres Klima hatte.

Die **Kabbala** ist ein großes Weisheitssystem, das im Laufe der Zeit eine Menge Veränderungen, Verfälschungen und Verdrehungen durch Juden und Christen erfahren hat. Mit der Folge, dass ihre ursprüngliche Botschaft schwer zu enträtseln, ihre tiefe Wahrheit schwer zu finden ist. Sie hat ihre Wurzeln in den Alten Kulturen Ägyptens und Babylons, Kulturen, die an die Göttin als Schöpferin des Universums glaubten.

All diese Wege sind Erfahrungswege. Sie versuchen in unterschiedlicher Weise, spirituelle Erfahrungen zu ermöglichen, sie in ein System einzuordnen, damit bestimmte Zusammenhänge verstehbar und kommunizierbar werden und uns so etwas wie eine innere Landkarte geben. Sie beschäftigen sich mit den Fragen, wie unser Universum entstanden ist, welche Kräfte darin wirken, wie wir sie einsetzen können und welchen Gesetzmäßigkeiten sie gehorchen. Und sie bieten Führung und Begleitung für diejenigen, die auf der Suche nach ihrer eigenen spirituellen Wahrheit sind. Die Grundannahme sämtlicher magischer Schulen, dass das Geistige auf das Stoffliche wirkt, findet sich in all diesen Lehren. Sonst wäre es uns nicht möglich, auf Materie verändernd zu wirken. Die Wirkung von Veränderung geht immer von der schnelleren Schwingung zur langsameren, also von Energie (Geist) zu Stoff, wobei es natürlich auch eine Rückwirkung von Stoff zu Geist gibt.

Das Wissen und die Weisheit dieser Wege lassen sich miteinander zu einem eigenen Weg verbinden. In der Auseinandersetzung mit diesen Wegen ist es ratsam, auf die eigene innere Resonanz zu hören, die die Worte, Vorstellungen und Bilder, die jeweils benutzt werden, auslösen. Berühren sie ein eigenes inneres Wissen, eine Ahnung, eine Erfahrung, Neugierde oder Sehnsucht? Dann sollten wir uns frei fühlen, die entsprechenden Teile zu nehmen und zu etwas eigenem zusammenzufügen. Denn es gibt weder die absolute Wahrheit, noch den einen »richtigen« Weg. In jeder spirituellen Entwicklung kommt irgendwann ein Punkt, an dem wir unserer eigenen Erfahrung vertrauen wollen und uns auf das verlassen, was die innere Stimme der Weisheit sagt.

Es gibt also verschiedene spirituelle Wege, mit deren Hilfe wir unsere geistig/seelischen Kräfte wecken und stärken können, und die uns Möglichkeiten aufzeigen, auf welche Weise wir mit ihnen wirken können. Natürlich ist es sinnvoll, sich zunächst intensiver mit einem Weg, einer Tradition zu beschäftigen, die zeigt, wie wir uns für eigene Erfahrungen öffnen können und welche Hilfe es dabei gibt. Dafür haben die unterschiedlichen Wege jeweils eigene Werkzeuge, Symbole und Techniken wie Meditation oder geistiges Reisen entwickelt. Doch wenn die Methoden des geistigen Reisens, der Meditation ausreichend beherrscht werden, kann sich jede Frau auf ihren eigenen Erfahrungsweg begeben und sich zusammenstellen, was sie braucht, um die für sie wichtigen Entwicklungsschritte zu gehen. Spirituelle Lehrerinnen können dabei helfen, sich das notwendige Wissen anzueignen, innere Türen zu öffnen oder zu lernen, sie geschlossen zu halten. Den Weg aber muss jede für sich gehen.

4.1 Die Wicca-Bewegung

Der Name Wicca bildet den Stamm des englischen Wortes witch = Hexe und bedeutet so viel wie »sehen«, wobei hier das innere Sehen gemeint ist. Auch wenn der Wiccakult in den USA inzwischen als staatliche Religion anerkannt ist, versteht Wicca sich nicht als Religion im üblichen Sinne, sondern als ein möglicher spiritueller Weg zur Ausbildung der geistigen Fähigkeiten.

Die Wurzeln des Wicca reichen rund 30.000 Jahre zurück in eine Zeit, in der die Göttin als die schöpferische Kraft im Universum verehrt wurde, und zwar im Wesentlichen in den drei Gestaltungen, wie wir sie auch heute kennen: Amazone, Mutter, Alte Weise, die die Prinzipien Erschaffen, Bewahren und Zerstören verkörpern. Außerdem wird ein männlicher Gott verehrt, der aber als dual gilt. Das heißt, dass er nur zwei Aspekte vertritt: den der Fruchtbarkeit und den des Todes. Die Göttin steht damit für die Gesamtheit der Schöpfung, der Gott für den erdhaften Teil, den materiellen. Er wird mit der Vergänglichkeit und der Natur assoziiert und kann nur durch die Kraft der Göttin wiedergeboren werden.

Diese Vorstellung unterscheidet sich von den patriarchalen Religionen, die das Weibliche mit der Materie, der Erde verbinden und das Männliche mit dem Geist. Sie drückt sich auch in der Gestaltung der Rituale zu den Jahreskreisfesten aus: Der Gott wird im Laufe des Jahreszyklus geboren und stirbt wieder, während die Göttin ewig ist. Bei diesem Weg wird davon ausgegangen, dass das Prinzip der Dualität beziehungsweise Polarität, nur auf einer bestimmten Ebene existiert und mit dem materiellen/männlichen Aspekt verknüpft ist.

Viele Aspekte des Wicca wurzeln in den Vorstellungen der Megalithkulturen und den Bräuchen der keltischen DruidInnen. Auch der ägyptische Isiskult, der sich in Nordeuropa lange als Kult der schwarzen Madonna hielt, ist ein Spiegel der uralten Göttinnenverehrung, auf den sich die Wicca beziehen. Andere Wurzeln reichen bis nach Griechenland zurück. Dort entwickelten sich mit zunehmender Herrschaft des Patriarchats Kulte, in denen Reste der alten Göttinnenverehrung enthalten waren, beispielsweise der dionysische Kult (Dionysos war ein Gott des Rausches, der Ekstase) und die eleusinischen Mysterien. Eleusis, ein Ort nordwestlich von Athen, war damals Zentrum des Demeterkultes. Diese Mysterien wurden jedes Jahr ab dem 13. September neun Tage lang gefeiert, bis zur Herbsttag- und Nachtgleiche – also, wenn die dunkle Hälfte des Jahreskreises beginnt. Laut dem Demeterkult beginnt danach Demeters Tochter Kore ihren Abstieg in die Unterwelt. Auch Teile dieser Kulte sind in den Ritualen der Wicca enthalten.

Im heutigen Wicca finden wir darüber hinaus Einflüsse der magischen Zirkel, die sich über all die Jahrhunderte parallel zum Christentum gehalten haben. Zu den bekanntesten Zirkeln gehören der Golden Dawn, gegründet von Aleicter Crowley, und Dion Fortunes Servants of Inner Light sowie die Kreise um Helena Blavatsky, Begründerin der Theosophischen Gesellschaft. Einige heutige rituelle Handlungen der Wicca lassen sich zudem auf die Zeit der Inquisition zurückverfolgen.

In den 50iger Jahren des 20. Jahrhunderts wurde die Wiccabewegung, die sich in verschiedene Zweige verästelt, wieder öffentlicher, wobei eine starke Bewegung von England und den USA ausging. Die WiccaanhängerInnen bringen das mit dem Ende des astrologischen Weltzeitalters der Fische in Verbindung, da das Fischezeichen ein Symbol des Christentums war, dessen Macht seitdem schwindet. In den 70iger Jahren des vorigen Jahrhunderts feierten ja bekanntlich in Europa und den USA viele Frauen die Wiederkehr der Göttin. Sie stärkten den sogenannten Dianischen Zweig des Wicca, der feministisch ausgerichtet war, und gründeten reine Frauenkonvente. Die Namensgeberin des »Dianic Wicca« war die römische Göttin Diana, die, wie die griechische Artemis, eine Göttin war, die keine Männerbeziehungen einging. Bekannteste Vertreterinnen dieser Richtung in den USA sind Zsuzsanna Budapest und Starhawk. In Europa, vor allem in England und Deutschland, scheint gerade in letzter Zeit die Zahl der Frauenzirkel wieder zu wachsen.

Wesentliche Bestandteile des Wiccakultes sind Magie und Ritual, besonders die Rituale zu den Jahreskreisfesten, wobei hier die vier Mondfeste – Samhain, Imbolc, Beltane und Lammas – wichtiger sind als die vier Sonnenfeste. Gearbeitet wird mit der Kraft des Kreises, den vier Elementen als Wächterinnen des rituellen Raumes und mit ihren Werkzeugen Pentagramm, Stab, Kelch und Schwert.

Die wichtigsten Grundlagen des Wiccakultes sind die folgenden geistigen und ethischen Gesetze:

- Das Bewusstsein ist nicht vom Körper abhängig.
- Tu was du willst und schade niemand.
- Erkenne dich selbst (das alte Gesetz über dem Sonnentempel von Delphi).
- Das höchste Gesetz ist die Liebe.
- Alles, was stirbt, wird wiedergeboren.

Die Vorstellung von der Göttin ist beim Wicca immanent und transzendent, das heißt, sie ist Teil von uns, wie wir Teil von ihr sind. Sie existiert in uns wie auch außerhalb unserer Persönlichkeit und in allem, was das Universum ausmacht.

Die Ausbildung der geistigen Fähigkeiten, die Ziel des Wiccawegs sind, geschieht während einer Lehrzeit, nach deren Ende eine Frau in eine Gruppe, in einen Hexenzirkel (Coven) aufgenommen wird. Auf diesem Weg gibt es drei Einweihungsgrade. Den 1. Grad, den Grad der Priesterin, erhält eine Anwärterin nach 1 Jahr und 1 Tag Lehrzeit. Der 2. Grad ist der einer Hohepriesterin und erlaubt ein Ritual zu leiten. Der 3. Grad, der Grad der Hexenkönigin, erlaubt, einen Coven zu leiten. Jeweils männliche Entsprechungen gibt es in gemischten Gruppen.

Ein Coven oder Hexenzirkel besteht aus maximal 13 Personen. Es wird davon ausgegangen, dass Beziehungen zu mehr Personen nicht wirklich emotional haltbar sind. Daher wird die Gruppengröße beschränkt, denn die Beziehungsebene untereinander bedeutet in dieser spirituellen Arbeit sehr viel.

Diejenigen, die zu einem Coven gehören, haben meist einen Ritualnamen, der geheim ist und nur untereinander benutzt werden darf. Im Ritual selbst wird eine Robe getragen, um deutlich zu machen, dass die Alltagspersönlichkeit zurückgelassen wird. Sie ist einfarbig und wird mit einem Gürtel (= singulum) getragen, der die Zugehörigkeit zu einem bestimmten Coven symbolisiert. Dabei sind die Farben Blau und Silber der Hohepriesterin vorbehalten.

Jede Priesterin führt ein »Buch der Schatten«, das alles, was sie gelernt hat, sowie die Beschreibung ihrer eigenen Erfahrungen beinhaltet.

In den USA ist der Wiccakult seit 1994 eine anerkannte Religion. Für die dort rund zwei Millionen praktizierenden Hexen heißt dies unter anderem, dass die Wicca-Feiertage, die acht Jahreskreisfeste also, respektiert werden und eine Hexe von ihrem Arbeitgeber dafür freibekommen muss.

4.2 Die Magische Urlehre

Der spirituelle Weg der magischen Urlehre, auch »Pfad des Nordens« genannt, ist sehr alt, und seine Ursprünge verlieren sich im Nebel der Zeit. Manche Überlieferungen sagen, er stamme von einem Volk mit Namen Hyperboräer, was »Hinter dem Nordwind« bedeutet, und vermuten, dass diese in Grönland lebten, als es noch Teil des europäischen Kontinents war und ein wärmeres Klima hatte, da die Pole der Erde anders lagen als heute. Auch wird vermutet, dass diese Menschen feinstofflicher beschaffen waren als wir heutzutage und sehr viel mehr mit Hilfe ihrer geistigen Kräfte bewirken konnten.

Die magische Urlehre ist einer der spirituellen Wege, die davon ausgehen, dass die dynamische Kraft (= Energie) im Universum weiblich ist, die materielle Kraft männlich.[3] Abgesehen davon, ist es ein Weg, der wenig mit Bildern arbeitet, sondern vor allem mit abstrakten Begriffen. Er versteht sich als undogmatisch und fern jeder Religion und bietet im Wesentlichen ein Erklärungsmodell für die Kräfte, die im Universum wirken, sowie Techniken, diese Kräfte selbst zu erfahren und sie einzusetzen.

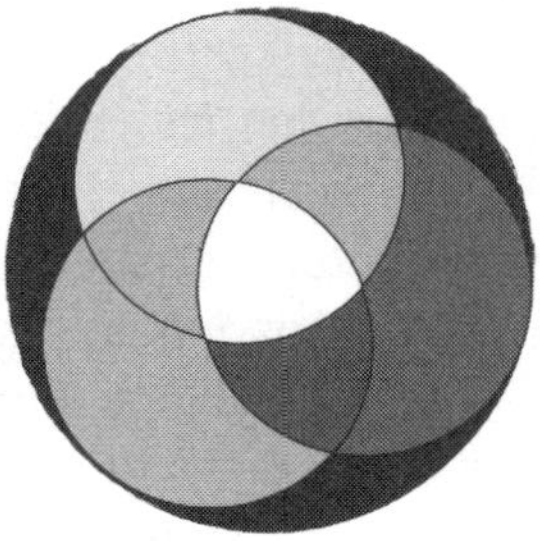

Dreikreissymbol

Ein wichtiges Symbol des »Pfad des Nordens« ist das Dreikreismodell, das eine Fülle von Meditationserfahrungen bietet.

Es symbolisiert die Grundannahme, dass alles in unserem Universum aus drei Aspekten besteht und auf drei Ebenen wirkt. Diese Aspekte werden Stoff, Geist und Seele genannt. Mit Stoff ist Materie gemeint, mit Geist Energie und mit Seele die Kausalität, das Göttliche, da dies die Ursache von allem ist. Entsprechend heißen die drei Ebenen:

- die feststoffliche oder materielle
- die feinstoffliche oder energetische, geistige
- die feinststoffliche oder die kausale, seelische, göttliche.

Um sich die Kräfte der drei Aspekte zu erschließen, gibt es Meditationsworte. Sie lauten: »Stille« für den Stoffaspekt, »Liebe« für den Geistaspekt und »Harmonie« für den Kausalaspekt. Der Begriff »Harmonie« verdeutlicht zugleich die Grundannahme der magischen Urlehre, nämlich dass der Schöpfung eine harmonische Ordnung zugrunde liegt – die das Bild des Dreikreismodells wiederum symbolisch ausdrückt. Diese Worte können in der Meditation wie Mantras verwendet werden. Sie sind Schlüssel, mit denen wir die Türen zu den geistigen Räumen öffnen können, die uns die Erfahrung dieser drei Urkräfte ermöglichen.

Jede dieser drei Ebenen unterliegt wiederum einer Dreiteilung, was sich unendlich fortsetzt.

Die magische Urlehre geht davon aus, dass die Schöpfung mit einem Urknall entstanden ist, an dem diese drei Aspekte – Stoff, Geist und Seele – untrennbar miteinander verschmolzen sind. Es gab sie zuerst als Ur-Ideen, Urprinzipien auf der kausalen Ebene, die die wir auch als göttliche Ebene bezeichnen. Dann begann mit der Schöpfung des Universums ein Prozess der Verdichtung und Verlangsamung der Schwingungen, zuerst auf den energetischen und schließlich auf den feststofflichen Ebenen, deren dichteste Ebene wir als die materielle Welt kennen.

Alles, was in der Schöpfung existiert, besteht folglich aus diesen drei Anteilen – feinststofflich, feinstofflich und feststofflich –, jedoch in unterschiedlicher Verteilung. Je höher der Energieanteil, desto weniger dicht ist die Manifestation. Ein hoher Energieanteil ist zum Beispiel im Licht vorhanden. Das in unserer alltäglichen Wirklichkeit wahrgenommene Licht hat bereits eine feinstoffliche Qualität mit feststofflichen Anteilen. Einen hohen Stoffanteil finden wir etwa im Kristall, alle Steine sind sehr feststofflich. Unabhängig vom Grad der Stofflichkeit, gilt, dass der Kausalanteil in allem vorhanden ist. Es gibt demnach nichts, was nicht göttlich ist. Alles hat einen Seelenanteil – auch Licht und Steine.

Nach dieser Vorstellung sind wir Menschen eine relativ ausgewogene Mischung der drei Aspekte. Es gibt zudem geistige Wesen, die auf weniger dichten Ebenen leben als wir Menschen. Wesenheiten, die auf den feinststofflichen Ebenen leben, werden als Lichtwesen beschrieben, das entspricht in anderen Richtungen der Vorstellung von Engeln und Göttinnen.

Die Überzeugung, dass alles aus drei Aspekten besteht, ist zugleich eines der geistigen Gesetze der magischen Urlehre.

Das zweite geistige Gesetz ist ein ethisches und besagt: »Wir sollen keinem anderen Wesen bewusst oder unbewusst schaden und uns nicht vom Feststofflichen, der Materie, beherrschen lassen«. Wenn die Seele sich in einen feststofflichen Körper inkarniert, muss sie sich einerseits zwar an seine Bedürfnisse und die Bedingungen der materiellen Welt anpassen und an die Bedingungen, die die menschliche Persönlichkeit mit sich bringt, vor allem deren Begrenzungen. Sie sollte sich aber von den hier herrschenden Beschränkungen nicht daran hindern lassen, sich soweit zu entwickeln, wie es möglich ist. Sie sollte vielmehr den Körper und die Materie als Gestaltungsmöglichkeit wahrnehmen und sich nicht von dem Prinzip Trägheit, das von der Materie ausgeht, hindern lassen.

Das dritte geistige Gesetz ist das Evolutionsgesetz dieser Lehre und lautet: »Jedes Wesen in der Schöpfung hat ein Potenzial, das sich entfalten möchte«. Dabei strebt es in seiner Entwicklung zum Kausalen, zur Einheit mit dem Göttlichen, zurück. Das Ende der Schöpfung ist erreicht, wenn alle Wesen ihr ganzes Potenzial entwickelt haben und wieder zur ursprünglichen Einheit zurückgekehrt sind, die dann um die entsprechenden Erfahrungen reicher ist.

Die Absicht der magischen Urlehre ist es, Menschen Hilfe für diese Entwicklung zu geben, das geistige Wachstum zu fördern, sie darin zu unterstützen, alle Fähigkeiten auszubilden und Erfahrungen auf allen Ebenen zu machen.

4.3 Die Kabbala als weiblicher Einweihungsweg

Die Kabbala ist ein uraltes Weisheitssystem, das uns vermittelt, wie unser Universum entstanden ist, wie es sich entwickelt und welche Kräfte in ihm wirken. Kabbala bedeutet so viel wie »von Mund zu Ohr«, das heißt, es handelt sich dabei um eine ursprünglich mündliche Überlieferung.

Die Wurzeln der Kabbala reichen weit in die sogenannte prähistorische Zeit zurück (lange bevor die uns bekannten westlichen Religionen entstanden), in das spirituelle Wissen von Kulturen, in denen die göttliche Schöpfungskraft als weiblich verehrt wurde. Zu diesen Kulturen zählen das Alte Ägypten, in dem Isis als Schöpfergöttin verehrt wurde, ebenso wie die Kultur der ChaldäerInnen mit ihrem astronomischen Wissen und Babylon in Mesopotamien, wo Spuren einer hochentwickelten Kultur gefunden wurden, die bis ins 11. Jahrtausend v.u.Z. zurückreicht. Archäologische Funde geben Hinweise auf die damals machtvolle Stellung der Frau und auf Bilder einer Schöpfergöttin, deren verschiedene Namen – Ishtar, Arinna, Inanna, Kybele und viele andere – und Gestaltungen ihre Vielschichtigkeit zum Ausdruck bringen.

Mit der Entstehung des Juden- und Christentums erfuhr die Kabbala eine starke Veränderung. Und aus den Bildern weiblicher Stärke wurden Bilder männlicher Herrschaft. Frauen wurde mit der Etablierung dieser Religionen der Zugang zur Kabbala verboten. Ein Verbot, das weit bis in unsere Zeit reichte – für Jüdinnen galt es noch bis 1950.

Zwar haben sich Frauen schon früher darüber hinweggesetzt. Aber erst als hierzulande feministische Theologinnen begannen, sich kritisch mit dem männlichen Gottesbild auseinanderzusetzen, und jüdische Feministinnen (insbesondere in den USA) anfingen, sich von dem traditionellen Verständnis der Kabbala zu lösen und neue Wege zu erarbeiten, wurde deutlich, wie die Überlieferungen über lange Zeiträume verfälscht und verdreht worden waren und aus der alten Vorstellung einer Muttergöttin ein alles beherrschender männlicher Gott geworden ist.

Die Kabbala zeigt, wie wir Antworten auf die großen Fragen des Lebens finden können – wo komme ich her, wo gehe ich hin, was ist meine Aufgabe, wer bin ich eigentlich, was ist das

Göttliche? Sie wurde nicht nur von Juden und Christen genutzt, auch eine Reihe magischer Schulen wusste um die spirituelle Macht dieses Weisheitssystems. Eine der wohl bekanntesten Kabbalistinnen der Neuzeit ist Dion Fortune, die eine Zeit lang dem bereits oben erwähnten »Orden der goldenen Dämmerung« (Golden Dawn) angehörte und 1924 einen eigenen Orden (Society of the Inner Light) gründete.

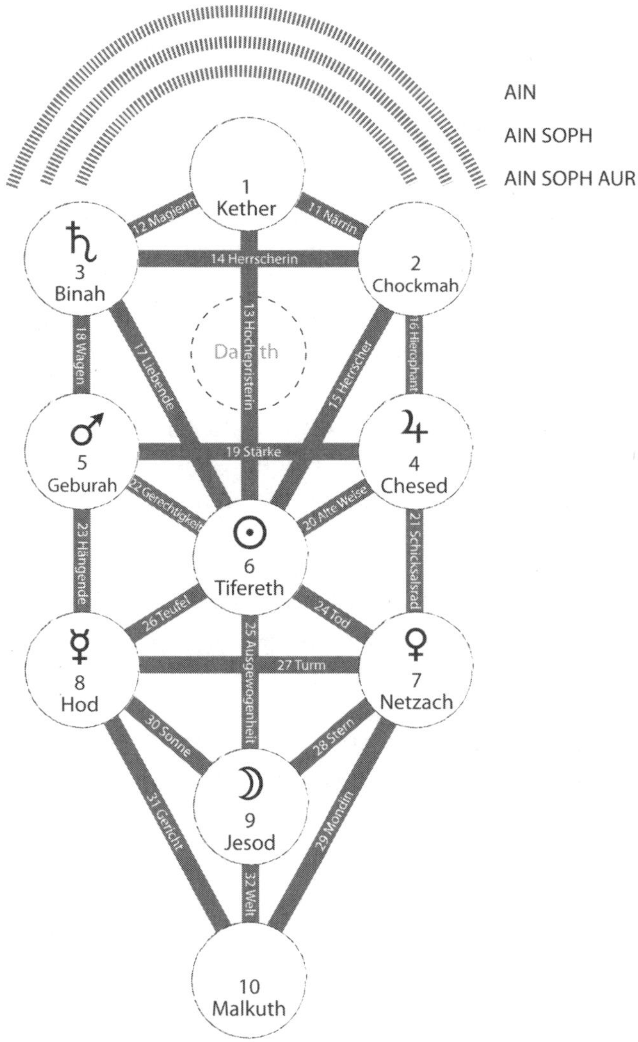

Der Lebensbaum ist das zentrale Symbol der Kabbala

Im Mittelpunkt der spirituellen Arbeit mit der Kabbala steht der Lebensbaum. Er ist das zentrale Symbol der Kabbala und zugleich Ausdruck der tiefen Verbundenheit aller Wesen und Kräfte in unserem Kosmos. Der kabbalistische Lebensbaum zeigt, welch tiefere Ordnung und Harmonie im Kosmos existiert und wie wir mit den vorhandenen Kräften gestaltend auf unser eigenes Leben und die Erde wirken können. Gleichzeitig veranschaulicht dieses Symbol, dass alles, was existiert, aus einer göttlichen Einheit heraus entstanden ist und immer Teil von ihr bleibt.

Das Bild des Lebensbaumes hat, wie oben beschrieben, seinen Ursprung in dem alten Baumsymbol der kanaanitischen Göttin Aschera, die auch Astarte oder Ishtar genannt wird. Ascheras heilige Plätze waren Berggipfel und Orte, an denen sich mächtige, einzeln stehende Bäume befanden. Diese Bäume galten als Wohnstätte der Göttin und Ausdruck ihrer Gegenwart auf der Erde (Wurzeln) und im Kosmos (Krone).

Im Laufe der Zeit und Überlieferungen wurde das alte Baumsymbol der kanaanitischen Göttin mehr und mehr stilisiert und erhielt die Form einer Säule, die auf Ascheras Kultplätzen und Tempeln errichtet wurde. Im Alten Testament der Bibel wird beschrieben, wie allmählich die ursprüngliche Verehrung der Göttin abgewertet und verboten wurde. Die Ascheren (so wurden ihre Kultbäume genannt) wurden verbrannt, ein gewaltsamer Kampf gegen die Göttin begann, der sich über Jahrhunderte hinweg zog. Schließlich siegte die patriarchale Vorstellung des Gottes Jahwe und sein Name wurde mit dem Baum verbunden. Der Name der Göttin verschwand systematisch aus den Bibelübersetzungen – Martin Luther übersetzte ihn nur noch mit »der Hain«, eine letzte Erinnerung an das Baumsymbol der Göttin.

Der kabbalistische Lebensbaum besteht aus zehn verschiedenen Energiezentren, auch Astraltempel genannt (hebräisch Sefirot), die jene Kräfte darstellen, die im Kosmos, auf der Erde und im Menschen wirken. An seiner Spitze befindet sich die 1. Sefira Kether (deutsch: die Krone), die Kraft, die alles enthält, was je war, ist und sein wird. Diese Beschreibung der göttlichen Kraft findet sich auch als Inschrift auf den Tempeln der Isis. Der Lebensbaum zeigt aber auch die Ebenen vor der Schöpfung und erinnert an die uralten Schöpfungsmythen, in denen die Göttin den Kosmos aus sich selbst heraus erschafft und alles

Leben am Ende der Zeit wieder in ihren Schoß zurückkehrt, wo es ruht bis zum nächsten Schöpfungszyklus. Von der 1. Sefira aus ergießt sich die göttliche Kraft – mit der Absicht sich zu manifestieren – in die nächsten Sefirot, dabei differenziert sie sich immer weiter, bis sie zuletzt Malkuth, die Erde, erreicht und sich dort, an den Wurzeln des Baumes, am dichtesten gestaltet. Von der Erde aus fließt der Energiestrom wieder zurück, was zugleich bedeutet, dass alles, was auf der Erde geschieht, eine Wirkung auf die anderen Kraftzentren hat.

Die Astraltempel sind im Bild des kabbalistischen Lebensbaumes (siehe S. 61) durch sogenannte Pfade miteinander verbunden. Diese Erfahrungswege beschreiben die Entwicklungsstufen der Seele. Die Pfade können mit Hilfe von Meditationen und Trancen bereist werden und ermöglichen individuelle Erfahrungen, die das eigene geistige Wachstum und die Bewusstseinsentwicklung fördern. Zudem haben die Pfade eine Entsprechung zu den großen Arkana des Tarot, die ebenfalls Stationen in der menschlichen Entwicklung bildhaft verkörpern.

Im Rahmen der spirituellen Arbeit mit der Kabbala lernen wir auf diesen geistigen Reisen helfende Wesen kennen, geistige LehrerInnen, die uns begleiten und Türen öffnen zu dem Erfahrungsschatz und dem Wissen, die jeder Pfad für die Reisenden bereit hält. Die Kräfte der einzelnen Sefirot erschließen sich ebenfalls über Meditationen in Stille oder Bewegung, in Farben, Klängen, Bildern und vermitteln auf diese Weise einen vielfältigen Eindruck all der Ebenen, auf denen sie wirken. Die geistige Arbeit mit dem Symbol des Lebensbaumes ist vielschichtig und bunt und weckt kreative Fähigkeiten und schöpferisches Potenzial.

Einer tief berührenden Energie können wir im Kontakt mit dem Lebensbaum begegnen, wenn wir uns für die Kraft der Schechina öffnen. Ursprünglich war die Schechina eine Urgöttin, ähnlich wie Aschera, Anat und Astarte, die mit Schöpfungskraft und überströmender Liebe verbunden wurde. Eines ihrer Geschenke für die Menschen war der Granatapfel als Symbol für Liebe, Fruchtbarkeit, Erkenntnis und Wiedergeburt. Die Bibel erzählt in der Geschichte von der Vertreibung aus dem Paradies, wie Adam für seinen Glauben an die Göttin von dem patriarchalen Gott Jahwe bestraft wurde, als er dieses Symbol der Göttin von Eva annahm. Wie alle großen Göttinnen erfuhr auch die Schechina im Laufe der Zeit durch das Patriarchat eine Wandlung. Das Bild ihrer Kraft als kosmische Göttin wurde mehr und mehr reduziert und abgewertet, bis sie schließlich im jüdischen Glauben zur »Braut Gottes« wurde.

In vielen kabbalistischen Texten kommt jedoch ihre tiefe Bedeutung für die Menschen und deren Sehnsucht nach ihr zum Ausdruck. Sie verkörpert das göttliche Licht, Weisheit und Erleuchtung. Auch die christliche Kabbalainterpretation kennt ihre Kraft und bezeichnet sie als Sophia, die göttliche Weisheit. Von Moses heißt es in der Bibel, er habe die Thora – die Lehre, das Gesetz – von der Schechina erhalten. Zwar erzählt er seinem Volk, Gott sei ihm in einem brennenden Dornenbusch begegnet, doch ist das nicht verbrennende Feuer ein uraltes Bild für die göttliche Weisheit und Erleuchtung, die seit jeher als weiblich galt.

Es gibt bis heute eine Fülle wunderschöner Gedichte und Lieder, die der Schechina gewidmet sind, Texte und Melodien voller Sehnsucht und Liebe, denn der Kontakt zu ihr schenkt Inspiration und weckt die eigenen kreativen Kräfte.

Für den kabbalistischen weiblichen Einweihungsweg ist es zentral, sich von den durch Christen- und Judentum vor allem männlich besetzten Bildern und Symbolen des Lebensbaumes zu befreien und zu den ursprünglichen Bildern weiblicher Schöpfungskraft zurückzukehren. Diese machtvollen Bilder weiblicher Schöpfungskraft ruhen noch immer im kollektiven Gedächtnis der Menschheit. Sie wieder zu wecken und sich auf ihre Energien zu beziehen, bedeutet, Zugang zu innerem Wissen zu finden und einen spirituellen Weg zu gehen, auf dem die Verbundenheit mit allen Lebewesen gelebt wird, frei von Abwertung, im Bewusstsein, dass die Natur beseelt ist und wir alle Teil eines Ganzen sind. Der von mir entwickelte kabbalistische weibliche Einweihungsweg öffnet Frauen die Tore zu diesen Erfahrungen und hilft, ihr eigenes Potenzial zu entfalten.[4]

4.4 Reisende auf alten Wegen des Westens

In verschiedenen spirituellen Gruppierungen der westlichen Wege finden sich tiefe Spuren weiblicher Spiritualität, vor allem bei denjenigen, die an das Wissen Alter Kulturen anknüpfen. Zu den Reisenden auf den alten Wegen zähle ich diejenigen spirituell Suchenden, die sich an dem Wissen der matrizentrierten Kulturen orientieren, an den sogenannten heidnischen Überlieferungen europäischer Bevölkerungsgruppen, soweit diese sich auf Bilder weiblich göttlicher Kraft beziehen. Einige von ihnen finden sich heute in magischen Orden, in Hexenkonventen, der Wiccabewegung und dem sogenannten keltisch-druidischen Weg der Anderswelttradition wieder, manche gehen ihren Weg allein. Sie alle knüpfen an ein Wissen an, das über Jahrtausende oft im Geheimen bewahrt wurde und entwickeln es auf ihre Weise durch die Zeiten weiter.

Eine wichtige Grundlage dieser spirituellen westlichen Wege bilden die Überlieferungen der Megalithkulturen Europas. Die ErbauerInnen der Tempel der Großen Göttin, der Steinkreise und Erdhügel hinterließen uns einen Teil ihres Wissens über die Art ihrer Bauweise und ihre bildhauerische Kunst. Ein großer Teil des alten Wissens ist jedoch im Laufe der Jahrtausende verloren gegangen beziehungsweise absichtlich vernichtet worden. Einiges aber wurde auch durch die mündlichen Überlieferungen des Druidentums, vor allem aus dem heutigen Großbritannien, aus Irland und Frankreich, weitergegeben. Wenn wir an Druidentum denken, stellt sich bei uns heute schnell das innere Bild eines weisen alten Mannes mit Umhang und Stab ein, doch gab es ursprünglich genauso viele Druidinnen. Ihre spirituellen Schulen bestanden lange vor denen der heute bekannteren keltischen DruidInnen. Das Druidentum hat sich über die Jahrtausende bis zur heutigen Zeit gehalten, auch wenn es oft im Verborgenen existieren musste. Ähnlich wie die magischen Orden und die Zirkel der Weisen Frauen und Hexen, bewahrten DruidInnen ihr Wissen durch die Zeit des Christentums. In Irland gab es noch bis ins 9. Jahrhundert DruidInnenschulen, an deren Ausbildungssystem einige der heutigen spirituellen Schulen wieder anknüpfen.

Seit Anfang des 20. Jahrhunderts hat die Zahl von spirituellen Gemeinschaften, die sich den alten Wegen verbunden fühlen, sehr zugenommen. Eine Weile waren sie recht männerdominiert, was sich jedoch in den letzten Jahrzehnten verändert hat. Einige der heutigen spirituellen Gruppen, die an die alten Wege anknüpfen, bezeichnen ihre Spiritualität als keltisch. Dies ist allerdings ein wenig irreführend, da die KeltInnen, als sie vor mehr als 4.000 Jahren nach Europa kamen, die spirituellen Vorstellungen der damaligen Bevölkerungsgruppen übernahmen. Ihnen gemeinsam war die Verehrung einer dreifachen Göttin, die ebenso Erdmutter wie auch kosmische Göttin war. Die KeltInnen übernahmen diese spirituelle Vorstellung ebenso wie den alten Namen der Göttin Dana und fügten eigene Namen für die Göttin wie Brighid, Anu oder Cerridwen hinzu. Sie hatten eine sehr kreative Weise, ihre Spiritualität zu leben, was sich in ihrer Kunst, ihrer Freude am Feiern, besonders in ihrer Musik, in ihrer Poesie, in ihren Geschichten und Tänzen ausdrückte – die zum Teil bis heute überliefert und aufgrund ihrer Schönheit sehr beliebt sind. Auf ihre Weise haben die KeltInnen lange dazu beigetragen, dass der Glaube an eine dreifache Göttin in Europa erhalten blieb und sich noch parallel zum Christentum hielt. Von daher ist es für die Suche nach Spuren weiblicher Spiritualität auch spannend, sich mit den geistigen Vorstellungen, an die sie anknüpften und die sie weiter entwickelten, zu befassen.

Wenn wir auf die Geschichte der KeltInnen zurückschauen, sind wir auf Berichte der römischen und griechischen Geschichtsschreibung und später der christlichen Mönche angewiesen. Einige behaupten, die KeltInnenn hätten keinerlei Wert darauf gelegt, ihr Wissen schriftlich niederzulegen, obwohl sie das lateinische wie auch griechische Alphabet beherrschten und eine eigene Schrift, die Oghamschrift, hatten, von der heute noch Reste auf alten Steinen zu finden sind. In der Ausbildung ihrer spirituellen FührerInnen knüpften sie an die bereits bestehenden DruidInnenschulen an.

Von DruidInnen wurde damals gefordert, alles Wissen auswendig zu lernen, einerseits um das Gedächtnis zu trainieren, andererseits um ihr Wissen zu schützen. Die Macht der Worte und die Wirkung ihrer Klänge war ihnen jedenfalls bewusst.

Druidinnen waren nicht nur spirituelle Führerinnen, sondern gleichzeitig Kriegerinnen, Kriegsführerinnen, Richterinnen, Ärztinnen und Priesterinnen. Von einigen wenigen sind noch Namen und Geschichten überliefert. Eine der bekanntesten Führerinnen und Kriegerinnen war Boadicea, die um 60 in England lebte und mit ihren Töchtern gegen die Römer in den Krieg zog. Es gibt heute noch in London eine Statue von ihr. Boadicea war gleichzeitig eine Priesterin der Göttin Andrasta (Kriegsgöttin). Eponina, eine Priesterin der Göttin Epona, herrschte von 50 bis 70 über Gallien. Weitere bekannte Herrscherinnen aus dieser Zeit sind Cartimandua, die 43 bis 69 in England und Macha Mong Ruadh, die von 377 bis 331 über ganz Irland herrschte. Druidinnen trugen häufig den Namen der Göttin, deren Priesterin sie waren, in Irland oft den der Göttin Brighid.

Ein vielen heute noch vertrauter Name ist Veleda. Sie war eine Seherin, die um 70 in Germanien lebte und eine der vielen weisen Frauen des Nordens, zu denen auch Völva gehörte. Diese wiederum berichtet in der Edda vom Schicksal der Menschheit, den großen Erdkatastrophen der Vergangenheit und Zukunft.

Der Trilith ist ein Symbol des Übergangs

Ganz allgemein können wir wohl sagen, dass es den KeltInnen wichtig war, im Einklang mit der Natur und den kosmischen Rhythmen zu leben. Sie besaßen astronomisches Wissen, besonders was die Wirkung von Sonne und Mondzyklen betraf. Der keltische Kalender war ein Mondkalender nach dem synodischen Umlauf. Er teilte den Monat in zwei Hälften, in deren Mitte Vollmond war. Der 13. Tag eines Monats galt als schwierig, da dann die Sonnenstrahlung als besonders intensiv angesehen wurde. Sie besaßen ein Wissen über die heilende Wirkung von Pflanzen und kannten die Bedeutung der Erdströme, was sich unter anderem in der Verehrung von Kraftplätzen, heiligen Quellen und Bäumen ausdrückte. Sie nutzten die Bauten der alten Megalithkulturen für ihre Rituale ebenso wie Plätze in der Natur, die heiligen Eichenhaine der DruidInnen, Höhlen und Hügel.

Die feinstoffliche Welt war für die KeltInnen ebenso Realität wie die materielle, und ebenso selbstverständlich war die Vorstellung der Wiedergeburt – nicht nur als Mensch, sondern auch als Stein, Pflanze, Tier oder Atom. In der Literatur wird auffällig oft betont, dass sie keinerlei Angst vor dem Tod hatten, da sie sicher waren, dass dieser eine Reise in die »Anderswelt« war und nur ein vorübergehender Zustand.

Mit Einsetzen des astrologischen Fischezeitalters vor rund 2.000 Jahren und der damit verbundenen Verbreitung des Christentums nahm die spirituelle Macht der KeltInnen langsam ab. Zunächst gab es jedoch ein durchaus friedliches Nebeneinander von KeltInnen und ChristInnen, besonders in Irland. Denn die ursprüngliche christliche Lehre unterschied sich in einigen Teilen nicht so sehr von der ihren. So war es für die KeltInnen kein Problem, die Geschichte von Maria und ihrem Sohn Jesus anzunehmen, da es in ihrem Glauben viele solcher Geschichten von der Göttin und ihrem Kind gab. Damals war auch der Glaube an die Wiedergeburt noch Teil des Christentums und das alte christliche Kreuz war ein Kreuz der vier Elemente, deren spirituelle Kraft für die KeltInnen eine große Rolle spielte. Im Laufe der Jahrhunderte veränderten die ChristInnen allerdings ihren Glauben. Sie wurden aggressiver, zerstörten die alten heiligen Stätten oder besetzten sie mit ihren Kirchen und verboten die druidischen Schulen. Doch hat sich bis heute viel von dem alten Wissen im christlichen Glauben in den Bildern der Heiligen versteckt und blieb auf einer tiefen Ebene im Bewusstsein der Menschen erhalten – am meisten in Irland, wo es keine Inquisition gab.

In der keltischen Spiritualität ist das Prinzip der Dreiheit wesentlich. Es spiegelt sich nicht nur in der dreistufigen Ausbildung zur DruidIn. Vielmehr finden wir es auch in wichtigen Symbolen: in der Triskele (siehe Bild S. 41) und in dem Baum mit seinen Wurzeln, dem Stamm und der Krone. Der Baum soll, so die keltisch-druidische Überzeugung, drei Bewusstseinsebenen symbolisieren: Erdbewusstsein, kosmisches und göttliches Bewusstsein. Erdbewusstsein, symbolisiert in den Wurzeln, bedeutet, dass die Verbundenheit mit der Erde als Göttin, das heißt als bewusstes Planentenwesen, wichtig ist. Das Wesen der Erde ist in dieser Vorstellung Schönheit, Freude, Geborgenheit, Zugehörigkeit, Freundlichkeit und Lebendigkeit. Die Verbundenheit mit ihrer, unserer Geschichte, mit ihren Wesen, Steinen, Pflanzen, früheren Kulturen und anderen Wesen wird hier für sehr wichtig gehalten. Jeder Ort der Erde hat einen bestimmten Geist, mit dem wir uns verbinden können, der uns Lebendigkeit und Gesundheit gibt.

In der Vorstellung der KeltInnen hat auch die Erde eine feinstoffliche Dimension, die Anderswelt, genannt wird – TirnanOg oder Annwyn sind ihre keltische Namen.

Eine spirituelle Richtung, die sich »Andersweltradition« nennt, manchmal auch »keltischer Schamanismus«, hat aufgrund der Überlieferungen von keltischen Liedern und Gedichten geistige Reisen entwickelt, in denen der Kontakt zum Wesen der Erde, ihren HüterInnen und der Anderswelt hergestellt wird. Diese spirituellen Reisen führen in das Innerste der Erde, die Anderswelt. Dort können wir unseren AhnInnen begegnen und Krafttiere und BegleiterInnen aus der Feenwelt finden.

Um diese Ebenen zu betreten, gibt es eine Reihe von Symbolen des Übergangs. Vorzugsweise wird bei diesen geistigen Reisen als Ausgangsort ein heiliger Platz oder Kraftplatz gewählt, ein Steinkreis, ein Dolmen, eine Quelle, ein alter Baum oder auch eine Wegkreuzung. Als Eintrittstor finden wir als Reisende eine Tür im Baum oder eine alte Holztür in einem Hügel, den Trilith, der aus zwei Tragsteinen und einem aufliegenden (dritten) Deckstein besteht, oder auch den Kessel als eines der magischen Werkzeuge. Helfende Werkzeuge sind dabei Trommeln, Rasseln, Stäbe und Harfe.

Das kosmische Bewusstsein als zweite der drei Bewusstseinsebenen bedeutet, sich mit dem ganzen Universum, den Planeten, der Sonne und den Sternen verbunden zu fühlen, mit den größeren Zyklen der Erde, sowie den Lichtwesen in anderen Welten. Mit dem göttlichen Bewusstsein ist hier die Erfahrung der Mitte, der Einheit gemeint. Göttinnen und Götter verkörpern dabei das Bewusstsein einer Idee oder Kraft, wie zum Beispiel Weisheit und Liebe.

Zu dem Prinzip der Dreiheit kommt die Vorstellung, dass Licht und Dunkelheit keine Gegensätze sind, denn das Licht wird aus der Dunkelheit geboren und kehrt dorthin zurück und die Dunkelheit hat eine regenerative Kraft. Dieser Rhythmus von Hell und Dunkel spiegelt sich im Rhythmus von Sonne, Mond, Tag und Nacht und den Jahreszeiten, die im Rad des Jahreskreises gefeiert werden.

All diesen verschiedenen spirituellen Wegen – der magischen Urlehre, dem kabbalistischen Einweihungsweg, dem Wiccakult und den Reisenden auf den alten Wegen – sind spirituelle Grundhaltungen gemeinsam, in denen wir wesentliche Prinzipien weiblicher Spiritualität wiederfinden.

Diese Grundhaltungen sind:

- Die Suche nach Wahrheit und der eigenen Wahrhaftigkeit steht im Vordergrund. Allen Wesenheiten ist Achtung und Respekt entgegen zu bringen, egal welche Form sie haben.
- Alles, was existiert, ist beseelt, und es gibt keine Trennung von Energie und Materie.
- PriesterInnen verstehen sich als RatgeberInnen, als FührerInnen auf bestimmten Wegen, als VermittlerInnen zwischen den Welten.
- Das Prinzip der Dreiheit.

Es geht denjenigen, die mit dem Wissen dieser Wege arbeiten, nicht darum, ein System von Glaubensvorschriften, Moral und Gesetzen zu vermitteln. Die spirituelle Schulung ist vielmehr ein Angebot, sich der eigenen inneren Wahrheit zu nähern, und eigene Erfahrungen mit den Wesen und Kräften zu machen, die unser Universum ausmachen. Sie unterstützen damit nicht nur die Ausbildung der eigenen geistigen Kräfte, sondern überlassen die Verantwortung für den Umgang mit ihnen jeder einzelnen. Auch auf diese Weise wird die Eigenmacht gestärkt.

5. Weibliche Spiritualität und Magie

Magie ist die Fähigkeit, bewusst mit geistiger Kraft auf die materielle Welt einzuwirken. Für uns Frauen ist die Ausbildung unserer magischen Fähigkeiten ein kreativer und stärkender Weg, der es ermöglicht, unser geistiges Potenzial zu wecken, unseren Ideen und Wünschen zur Verwirklichung zu verhelfen und gestaltend auf das eigene und gesellschaftliche Leben Einfluss zu nehmen.

Eine meiner Lehrerinnen war Dr. Barbara Gissrau, die das Arkunazentrum für weibliche Spiritualität in Stuttgart[1] gründete und Ausbildungen in weiblicher Magie anbot. Sie initiierte mich in den Pfad des Nordens (siehe Kapitel 4.2), der zu einer der Grundlagen meiner spirituellen Vorstellungen gehört. Ich hatte damals lange Jahre psychotherapeutischer Erfahrung hinter mir, die mich in Grenzbereiche geführt hatte, für die die Psychologie selbst keine Erklärungen mehr hatte. Ich hatte außerdem eine Reihe schamanischer Erfahrungen, aber mir fehlte die Theorie dazu. Die Techniken vieler spiritueller Wege aus den östlichen Kulturen hatten mir zwar viele Einsichten und Erkenntnisse verschafft, doch suchte ich weiter nach einem Weg, auf dem ich auch die weibliche Seite des Göttlichen vertreten fand. Barbara Gissrau hatte damals einen Ausbildungsweg für Frauen entwickelt, der die psychischen Ebenen ebenso berücksichtigte wie die spirituellen. Da sie Psychoanalytikerin war, konnte sie gut unterscheiden, welche Themen und Mechanismen auf welche Ebene gehörten, was mir selbst auch wichtig war und ist. Denn die eigenen psychischen ungelösten Themen in die spirituelle Ebene zu projizieren und die Lösung dann von dort zu erwarten, ist eine große Gefahr und führt in der spirituellen Entwicklung nicht weiter, da die Verantwortung an andere Mächte abgegeben wird.

Ein wichtiges Ziel weiblicher Spiritualität war und ist es, das eigene geistige Potenzial kennenzulernen und zu entwickeln, der eigenen inneren Stimme zuzuhören und auf die innere Stimme der Weisheit zu vertrauen. Eine spirituelle Lehrerin (wie bei mir Barbara Gissrau) kann dabei helfen, die inneren Türen zu öffnen. Sie kann uns zeigen, wie wir mit verschlossenen Türen umgehen und wie wir erforschen können, in was wir selbst vertrauen, an was wir glauben. Doch kann jede Frau diesen Weg auch allein gehen und sich aus verschiedenen spirituellen Wegen das für sie brauchbare Werkzeug zur Ausbildung ihrer geistigen Kräfte zusammenstellen (siehe Kapitel 4).

Magie hat nichts mit Zauberei oder besonderen Fähigkeiten wie Medialität[2] zu tun. Sie kann von jeder Frau gelernt und angewandt werden, denn geistige Kräfte können geschult und ausgebildet werden. Die meisten Frauen haben ein sehr viel größeres Potenzial als sie vermuten. Die geistigen Kräfte bewusst auszuformen, erfordert allerdings einige Disziplin und Ausdauer sowie einiges Wissen und die Bereitschaft, sich mit sich selbst auseinanderzusetzen.

Dion Fortune, die Gründerin des bereits erwähnte Ordens der Servants of Inner Light und eine der großen spirituellen Lehrerinnen des letzten Jahrhunderts, definierte Magie als »die Kunst, willentlich in andere Bewusstseinsebenen zu reisen«. Das ist ein wesentlicher Aspekt der Ausbildung magischer Kräfte, denn zur magischen Arbeit gehört die Fähigkeit, sich aus dem Alltagsbewusstsein zu lösen und sich in Zustände erweiterter Bewusstheit zu begeben, dabei wach zu bleiben und jederzeit die Entscheidung treffen zu können, ins Alltagsbewusstsein zurückzukehren. (Das bedeutet auch, dass dabei keinerlei Drogen eingesetzt werden.) Magie bedeutet aber vor allem, mit geistiger Kraft auf die Ebene der Materie einzuwirken.

Mit geistiger Kraft sind das Denken, Wollen und Fühlen und die Kraft der Vorstellung gemeint; Kräfte, mit denen wir im Grunde ständig auf unser Leben einwirken. Vor nicht allzu langer Zeit galt es noch als verrückt zu behaupten, der Geist könne auf die Materie einwirken, doch hat sich die Wissenschaft inzwischen so weit geöffnet, dieses uralte magische Wissen zu akzeptieren und selbst einzusetzen. Immer häufiger zeigen Ergebnisse der Hirnforschung[3], was die Kraft der Gedanken und innerer Bilder bewirken kann, wie wir tatsächlich mit Gedankenkraft auf die Strukturen im Gehirn einwirken können, sodass diese sich verändern, bis hin zur Veränderung der Gehirnmasse selbst.

Viele Frauen, die sich für magische Arbeit entscheiden, tun dies, um mehr Einfluss auf ihr Leben zu nehmen, um bestimmte Anliegen zu verwirklichen, und manche setzen ihre Kräfte auch gemeinsam ein, um auf das politische Geschehen einzuwirken. Diese Form magischer Arbeit hat eine lange Tradition. Bekannte

PolitikerInnen haben seit jeher die Fähigkeiten magisch arbeitender Menschen in Anspruch genommen – und tun es noch. Magische Gesellschaften und Orden haben es immer getan.

5.1. Die Macht unserer geistigen Kräfte

Alles, was wir bewusst oder unbewusst denken, fühlen und tun hat eine Wirkung, nach innen und nach außen, auf uns selbst und andere: So lautet eines der wichtigsten geistigen Gesetze (siehe Kapitel 8). Allerdings ist die Macht der Wirkung unterschiedlich und von verschiedenen Faktoren abhängig. Um bewusst etwas bewirken zu können, müssen wir deshalb wissen, was wirkt und wie etwas wirkt. Zu den Kräften, die in uns selbst wirken, gehören unter anderem

- die Kraft der Gedanken und Vorstellungen in Worten, Bildern und Symbolen,
- die Kraft der Gefühle,
- die Kraft der Konzentration,
- die Kraft der inneren Überzeugungen,
- die Kraft der Absicht.

Das bewusste Einsetzen dieser Kräfte bezeichnen wir als Magie.

Magie geht davon aus, dass die feinstofflichen Kräfte auf die feststofflichen wirken, also der Geist auf die Materie. Grundlage dafür ist die Vorstellung, dass alles in unserem Kosmos Schwingung ist, folglich auch Materie lediglich eine dichtere Form von Schwingung ist. Diese Schwingungen sind unterschiedlicher Art, die geistigen wie Gedanken, Gefühle sind schneller, die materiellen langsamer. Die schnelleren wirken auf die langsameren, wobei die langsameren allerdings auch wieder eine Rückwirkung auf die schnelleren Schwingungen haben.

Nun unterscheiden sich auch die feinstofflichen Kräfte in ihrer Intensität und damit in ihrer Wirkung voneinander. Es gibt zum Beispiel Gedanken, die keine große Wirkung haben. Dies sind Gedanken aus der Alltagsebene, die kaum mit einem Gefühl oder einer Absicht verbunden sind und sich schnell wieder auflösen. Sie haben keine große Reichweite. Wir können sie uns wie Seifenblasen vorstellen, die schnell wieder zerplatzen. Andere Gedanken wiederum sind sehr wirkungsvoll, weil sie zum Beispiel mit einem intensiven Gefühl verknüpft sind. Wenn der

Gedanke an etwas, das wir uns wünschen, mit einem intensiven Gefühl, vielleicht von Freude, verbunden ist, wird seine Wirkung sich stärker entfalten, als wenn es uns relativ gleichgültig ist, ob der Wunsch Realität wird. Ein mit Zorn geladener Gedanke hat natürlich ebenfalls eine starke Kraft. Wir könnten ihn in unserer Vorstellung zum Beispiel mit dem Bild eines Blitzes verknüpfen und ihn auf die Ursache unseres Zorns richten. Tue das bitte nicht, sondern lese erst das Kapitel über die geistigen Gesetze.

Gedanken erhalten ihre Kraft grundsätzlich aus der Bewusstseinsebene, aus der sie entstanden sind. Eine zusätzliche Wirkung entsteht über die energetische Ladung. Diese kommt zum Beispiel durch die Verbindung eines Gedankens mit einem Gefühl oder einer Körperwahrnehmung zustande. Verstärkt wird das Ganze noch, wenn unsere Vorstellungskraft den Gedanken mit einem Bild oder Symbol verknüpft und sich eine Weile darauf konzentriert. Dann kann auf der feinstofflichen Ebene aus der Seifenblase ein stabiles Gebilde werden, eine Lichtkugel etwa, die wir als geistigen Schutz einsetzen können.

Wenn wir die Kraft des Gedankens noch weiter verstärken wollen, können wir uns auf eine Ebene jenseits des Alltagsbewusstseins begeben, in eine Tiefenentspannung, Trance oder Meditation. Gedanken und Vorstellungen, die bewusst in so einem Zustand gehalten werden, haben die größte Wirkung. Hier setzen wir dann die Kraft der Konzentration ein.

Ganz entscheidend für die Wirkung einer geistigen Arbeit ist die Kraft der eigenen Absicht. Deshalb gilt es zu klären, was ich bewirken will und warum. Die innere Klärung der Absicht ist ein wichtiger Prozess, der der gesamten magischen Arbeit vorausgehen sollte, sonst kann sich die Wirkung anders entfalten als gedacht oder sich sogar gegen sich selbst richten.

Folgendes Beispiel verdeutlicht dir, wie du magisch arbeiten kannst. Angenommen, du hast eine Prüfung vor dir, und du möchtest mit einer magischen Arbeit bewirken, dass du sie bestehst. Selbstverständlich hast du zuvor in der Alltagswelt alles getan, was dazu notwendig war, dich zum Beispiel für die Prüfung angemeldet, und du weißt auch, dass die magische Arbeit das Lernen für die Prüfung nicht ersetzt. Deine Absicht lautet: Ich möchte die Prüfung bestehen.

Die Technik, die du benutzen kannst, ist eine Visualisierung in einem meditativen Zustand. Wenn du in diesem Zustand bist, stellst du dir vor, dass du deine Prüfungsurkunde, dein Zertifikat oder ein ähnliches Dokument, das deine bestandene Prüfung bescheinigt, in den Händen hältst und dich riesig freust. Du kannst das Lächeln in deinem Gesicht fühlen, du kannst dir vorstellen, dass du vor Freude durch den Raum tanzt, dass du Freundinnen anrufst und ihnen begeistert von der bestandenen Prüfung erzählst oder was immer dir einfällt, um dieser Freude Ausdruck zu geben. In dem meditativen Zustand konzentrierst du dich für eine Weile auf dieses Bild und das Gefühl der Freude, bis du es deutlich wahrnehmen und fühlen kann.

Dann lasse es wieder los, damit es frei ist, sich zu verwirklichen. Unterstützend dafür gibst du ihm dein Vertrauen, dass dies geschehen wird. Du kannst das noch bekräftigen, indem du den magischen Spruch »so soll es sein, so wird es sein, so ist es« benutzt. Dann beendest du die Meditation und kehrst in dein Alltagsbewusstsein zurück.

Bei dieser Visualisierung nimmst du das gewünschte Ergebnis in deiner Vorstellung vorweg. Das Bild, das du benutzt, ist das Zertifikat in deinen Händen. Die energetische Ladung kommt zusätzlich aus der Freude und Vertrauen ist eine Kraft, die immer stärkend wirkt. Es ist ratsam, diese und jede andere magische Arbeit insgesamt dreimal zu machen, damit sie auf den drei Ebenen des Seins, der feststofflichen, der feinstofflichen und der kausalen wirken kann, am besten an drei verschiedenen Tagen.

5.2 Die Kraft der Gedanken und innerer Überzeugungen

Nun kann es natürlich passieren, dass die Magie nicht so wirkt, wie wir es uns gedacht haben. Im obigen Beispiel würde dies bedeuten, die Prüfung wird nicht bestanden. Was ist geschehen? Ein häufiger Grund dafür, dass geistige Arbeit ins Leere läuft, ist der, dass in der Situation ein tieferes und mächtigeres Prinzip als der bewusste Wunsch gewirkt hat: die Macht einer inneren Überzeugung. Im Prüfungsbeispiel könnte sie zum Beispiel lauten »Ich bin eine Versagerin« oder »Ich darf nicht erfolgreich sein«. Wenn wir unsere geistigen Kräfte also wirkungsvoll einsetzen wollen, ist es notwendig, zu wissen, was sich auf der Ebene unserer inneren Überzeugungen abspielt, damit wir uns nicht selbst blockieren.

Neurophysiologische Forschung hat in den letzten Jahren gezeigt, dass die wesentlichen inneren Überzeugungen und Glaubenssätze in den ersten fünf Jahren des Lebens entstehen. Sie formen eine Struktur im Gehirn, die die Grundlage für alle weitere Interpretation unserer Wahrnehmungen bildet. Wir sehen die Welt dann durch die Brille dieser Überzeugungen. Je nachdem, wie viel inneren Spielraum diese lassen, ist unser Blick auf uns selbst und die Welt später entsprechend eng oder weit.

Die inneren Überzeugungen bestehen aus Worten, die eine energetische Ladung haben, Worten und kleinen, meist einfachen Sätzen der Macht. Das können stärkende Überzeugungen sein wie »Ich bin liebenswert« oder schwächende wie »Ich bin ohnmächtig«. Die energetische Ladung dieser Sätze resultiert aus der Intensität oder der Dauer des Geschehens, in dem die Überzeugungen entstanden sind: Das kann beispielsweise eine intensive emotionale Begegnung sein, ein heftiger Konflikt oder die zwar weniger dramatische, dafür aber andauernde tägliche Einwirkung, wenn einem Mädchen ständig gesagt wird, »Das kannst du nicht«.

Auch wenn wir als Erwachsene später über den Weg des Verstandes zu anderen Ansichten kommen, wirken diese frühen Überzeugungen auf einer tiefen Ebene weiter und können ihre Macht entfalten, wenn ein Wort fällt, das sie berührt. Es ist daher wichtig, sich auf dem Weg zur Eigenmacht der Wirkung dieser Überzeugungen bewusst zu werden, ihre Inhalte aufzuspüren und wenn nötig, zu verändern. Wenn das nicht geschieht, kann es passieren, dass unsere geistige Arbeit wirkungslos bleibt. Oder es passiert, dass wir uns Menschen hilflos ausgeliefert fühlen, die diese Überzeugungen in uns berühren. In solchen Fällen projizieren wir die Macht unserer Eltern oder derjenigen Personen, die dazu beigetragen haben, dass sich diese Überzeugungen in uns gebildet haben, auf sie.

Eine Überzeugung, die viele Frauen oft unbewusst in sich tragen, ist »Ich bin eine Versagerin«. Manchmal ist diese Überzeugung aus dem vergeblichen Versuch entstanden, die Eltern glücklich zu machen – etwas, das jenseits der kindlichen Macht liegt. Oder sie ist Resultat überkritischer Eltern, die sehr wertend waren. Je nachdem, kann sich dies so auswirken, dass eine Frau es auch als Erwachsene nicht ertragen kann, einen

Fehler zu machen oder jemanden unglücklich zu sehen, ohne sich schlecht und wertlos zu fühlen, als Versagerin eben. Mit dieser Grundüberzeugung wird es schwer für sie sein, an die eigene Macht zu glauben, daran, etwas bewirken zu können.

Wenn wir unsere Spiritualität machtvoll leben wollen, müssen wir uns daran machen, schwächende innere Überzeugungen in Glaubenssätze zu verwandeln, die uns stärken und Selbstvertrauen schenken. Dazu gibt es zum einen verschiedene Techniken aus der spirituellen, schamanischen und magischen Arbeit ebenso wie aus der Psychotherapie[4]. Zum anderen kann Hilfe auch aus einer inneren Instanz kommen, die wir in jeder Meditation und jeder Bewusstseinsarbeit in uns stärken: die innere Beobachterin. Sie ist diejenige, die das innere Geschehen wahrnimmt, ohne es zu bewerten oder zu beurteilen, was sehr wichtig ist, damit sich auch die unbewussten Inhalte zeigen können, die wir uns zuvor nicht getraut haben wahrzunehmen. Im Alltag sind wir oft gefordert zu werten, um zu überleben, und Situationen, Dinge und Menschen danach zu beurteilen, ob sie uns schaden oder nicht. Es gibt jedoch Persönlichkeitsanteile in uns, die sich aus Angst vor negativer Bewertung nicht zeigen. Mit Hilfe der inneren Beobachterin, die ohne Wertung, aber mit den Augen des Verständnisses und Mitgefühls schaut, zeigen sich solche Anteile leichter und können dann angenommen und verwandelt werden. Insofern stärken Meditation und die Arbeit mit der inneren Beobachterin die Selbstakzeptanz und helfen, die an Negativsätze gebundene Energie freizusetzen und sie in positive Überzeugungen fließen zu lassen.

Auf dem Weg zum Erkennen der eigenen geistigen Macht, kommen wir erfahrungsgemäß an einer Reihe von Stationen vorbei, die uns mit inneren Blockierungen konfrontieren, einige liegen, wie eben beschrieben, auf der Ebene der persönlichen inneren Überzeugungen, andere haben kollektiven Charakter. Ein wirkungsvolles Instrument zur Verhinderung von Machtentfaltung ist Entwertung, sie funktioniert auf persönlicher wie auf kollektiver Ebene.

Wir schauen mittlerweile auf eine lange Geschichte der Abwertung weiblicher spiritueller Kraft zurück. Es ist nicht leicht, sich daraus zu befreien, denn sie hat sich tief im kollektiven und persönlichen Gedächtnis verankert. Doch wir können viel dazu beitragen, diese abwertende Haltung zu verändern, wenn wir uns daran machen, sie in uns selbst aufzuspüren und zu verwandeln. Das hat nicht nur eine positive Wirkung auf die eigene Persönlichkeit, sondern wirkt zugleich auf das kollektive Bild der Frau zurück.

Die Kraft, die dabei helfen kann, ist wieder die der inneren Beobachterin. Sie hilft uns wahrzunehmen, auf welche Weise innere kritische Stimmen entwertende Worte finden, uns klein machen und mit negativer Kritik schwächen und das, was wir erreicht haben, lächerlich machen und für unwichtig erklären. Die eigene innerliche Abwertung ist heute manchmal schlimmer als das, was wir Frauen im Außen erleben, weil sie zur Selbstverständlichkeit geworden ist und unser inneres Selbstbild prägt. Wenn Abwertung von außen kommt, können wir uns wehren, wenn sie aber eine innere Resonanz hat, das heißt, wenn es einen Teil in uns gibt, der dem Außen recht gibt, wird es schwierig. Die innere Beobachterin hilft dabei, diese entwertenden Anteile in uns aufzuspüren, ins Bewusstsein zu bringen und wahrzunehmen, welche tieferen Überzeugungen in Bezug auf uns selbst damit verbunden sind. »Ich bin dumm; ich kann nichts, ich bin wertlos« ... Das sind kleine Sätze, die von innen her eine unglaubliche Macht entfalten. Sie verhindern, dass wir unsere Fähigkeiten entwickeln und einsetzen, unsere wirkliche Kraft leben und uns selbst wertschätzen. Lustlosigkeit, Resignation, Depression, diffuse Ängste, Minderwertigkeitsgefühle oder Zwänge können Zeichen dafür sein, dass sie am Wirken sind.

Wenn wir die innere Abwertung erst einmal aufgespürt haben, können wir uns daran machen, diese Kraft zu verwandeln. Statt sie gegen uns zu richten, können wir sie nutzen, um uns zu stärken und den inneren Selbstwert aufzubauen, indem wir sie inhaltlich ins Gegenteil verwandeln. Ein Versuch, dies zu tun, ist die Arbeit mit Affirmationen. Sie reicht aber erfahrungsgemäß nicht aus, da Affirmationen ihre Wirkung nur auf einer bestimmten Ebene entfalten. Es ist nicht genug, einfach nur das Gegenteil einer Negativüberzeugung zu denken, da andere Bereiche des Gehirns diese festhalten und die Lösung auf tieferer Ebene erfolgen muss. Die Affirmationsarbeit schlägt zum Beispiel vor, sich Zettel aufzuhängen, auf denen ein positiver Satz steht, wie »Ich bin eine starke Frau«. Aber jedes Mal beim Draufschauen wird die tiefere Überzeugung dieser Frau berührt, die besagt, »Nein, du bist ohnmächtig«. Das geschieht meist unbewusst und kann sich manchmal in plötzlich schlechter Laune äußern, obwohl sie sich gerade doch etwas Positives sagt. Die Negativspirale dreht sich weiter, als nächstes treten innere Vorwürfe auf und Schuldgefühle, es nicht zu schaffen, dass die Affirmation wirkt. Das Selbstbewusstsein ist wieder im Keller und die tiefere innere Überzeugung »Ich bin schwach oder ohnmächtig« hat neue Nahrung bekommen.

Eine wirkungsvollere Methode, Negativüberzeugungen in ihr Gegenteil zu verkehren ist der umgekehrte Weg. Das bedeutet zunächst die innere (negative) Überzeugung aufzuspüren, sich bewusst zu machen, welche Macht in ihr steckt und diese dann zu verwandeln. Dafür müssen wir jedoch, etwa in einer Meditation oder einer Traumreise, eine tiefere Bewusstseinsebene aufsuchen. Sehr kraftvoll bei der Wandlung schwächender in stärkende Überzeugung in einer Meditation oder Traumreise ist der Kontakt zu den weiblichen spirituellen Energien, die positive Macht verkörpern (siehe Kapitel 1.4).

5.3 Die Macht der Zweifel

Eine weitere Hürde beim wirkungsvollen Einsetzen der eigenen geistigen Macht ist die Macht der Zweifel. Auch innere Zweifel schwächen und können verhindern, dass spirituelle Kraft ihr Ziel erreicht und eine geistig aufgebaute Vorstellung ihre Wirkung entfaltet. Viele dieser Zweifel beziehen sich darauf, ob geistige Kraft tatsächlich etwas bewirken kann; denn in unserer Kultur sind wir mit sehr anderen Vorstellungen aufgewachsen. Auch stehen Zweifel oft ebenfalls im Dienste bestimmter innerer Überzeugungen wie »Ich darf nicht erfolgreich sein«. Es ist wichtig, Zweifel ernst zu nehmen, da sie die geistige Arbeit enorm blockieren können. Dabei ist ihre Intensität oft ein Hinweis auf die Stärke der blockierten Kraft.

Wenn in einem Ritual oder einer magischen Arbeit eine Vorstellung auf feinstofflicher Ebene aufgebaut wird, zum Beispiel ein geistiger Schutz, so können diese inneren Zweifel verhindern, dass er wirkt. Ursache könnte nicht nur der generelle Zweifel an der Wirksamkeit solcher Vorstellung sein, sondern den Zweifeln könnte auch die Überzeugung zu Grunde liegen, »Ich darf mich nicht schützen« oder »Ich bin es nicht wert, geschützt zu sein«. Dies ist, wie die Erfahrung zeigt, bei Frauen leider häufig der Fall, da sie in der Kindheit oft Grenzüberschreitungen erlebt und unzureichenden Schutz erfahren haben. Auch beim Wünschen kann die Macht der Zweifel deren Erfüllung verhindern, wenn Frauen glauben, dass sie die Erfüllung ihrer Wünsche nicht verdient haben.

Die erfolgreichsten Zweifel sind jedoch die an der eigenen Macht: Es kann doch nicht sein, dass ich mächtig bin! Viele Frauen sind paradoxerweise durchaus bereit zu glauben, dass Magie wirkt, aber nicht, wenn sie sie selbst einsetzen. Ist dies der Fall, ist es wichtig, sich mit den Befürchtungen auseinanderzusetzen, die die Vorstellung mächtig zu sein auslöst. Häufig tauchen an dieser Stelle Ängste auf, verlassen zu werden. Das ist ebenfalls eine Erfahrung, die viele Frauen bereits aus ihrer Kindheit mitbringen. Und zwar meistens als Erfahrung, emotional verlassen worden zu sein, wenn sie Stärke gezeigt haben.

Im Umgang mit Zweifeln ist die Kraft der Selbstakzeptanz wirksam. Sie kann sich zum Beispiel in den Worten »Ich umarme die Kraft der Zweifel in mir« ausdrücken. Um Zweifel aufzulösen, kann die Kraft der Göttin Kali gerufen werden, die dabei hilft, uns von überholten Strukturen zu trennen und sie zu verwandeln. Sie lässt sich über ein sogenanntes Kali Mantra erschließen. Das Mantra bringt unter anderem zum Ausdruck, dass die Identifizierung mit den Zweifeln aufgelöst wird, dass diese zwar für eine Weile zu uns gehörten, aber nichts mit unserem wahren Wesen zu tun haben. Da sie für eine Weile eine wichtige Funktion in der Psyche übernommen hatten, ist es wichtig, sie zu würdigen (auch wenn sie jetzt stören) und sich bewusst zu machen, wofür die Zweifel gebraucht wurden. Erst dann wird die Trennung vollzogen.

Die folgende Arbeit mit dem Kali Mantra kann entweder allein oder zu zweit gemacht werden. Zu zweit spricht eine jeweils einen Satz vor, die andere spricht ihn nach. Es ist wichtig, sich Zeit zu nehmen, der inneren Wirkung der Sätze nachzuspüren und sie nicht einfach mechanisch nachzusprechen.

Bevor das Mantra gesprochen wird, sollte zunächst die Kraft der Göttin Kali gerufen werden (siehe Kapitel 11.6).

Kali Mantra zum Loslassen von Zweifeln

Ich umarme die Kraft der Zweifel in mir … Nachspüren, wie sich das anfühlt.

Sie hat nichts damit zu tun, wer ich bin … Sich Zeit lassen, zu spüren, was das bedeutet.

Aber sie hat mir gute Dienste geleistet … An dieser Stelle sich Zeit nehmen, zu spüren, wofür sie gut waren, es aufschreiben oder einer anderen mitteilen.

Ich brauche sie nicht mehr … Nachspüren, ob das stimmt. Wenn nicht, dann sich bewusst machen, wofür sie noch benötigt werden und neu entscheiden, ob es der richtige Zeitpunkt ist, sich davon zu lösen.

Ich danke ihnen und entlasse sie aus allen Fasern meines Seins.

Ich öffne mich dir, Kali, schwarze Göttin der Wandlung, sodass die Kraft, die an die Zweifel gebunden war, frei werde und mich stärken möge.

Falls danach noch Reste der Zweifel vorhanden sind, kann das Mantra nochmals gesprochen werden, es beginnt dann mit dem Satz: »Ich umarme alle Reste der Zweifel in mir«.

Das Kali Yantra unterstützt energetisch die Arbeit mit dem Kali Mantra

5.4 Grenzen geistiger Kräfte

Natürlich gibt es auch Grenzen dessen, was wir mit geistiger Macht bewirken können, denn wir müssen uns auf der materiellen Ebene an gewisse physikalische Gesetze halten, die hier gelten. Es ist deshalb wenig sinnvoll, die geistige Kraft darauf zu verschwenden, etwas erreichen zu wollen, dass in dieser Dimension nicht möglich ist. Auch wenn wir täglich meditieren »Ich kann fliegen« werden wir dies aufgrund unseres materiellen Körpers nie können.

Eine weitere Grenze beziehungsweise Behinderung magischer Arbeit kann sein, dass sich mehrere Wünsche gegenseitig blockieren oder ganz einfach eine andere Magie stärker wirkt als unsere. Das Wünschen von Parkplätzen ist inzwischen ja schon weit verbreitet. Wenn sich aber hunderte von Menschen in einer Straße einen Parkplatz wünschen, in der es nur 20 Plätze gibt, müssen wir zeitlich schon sehr früh damit anfangen, um unser Ziel zu erreichen, oder viel mehr Energie in eine Visualisierung geben.

Viele haben sich schon daran abgearbeitet, magisch auf einen Lottogewinn hinzuwirken. Unabhängig von etwaigen inneren Überzeugungen wie »Ich darf nicht reich sein«, die dagegen wirken, ist dies zu schwer. Denn die Gedankenkraft von mehreren Millionen Menschen ist ebenfalls darauf ausgerichtet, und da gibt es kaum ein Durchkommen.

6. Persönlichkeitsebenen und geistige Welten

Für die spirituelle Entwicklung, das geistige Reisen sowie für die rituelle und magische Praxis ist es wichtig, dass wir eine Vorstellung davon haben, welche geistigen und seelischen Ebenen in und außerhalb unseres Selbst existieren. Während Psychologie und Psychotherapie sich um die inneren Ebenen der Persönlichkeit und den Bereich der zwischenmenschlichen Beziehungen kümmern, beziehen wir vom spirituellen Blickwinkel aus weitere Bereiche in die Betrachtung der seelischen Entwicklung mit ein. Das sind zum einen die geistigen und seelischen Bereiche der Persönlichkeit, die nicht an den Körper und das Ich gebunden sind. Zum anderen sind es die transpersonalen Ebenen, die unabhängig vom persönlichen Bewusstsein existieren. In diesen transpersonalen Ebenen können wir unter anderem den Wesen begegnen, die nur oder nur noch eine geistige Präsenz haben. Wenn wir diese Ebenen erreichen wollen, müssen wir jedoch das normale Alltagsbewusstsein verlassen und uns in einen Zustand erweiterten Bewusstseins begeben. Erst in diesem Zustand können wir dann geistig reisen (siehe Kapitel 6.3).

Im Zustand des Alltagsbewusstseins, in dem wir uns üblicherweise befinden, orientieren wir uns an dem, was unsere fünf Sinne wahrnehmen. Wir bewegen uns dabei auf der feststofflichen, materiellen Ebene mit ihren Grenzen und Gesetzmäßigkeiten. Wenn wir in der materiellen Welt auf eine Mauer stoßen, können wir aufgrund dieser Gesetzmäßigkeiten nicht durch sie hindurchgehen. Das Alltagsbewusstsein ist begrenzt, damit es nicht von den Reizen aus den feinstofflichen Ebenen überschwemmt wird und sich weiter in der materiellen Welt orientieren kann.

Mit feinstofflichen Ebenen ist die geistige Welt gemeint, die wiederum aus verschiedenen Ebenen besteht und uns im normalen Alltag nicht bewusst ist. Sie liegt jenseits der Grenzen des Alltagsbewusstseins. Wir haben jedoch potenziell die Fähigkeit, diese Grenzen zu öffnen und unser Bewusstsein in diese Ebenen hinein auszudehnen. Zu diesen Ebenen gehören das persönliche Unbewusste und das Überbewusste sowie die transpersonalen Ebenen.

Unser Bewusstsein besteht demnach nicht nur aus dem Alltagsbewusstsein, sondern aus verschiedenen inneren Ebenen der Persönlichkeit, die auch unser inneres Wissen beherbergen. Entsprechend der Vorstellung, dass alles, was existiert, aus drei Aspekten besteht, lassen sich auch drei innere Ebenen der Persönlichkeit unterscheiden:

1. Die tagesbewusste Ebene ist die Ebene, auf der wir uns normalerweise als Ich erleben. Dieses Ich ist an den Körper gebunden und meist vom verstandesmäßigen Denken bestimmt. Hier befinden wir uns im Zustand des Alltagsbewusstseins.
2. Die Ebene des Unbewussten, des Selbst. Diese Ebene nehmen wir im Alltagsbewusstsein nicht wahr; wir müssen uns dazu in einen Zustand erweiterten Bewusstseins begeben und überschreiten dabei die Grenzen des Ich.
3. Die Ebene des Überbewussten, auch Höheres Selbst genannt, entzieht sich ebenfalls dem Alltagsbewusstsein. Hier kann eine völlige Ich-Auflösung erlebt werden.

Der Zustand des Alltagsbewusstseins wird von der Wahrnehmung unserer fünf Sinne bestimmt und der Interpretation dieser Wahrnehmungen durch den Verstand, vom logischen, rationalen Denken der linken Gehirnhälfte. Unsere Aufmerksamkeit ist dabei eher nach außen gerichtet, wir sind wach. Im Alltagsbewusstsein arbeiten die inneren Stimmen in unserem Kopf, die alles Geschehen kommentieren, bewerten, einordnen, der ganz normale Gedankenfluss also.

Wenn das Gehirn an ein EEG angeschlossen wird, können Hirnströme gemessen werden, die je nach Bewusstseinszustand bestimmte Frequenzen haben. Die Frequenzen des Alltagsbewusstseins werden als Betawellen bezeichnet, sie umfassen den Frequenzbereich von 13 bis 38 Hertz (Hz). Auf dieser Ebene haben wir ein klares Bewusstsein von Raum und Zeit und den Grenzen unseres Körpers. Je nachdem, wie viel Stress wir ausgesetzt sind, sind diese Frequenzen höher oder niedriger. Die höheren Betafrequenzen entsprechen zunehmendem Stress, der mit Angst verbunden ist oder dadurch entsteht, dass wir uns zum Beispiel innerlich durch abwertende Kritik unter Druck setzen.

Wenn wir uns nicht mehr auf eine bestimmte Tätigkeit konzentrieren müssen, uns entspannen und vielleicht schon ein wenig ins Träumen geraten, verändern sich die Frequenzen der Hirnwellen, und wir befinden uns in dem sogenannten Alphazustand (14-8 Hz), ein Zustand entspannter Wachheit, der das Tor zu Meditation und Traumreisen bildet. Hier verändert sich bereits die Wahrnehmung von Raum und Zeit, das Erleben wird gleichzeitiger. In diesem Zustand stellen sich meist innere Bilder und Fantasien ein, und wir erhalten oft kreative Impulse. Das Denken ist nicht mehr logisch, rational und analytisch, sondern wird assoziativ. Die rechte Gehirnhälfte arbeitet jetzt stärker. Wir sind offener für Gefühle, Intuition und eher ungewöhnliche Ideen. In diesem Zustand können wir innerlich reisen. Alphawellen sind notwendig, damit wird uns an das, was wir in tieferen Bewusstseinszuständen erlebt haben, noch erinnern können.

Wenn wir noch tiefer in die Entspannung gehen, verändern sich die Gehirnwellen erneut und werden zu Thetawellen (7-4 Hz), wie im Schlaftraum (REM-Phase). Sie werden auch die Wellen des Unbewussten genannt. Diesen Zustand zu erreichen und gleichzeitig wach zu bleiben, ist Ziel der Meditation. Dazu brauchen wir allerdings eine gleichzeitige Aktivität der Alphawellen, sonst erinnern wir uns an nichts. In diesem Zustand kommt das Denken weitgehend zum Stillstand, die inneren Bilder werden weniger, das Empfinden von Zeit und Raum verändert sich so weit, dass es sich ganz auflöst. Dieser Zustand wird eher als ein Dasein erlebt, in dem wir uns als Teil eines Ganzen wahrnehmen, in Verbindung mit einem Gefühl des Friedens. Es ist die Verbindung mit unserem Wesenskern, der Seele, die sich als ewig und eins mit dem Ursprung der Schöpfung erfährt.

Aus dieser Bewusstseinsebene bringen wir Erfahrungen mit, die sich schwer in Worte fassen lassen. Ein tiefes inneres Wissen, das jenseits des Wissens liegt, das auf Informationen des Verstandes beruht und das nicht diskutiert werden kann. An dem Wissen, das Menschen aus diesen Ebenen mitbringen, ist nicht zu rütteln, sie »wissen es eben einfach«. Die Erfahrungen, die Menschen aus dieser Ebene mitbringen, gleichen sich im Wesentlichen. Sie werden als Verschmelzung mit dem Göttlichen beschrieben, als Einssein mit dem Kosmos, als Ewigkeit. Wie sie später eingeordnet und interpretiert werden, ist wiederum eine Frage der jeweiligen Kultur und Religion.

Die Ebene der Deltawellen (3-0,5 Hz) ist die des traumlosen Tiefschlafs, Deltawellen werden auch im Koma gemessen. Bei Menschen, die sehr intuitiv sind, kommen sie auch in Verbindung mit Beta- und Alphawellen vor, das heißt, sie existieren auch im Wachzustand. Diese tiefe Ebene wird auch mit den transpersonalen Ebenen der geistigen Welt und des kollektiven Unbewussten in Verbindung gebracht, die wir in tiefsten Trancen und schamanischen Reisen aufsuchen. In dieser Ebene wach zu bleiben, ist besonders schwer, bestimmte Tranceinduktionen aber erleichtern das bewusste geistige Reisen in diese Ebenen.

In der Erforschung von Hirnwellen bei Meditationszuständen wurde außerdem eine Tätigkeit von Gammawellen festgestellt, die im Bereich von 30 bis 80 Hertz liegen und in gewissen Phasen der Meditation auftauchen, die als besonders intensiv erlebt wurden. Sie sind mit mystischen Erfahrungen, Erleuchtungen, Verschmelzungserlebnissen und Auflösung des Ich-Gefühls verbunden. Mit zunehmender Meditationspraxis steigt die Häufigkeit dieser Wellen, die gleichfalls mit sehr großer Wachheit zu tun haben.

Die größte Kreativität erreichen wir in einer Verbindung von Alpha-, Thetawellen und niederfrequenten Betawellen. Dann können die Informationen aus den tieferen Bewusstseinsschichten frei fließen, erinnert und kommuniziert werden.

Die Ebenen jenseits des Alltagsbewusstseins (Alpha, Theta und Delta) sind diejenigen, die wir für das spirituelle Erleben am meisten brauchen. Im Alltagsbewusstsein sind wir sehr nahe an der materiellen Welt und ihren Erfordernissen orientiert und müssen das auch sein, damit wir in ihr überhaupt handeln und für die Bedürfnisse des Körpers sorgen können. In den Fantasie- und Traumzuständen verändert sich die Wahrnehmung mehr hin zur feinstofflichen Ebene, innere Bilder und Gefühle werden intensiver. Diese Ebenen sind unterschiedlich tief. Sie reichen vom Tagträumen über nächtliche Träume und Fantasiereisen bis hin zu Trancen, schamanischen Reisen, Pfadreisen oder Astralreisen, wie sie auch genannt werden. Diese Reisen unterscheiden sich voneinander durch die Tiefe des Bewusstseinszustandes. Entsprechend verwenden wir unterschiedliche Techniken, mit denen die Türen zu diesen Bewusstseinsebenen geöffnet werden (siehe Kapitel 6.3).

Das Wissen und die Erfahrungen, die wir aus diesen Ebenen mitbringen, stammen zunächst aus der Weisheit des persönlichen Unbewussten. Sie können uns Teile unserer Persönlichkeit zeigen, die uns im Alltagsbewusstsein nicht zugängig sind, Erfahrungen, Gefühle, die verdrängt wurden, verdrängte Seelenanteile, unsere Projektionen. Hier können wir in Kontakt mit den inneren Selbstheilungskräften kommen, Verdrängtes wieder ins Bewusstsein zurückholen, um es zu integrieren und so eine innere Trennung von uns selbst auflösen. Hier begegnen wir auch unseren tiefen Sehnsüchten und den eigenen kreativen Kräften. Hier öffnen wir die Türen zu unserem eigenen schöpferischen Potenzial.

Im Durchschnitt sind jedoch 90 Prozent unseres inneren Wissens dem Ich nicht bewusst. Aber all das, was im Unbewussten an Eindrücken und Erfahrungen gespeichert ist, ist dem Alltagsbewusstsein potenziell zugänglich. In nächtlichen Träumen zum Beispiel tauchen Inhalte aus dem Unbewussten auf und bleiben manchmal auch im Wachzustand in Erinnerung – andere sinken nach dem Auftauchen wieder zurück ins Unbewusste zurück, etwa wenn das Ich sich damit nicht auseinandersetzen möchte oder es gerade nicht sinnvoll ist, dies zu tun. Andere unbewusste Inhalte kommen mit Hilfe von Assoziationen ins Bewusstsein oder in intensiven emotionalen Momenten, in denen wir weniger vom Verstand (Alltagsbewusstsein) kontrolliert sind.

Wir können uns dieses innere Wissen jedoch auch aktiv erschließen. Wenn wir unser Bewusstsein in Bereiche des Unbewussten ausdehnen, die uns normalerweise nicht zugänglich sind, erleben wir den Kontakt zu diesem inneren Wissen, das sich zu erforschen lohnt und die eigene geistige Kraft stärkt. Mit Hilfe bestimmter Methoden aus der spirituellen Arbeit können wir absichtlich in die Ebenen des Unbewussten reisen und dort verborgene Erinnerungen finden, Verdrängtes zurückholen oder Kontakt zu dem tieferen Wissen aus dieser Ebene herstellen. Wir können dort einer Weisheit begegnen, die nichts mit dem rationalen logischen Denken des Tagesbewusstseins zu tun hat. Die Ebene des Unbewussten ist eher irrational, aber keineswegs willkürlich oder zusammenhangslos, sie »denkt« in Bildern und Symbolen, in Analogien und Assoziationen und enthält einen großen Wissensschatz.

Auch die Ebene des Überbewussten kann ins wache Bewusstsein gelangen. Das geschieht ebenfalls mit Hilfe von geistigen Reisen und Meditationen. Je häufiger der Kontakt hergestellt wird, desto spürbarer wird die Präsenz des Höheren Selbst auch im Alltag. Es entsteht das Gefühl, von einer Kraft beschützt und geführt zu werden, die weiser ist als das Ich und das Selbst, einer Kraft, der wir vertrauen können, die uns liebt. Das Höhere Selbst ist der feinstoffliche Geistkörper der Seele. Die Seele selbst hat keinen Körper, sondern sie braucht den feinstofflichen beziehungsweise feststofflichen Körper, um ihre Erfahrungen zu machen und sich zu verwirklichen. Die magische Urlehre, die zu meinen spirituellen Grundlagen gehört, versteht jede Seele als unsterblichen Teil der göttlichen Urseele, die sich mit der Schöpfung eine Fülle von Erfahrungs- und Gestaltungsmöglichkeiten geschaffen hat. Am Ende der Schöpfung, wenn alle Entwicklungsmöglichkeiten ausgeschöpft sind, kehren alle Seelen wieder zu ihr zurück, bis ein neuer Schöpfungszyklus beginnt, in den diese Erfahrungen einfließen werden.

6.1 Die Seele möchte ihr Potenzial entfalten

Die Seele möchte ihr Potenzial entfalten. So lautet das erste geistige Gesetz der magischen Urlehre. Damit die Seele das tun kann, braucht sie eine Ausdrucksform. Dafür stehen ihr Energie und Materie auf verschiedenen Ebenen zur Verfügung. Zunächst erschafft sie einen Energiekörper, den wir auch als feinstofflichen oder Geistkörper oder das Höhere Selbst bezeichnen. In diesem Körper kann sie Erfahrungen in den verschiedenen feinstofflichen Ebenen, den geistigen Welten machen. Möchte sie sich in der materiellen Welt entfalten, braucht sie zudem einen feststofflichen Körper. Für ihre Inkarnationen auf der Erde kann eine Seele, je nachdem, welche Erfahrungen sie machen möchte, unterschiedliche Körper wählen. Vielleicht inkarniert sie sich zuerst in der mineralischen Welt der Steine, in der Pflanzen- oder Tierwelt, oder in der Welt der Atome und Moleküle, bevor sie sich für einen menschlichen Körper entscheidet – oder auch umgekehrt. Vielleicht verkörpert sie sich auch gleichzeitig in verschiedenen Welten, denn sie kann offenbar mehrere Teile von sich selbst gleichzeitig entfalten.

Ein wunderschönes Gedicht des keltischen Dichters Taliesin, der seine Inspiration aus dem Kessel der Weisheit und Wandlung der Göttin Cerridwen erhielt, erzählt von den Entfaltungsmöglichkeiten der Seele auf dieser Erde.

Verwandlungen

Ich war da in vielen Erscheinungsformen,
ehe ich die mir gemäße Gestalt fand ...
Ich war ein Regentropfen in der Luft
Und war ein leuchtender Stern am Himmel.
Das Wort in einem Buch war ich
Und bin im Beginn ein Buch gewesen ...
In die Schlacht führte ich die Krieger,
war das Band an der Windel eines Säuglings.
Als Adler kreiste ich durch die Lüfte
und als Schiff durchpflügte ich das Meer ...
Das Schwert in einer Hand war ich
Und der Schild im Kampf.
Eine Harfensaite bin ich gewesen
Neun Jahre lang,
dann vom Zauber gebannt für ein Jahr
in das Gischten des Meeres.
Nichts existiert, mit dessen Wesen
Ich mich nicht verbunden hätte.[1]

Wenn eine Seele sich in einen menschlichen Körper inkarniert, kann das zu unterschiedlichen Zeitpunkten geschehen, entweder bereits während der Zeugung oder zu jedem Zeitpunkt der Schwangerschaft. Während der Inkarnation verbindet sich der feinstoffliche (Geist)Körper der Seele mit dem feststofflichen Körper und löst sich von diesem erst wieder im Tod. In der Zeit zwischen den Inkarnationen bleibt die Seele im feinstofflichen Körper.

Mit ihrer Inkarnation in einen menschlichen Körper erhält die Seele einerseits die Fülle der Ausdrucksmöglichkeiten, die ihr auf dieser Erde zur Verfügung stehen. Andererseits muss sie sich zugleich an die Grenzen der materiellen Welt halten. Nach der Geburt entwickelt sich allmählich das menschliche Ich mit seinen Funktionen, die die Menschen brauchen, um sich in der materiellen Welt mit ihren Grenzen zu orientieren.

All die Erfahrungen, die eine Seele während einer Inkarnation macht, fließen in das Höhere Selbst. Das, was wir als Menschen manchmal als unbestimmte Sehnsucht empfinden, ist oft eine Botschaft der Seele, ihr Wunsch, ihre Möglichkeiten zu entfalten. Die meisten Menschen sind glücklich, wenn sie einen Weg finden, das zu tun, was sie können, das heißt, wenn sie ihrem Potenzial einen Ausdruck geben. Dem Wunsch der Seele, ihre Möglichkeiten zu entfalten, stehen jedoch oft Hindernisse entgegen. Denn mit dem Prozess der Inkarnation der Seele in einen Körper geht zwangsläufig ein Prozess der Verdichtung einher, bis hin zu der materiellen Ebene des Körpers. Je dichter eine Ebene ist, desto stärker werden aber auch die Grenzen. In der materiellen Realität unserer Erde herrschen oft andere Interessen als die der Seele – und das Ich muss sich damit arrangieren, da es am nächsten am Körper und damit für dessen Bedürfnisse zuständig ist. Es muss zwischen den Wünschen der Seele und den Anforderungen der materiellen Welt vermitteln. Hinzu kommt, dass die materiellen Ebenen langsamer sind als die feinstofflichen, die Dynamik, Bewegung, Entwicklung möchten, sie streben letztlich nach Stillstand und wehren sich gegen Veränderung. Ein Wesenszug des Materiellen, des formgebenden Prinzips ist ja gerade Widerstand. Das heißt, es braucht Widerstand, damit aus Energie überhaupt eine Form entstehen kann.

Die Gefahr der Bequemlichkeit beziehungsweise Trägheit wird größer, je mehr unser Ich in den dichten feststofflichen Ebenen verhaftet ist. Ein zu starkes sich Orientieren an den Wünschen der materiellen Welt macht das Ich träge und unbeweglich, und das Seeleninteresse, unser kreatives Potenzial zu entfalten, erscheint dem Ich zu aufwändig oder umständlich. Das führt häufig zu inneren Konflikten, die wir dann mit der Kraft unseres Bewusstseins lösen müssen. In Krisenzeiten allerdings, wenn an den Grenzen des Ichs gerüttelt wird, können die Interessen der Seele wieder eher durchdringen, spürbarer und bewusst werden. Es muss nicht erst zu einer Krise kommen, um auf die Sehnsüchte der Seele zu hören. Wenn wir uns im Alltag immer wieder bewusst den inneren Ebenen nähern und auf ihre Botschaften hören, können wir eine Harmonie zwischen allen inneren Anteilen unserer Persönlichkeit herstellen; eine Harmonie zwischen Körper, Geist und Seele, und dann die Fähigkeiten des Ichs dazu nutzen, unser ganzes Potenzial zu entfalten.

6.2. Die transpersonalen Ebenen

Neben den Ebenen des persönlichen Unbewussten, gibt es ferner die transpersonalen Ebenen. Sie werden in verschiedenen spirituellen Traditionen unterschiedlich benannt: Astralebene, Anderswelt, Ebene der nicht alltäglichen Wirklichkeit sind einige bekannte Bezeichnungen. Ich nenne sie die kollektiven feinstofflichen Ebenen.

Diese Ebenen existieren unabhängig vom persönlichen Bewusstsein, wir können sie in tiefen Trancen oder Astralreisen, in denen wir uns vom Körperbewusstsein trennen, erreichen. In diesen Ebenen können wir Kontakt zu anderen Wesenheiten aufnehmen, die nicht einfach Projektionen der eigenen Psyche sind, sondern eigenständig existieren. Diese kollektiven feinstofflichen Ebenen unterscheiden sich wiederum durch ihre unterschiedliche energetische Dichte von einander, ähnlich wie die verschiedenen Schichten der menschlichen Aura. Was von uns Menschen schon als feinstofflich erlebt wird, kann allerdings für Wesenheiten aus anderen Ebenen bereits eine große energetische Verdichtung sein.

Eine Frage, die sich vielen stellt, ist, wie wir unterscheiden können, auf welcher Ebene wir uns gerade befinden. Was ist Projektion, wann begegne ich tatsächlich einem anderen Wesen? Das ist tatsächlich nicht einfach zu unterscheiden und es braucht einige Erfahrung dafür. Zum einen braucht es ein Bewusstsein für die eigenen psychischen Themen. Zum anderen zeigt die Erfahrung, dass die Begegnung mit geistigen Wesen sich wirklich anders anfühlt als eine Projektion. Eine ähnliche Frage ist »Bilde ich mir das nur ein oder ist das wahr?« Die Einbildung ist natürlich auch wahr. Sie hat nur eine Realität auf einer anderen, innerpsychischen Ebene, spiegelt uns also eine innere Wahrheit, während die Begegnung mit einer Ahnin eine Wahrheit auf einer transpersonalen Ebene hat.

Wenn wir unser Bewusstsein ausdehnen und uns auf geistigen Reisen in diese Ebenen begeben, öffnen sich uns unendlich viele Welten und Begegnungen mit den verschiedensten Wesenheiten werden möglich. Wichtig ist, dass wir nicht der Vorstellung verfallen, diese Ebenen existierten irgendwo im Himmel oder Kosmos. Sie sind auf der Erde genauso gegenwärtig und wir müssen unseren Körper nicht endgültig verlassen, um sie aufzusuchen.

Es ist sehr berührend zu erleben, dass diese Welten nicht nur in Märchen und Mythen existieren, sondern direkt erfahrbar und real sind. Wir können tatsächlich in das Reich der Feen und Zwerge reisen und dort Freundschaften schließen. Wir können geistige Kraftorte aufsuchen und die Städte der vier Elemente kennenlernen. Wir können die Tempel der AhnInnen betreten und die heiligen Plätze kennenlernen, die verschiedenen Göttinnen geweiht sind. Wesen aus der Tier- und Pflanzenwelt begleiten uns in den transpersonalen Ebenen, geistige HelferInnen können wir dort um Rat und Hilfe bitten.

Der Zeitfluss auf diesen Ebenen unterscheidet sich völlig von dem der feststofflichen Welt. Es gibt sogar Bereiche, in denen gar keine Zeit mehr existiert. Ebenso sind die Gesetzmäßigkeiten der materiellen Welt dort aufgehoben. Hier können wir tatsächlich mit der Kraft unseres Wollens durch Mauern gehen oder mit Hilfe von Symbolen verschlossene Türen öffnen.

In den transpersonalen Ebenen finden wir außerdem die Schätze des kollektiven Gedächtnisses der Menschheit. Ähnlich wie wir auf der körperlichen Ebene das Erbe unserer AhnInnen in den Genen tragen, existiert ein feinstofflicher Erinnerungsspeicher geistigen Wissens, zu dem wir in der spirituellen Arbeit Zugang finden.

Mit dem Begriff »kollektives Gedächtnis« meine ich die Bewusstseinsebene, in der wir Zugang zu sämtlichen Erfahrungen der Menschheit haben, die dort gespeichert sind. Sie liegt also weit jenseits des alltäglichen Zeitflusses. Das bedeutet gleichzeitig, dass wir in die Vergangenheit reisen können, in Zeiten, die vor unserem jetzigen Leben liegen. Diese Ebene wird von den AnthroposophInnen »Akashachronik« genannt. Dort finden wir Informationen in Bild- und Symbolsprache. Wenn wir dort andere Wesen, Menschen oder Tiere treffen, können wir mit ihnen ohne Sprache kommunizieren. Auf dieser Ebene finden wir auch die Überlieferungen der Alten Kulturen, hier begegnen wir den alten Symbolen weiblicher Kraft, den Gestalten der Göttin, die Jahrtausende alt sind. Aus der Begegnung mit ihnen können wir Kraft und Weisheit schöpfen und die unendliche Vielfalt erkennen, in der sie Form annehmen kann.

Die Kräfte, die aus dieser Ebene heraus wirken, sind intensiv und manchmal überwältigend, sodass es nicht ratsam ist, sie zu oft aufzusuchen. Es braucht eine starke Persönlichkeit, um von dort wieder heil in die Grenzen des Alltagsbewusstseins zurückzukehren und differenzieren zu können, welches Erleben wohin gehört. Die Kräfte aus diesen Ebenen können Menschen mit schwachen Ichgrenzen zu sehr überströmen.

All diese Ebenen sind nicht wirklich voneinander getrennt, sondern durchdringen sich. Aber unser Bewusstsein trennt sie voneinander, und das ist notwendig, damit wir uns in der materiellen Welt überhaupt orientieren können.

Je mehr Übung wir im Reisen zwischen den Welten haben, desto gezielter können wir uns deren Schätze zunutze machen. Das Reisen in tiefere Ebenen bringt die inneren Quellen der Kreativität zum fließen, öffnet den Zugang zu tiefem inneren Wissen, zu Erinnerungen an Vergangenes und die Möglichkeit, daraus Erfahrungen und Erkenntnisse für die Zukunft zu schöpfen. Es vertieft unser Verständnis vom Zusammenwirken aller Kräfte in dieser Welt und lässt uns Erfahrungen von Verbundenheit und All-einssein machen. Es macht uns mitfühlender für uns selbst und andere Menschen und baut Brücken zu anderen Wesen.

Wie wir den Weg in diese Ebenen finden können, welche Methoden und Techniken wir nutzen können und was sie bewirken, beschreibe ich im folgenden Kapitel.

6.3. Die Türen zu anderen Bewusstseinsebenen öffnen

Stell dir vor, du befindest dich in einer sanft hügeligen Landschaft. Die Sonne ist dabei unterzugehen, der Himmel färbt sich langsam in orangeroten Tönen ... für eine Weile versinkst du in der Betrachtung des Sonnenunterganges ... Doch dann wird deine Aufmerksamkeit von dem Flug eines Vogels angezogen. Du folgst ihm mit den Blicken und siehst, dass er zu einem kleinen Hügel fliegt. Dieser Hügel weckt deine Neugier, du wanderst auf ihn zu und erkennst im Näherkommen, dass er grasbewachsen und rund ist. Du beginnst, um ihn herumzugehen ... auf seiner Rückseite angekommen, entdeckst du eine Tür. Du öffnest sie und erkennst, dass ein Gang ins Innere des Hügels führt, in dem sich ein fast runder Raum befindet ... In diesem Raum wartet eine Erfahrung auf dich ...

Diese Einstimmung in eine Traumreise ist eine aus der Fülle von Techniken, mit denen tiefere Bewusstseinszustände erreicht werden können. Denn wir haben, wie oben gesehen, die Fähigkeit, mit unserem Bewusstsein in ganz unterschiedliche Welten einzutauchen: in Fantasie- und Traumwelten, die uns aus dem Alltag herausführen, sogar bis in Welten, die weit in andere Zeiten reichen. Der Aufenthalt in diesen Welten dient manchmal einfach der Entspannung, dem Rückzug von den Erfordernissen des Alltags, aber auch der Entwicklung von Kreativität, der Bewusstseinsentwicklung und der spirituellen Entwicklung.

Die Welt der Tag- und nächtlichen Träume ist für die Verarbeitung all dessen, was wir erlebt haben, wichtig; sie dient der seelischen Reinigung und Regeneration. Doch gibt es auch nächtliche Träume, die eine andere Qualität haben, berührender, bunter sind und nachhaltiger wirken. Häufig sind sie mit besonderen Begegnungen mit Tieren, Menschen oder auch Verstorbenen verbunden, die manchmal Botschaften für uns haben. Solche Träume stammen aus tieferen Bewusstseinsschichten und sind meist sehr heilsam. Sie geben Hinweise darauf, was in unserem Leben eigentlich wichtig ist oder welche Schritte anstehen.

Unser Bewusstsein kann sich jedoch noch weiter ausdehnen. Manche Menschen haben schon erlebt, dass sie sich mit ihrem Bewusstsein vom Körper gelöst haben und ihn von außen her betrachten konnten. Das geschieht manchmal während der Narkose bei Operationen, unter Einfluss von Drogen, bei Unfällen, wenn Menschen im Koma liegen oder ein Nahtoderlebnis haben. Dies zu erleben, hat auf die betroffenen Menschen oft eine tiefe Wirkung. Viele beschreiben solch ein Erlebnis als ihre erste spirituelle Erfahrung, als Öffnung ihres Bewusstseins für die Erfahrung, dass es eine spirituelle Ebene überhaupt gibt und dass das Bewusstsein unabhängig vom Körper existiert.

Voraussetzung dafür, absichtlich tiefere Bewusstseinszustände zu erreichen, ist immer ein Zustand körperlicher und geistiger Entspannung, der oben beschriebene Alphazustand. Denn erst im Zustand der Entspannung entsteht im Gehirn eine Verbindung zwischen der linken und rechten Gehirnhälfte, wodurch sich die Welt der inneren Wahrnehmung öffnet. Um den Alphazustand zu erreichen, der die Brücke zu tieferen Bewusstseinsebenen bildet, gibt es eine Reihe von Methoden, die je nach Vorliebe benutzt werden können. Manchmal braucht der Körper Bewegung, bevor er sich entspannen kann, dann sind Bewegungsmeditationen sinnvoll wie Kundalini (Schüttelmeditation) oder dynamische Meditationen oder auch ausgiebiges Tanzen. Andere wiederum können gut mit ruhigen Methoden wie Schwere- und Wärmevorstellungen, Beobachtung des Atemflusses, den Grundstufen des autogenen Trainings oder dem sogenannten Bodyscan entspannen. Beim Bodyscan wird die Aufmerksamkeit zunächst durch alle Bereiche des Körpers geschickt, in Verbindung mit der Botschaft, »Du darfst jetzt loslassen«, und verbunden mit der Grundhaltung jeder Meditation: wahrnehmen, was ist, ohne zu werten. Das gilt auch und besonders für den Körper, den wir oft kritisieren, wenn er nicht so ist oder funktioniert, wie wir es gerade möchten. Während der Körperentspannung werden schmerzhafte Bereiche angenommen und ungeliebte Körperteile erhalten achtsame geistige Berührung. In verspannte Bereiche kann die Vorstellung von Licht oder Wärme geschickt werden.

Welche Methode die beste ist, um in den Alphazustand zu kommen, kann jede nur für sich herausfinden, zumal es sich täglich verändern kann. Manche Frauen reagieren stärker auf visuelle Eindrücke und brauchen mehr Anleitung über bildhafte Vorstellungen, andere auf kinästhetische Eindrücke, andere wiederum auf akustische. Die körperliche Entspannung sollte einhergehen mit einer geistigen Entspannung.

Aus der körperlichen und geistigen Entspannung heraus begeben wir uns auf die sogenannte geistige Reise in tiefere Schichten. Um diese Ebenen zu erreichen, gibt es wiederum verschiedene Hilfen. Sehr schnell in tiefere Ebenen führen kann das Meditieren mit Tönen oder Mantras. Diejenigen, die sich gerne durch akustische Reize in andere Bewusstseinsebenen führen lassen und über die Schwingungen von Tönen gut erreichbar sind, können die Kraft der Mantras nutzen, mit stillen oder hörbaren Tönen innere Räume öffnen und die Kraft der eigenen Stimme beim Chanten einsetzen.

Mantras sind Worte oder Silben, die eine besondere energetische Ladung und eine kraftvolle Schwingung haben, die sich beim Meditieren entfaltet. Mantras gibt es beinahe in jeder Sprache dieser Erde. Besonders intensiv sind die Mantras aus den Sprachen der Alten Kulturen, in denen Buchstaben nicht nur Zeichen des Alphabets waren, sondern gleichzeitig eine magische Kraft besaßen. Dazu gehören Sprachen wie das Sanskrit, die alte hebräische Schrift oder die Runensprache. Die energetische Ladung der Silben oder Worte ist aus jahrtausenderalter Tradition entstanden, in der die Laute im Zustand der Meditation getönt wurden. Eines der bekanntesten Mantras ist die Silbe OM, die als einer der ältesten Urlaute der Menschheit gilt, sie kann uns mit der göttlichen Schöpfungskraft verbinden.

Das Mantra wird jeweils entweder laut oder innerlich gesprochen. Durch die Konzentration auf den Laut entsteht eine Gedankenleere, in der sich ein Raum jenseits des Alltagsbewusstseins öffnet. In diesen inneren Raum hinein wird das Mantra weiter getönt oder gesprochen, sodass es seine Schwingung weiter entfalten kann. Mit dieser Schwingung verschmelzen wir nach einer Weile und erfahren so die Bedeutung des Mantras direkt. Je häufiger ein Mantra benutzt wird und je tiefer der Bewusstseinszustand ist, in dem es getönt wird, desto größer ist seine Kraft.

Auch bestimmte Worte unserer Sprache können auf diese Weise benutzt werden. »Liebe« ist beispielsweise ein starkes Mantra, besonders wenn es im Herz- oder Kronenchakra meditiert wird. Wir können Mantras zudem durch Visualisierungen verstärken, indem wir uns das jeweilige Wort oder die Silbe geschrieben oder gemalt vorstellen. Die Namen einzelner Göttinnen können ebenfalls zu Mantras werden. Wir können uns ihrer Kraft nähern, indem wir ihren Namen als Mantra meditieren. Wenn wir uns mit der Kraft der einen Göttin verbinden wollen, die alles umschließt, können wir das Mantra »Saham« benutzen. Es stammt aus der hinduistischen Tradition, deren Vorstellung von der spirituellen Urkraft die einer Schöpfergöttin war, und bedeutet »Ich bin sie«. Unterstützend wird bei diesem Mantra gerne das bewusste Atmen eingesetzt: Auf »Sa« einatmen, auf »ham« ausatmen, in der kleinen Atempause danach schwingen lassen. Die Meditation mit dem Mantra »Saham« führt in die Erfahrung »Ich bin, die ich bin«, in die Verbindung mit der eigenen unsterblichen Seele. Während der Meditation entsteht auch die Umkehrung der Silben in Hamsa, das bedeutet Schwan, ein Vogel, der der Urgöttin zugeordnet ist.

Ähnliches geschieht bei einer Mantra-Meditation, wenn wir einfach nur Töne aus unserem Inneren kommen lassen. Wir können dabei die Kontrolle des Verstandes manchmal leichter loslassen und müssen uns auf nichts Bestimmtes konzentrieren. Die Töne kommen nach einer Weile von selbst und versetzen den Körper in Schwingung. Dadurch entsteht die Erfahrung, selbst Schwingung zu werden. In einer Gruppe kann auf diese Weise ein starkes Kraftfeld entstehen. Die Teilnehmerinnen können sich aufeinander einschwingen, sich verbinden und die Energie zum Beispiel auf ein gemeinsames Ziel richten. So kann ein gemeinsamer Klangkörper entstehen, am besten, indem die Gruppe einen Kreis bildet. Jede kann zum Beispiel eine Weile in der Mitte stehen und in den Klängen mitschwingen.

Chanten wiederum ist das auch für andere hörbare wiederholte Singen von einfachen spirituellen Liedern oder auch Mantras über einen längeren Zeitraum. Während der Verstand mit der Wiederholung der Worte und Töne beschäftigt ist, öffnen sich die Türen zu erweiterter Bewusstheit, und wie beim Mantra können wir die Erfahrung des Liedinhalts auf einer anderen Ebene machen. Beim Chanten wird oft der ganze Körper mit in Schwingung versetzt, was einmal entspannend wirkt, aber auch eine direkte körperliche Erfahrung der jeweiligen Energie ermöglicht.

Singen oder Rasseln kann auf der Reise in tiefere Ebenen ebenfalls unterstützend sein. Rasseln und Trommeln sind Mittel des Reisens in tiefe Bewusstseinsebenen, die aus uralten schamanischen Traditionen stammen und auf allen Kontinenten der Erde bekannt sind. Das Rasseln erleichtert es der Verstandestätigkeit zurückzutreten und den Weg freizugeben. Schnelles Rasseln einer Frequenz von 240 Tönen pro Minute, erreicht die Energieebene der Körperzellen und führt zur Auflösung der Ichgrenzen.[2] Gleichzeitig hält es wach und bewusst. Das Rasseln begleitet die gesamte Reise und entfaltet seine Wirkung sogar, wenn wir es von einer CD hören. Das schamanische Trommeln arbeitet ebenfalls mit einer bestimmten Schwingung (240 Schläge pro Minute). Am Anfang der Reise wird von der Trommelnden das Tor zu der Ebene beschrieben, die aufgesucht wird (etwa eine Höhle oder ein Baum). Während der Dauer der Reise wird schnell getrommelt, was die Reisende in der Trance hält. Die Rückkehr ins Alltagsbewusstsein geschieht dann durch noch schnelleres Trommeln.

Andere bevorzugen, um in tiefere Schichten zu reisen, Visualisierungen von Bildern oder Symbolen. **Visualisierung** ist eine Technik, mit deren Hilfe wir vom Bewusstsein aus Bilder erschaffen. Die Visualisierung wird vor allem in der magischen und rituellen Arbeit eingesetzt, damit sich eine bestimmte Vorstellung verwirklichen kann. Auch wenn Visualisierung den Aufbau eines inneren Bildes meint, so muss die Vorstellung nicht unbedingt mit dem inneren Auge gesehen werden. Jede andere Wahrnehmung ist genauso wirkungsvoll.

Traumreisen beginnen in der Regel mit einer Visualisierung »Stell dir vor …« und führen dann allmählich in tiefere Schichten. Die Begriffe Traumreise, Fantasiereise, Imagination und geführte Meditation werden oft als Bezeichnung für die gleiche Technik verwendet. Sie eignen sich besonders gut dazu, Orte, Wesen und Kräfte auf den feinstofflichen Ebenen aufzusuchen. Sie führen in die Welt der tieferen Bilder und Symbole, in der wir sehr stärkende, heilsame Erfahrungen machen können.

Es ist allerdings schwer, diese Reisen ohne Anleitung von außen zu unternehmen. Es ist leichter, sich von einer anderen Stimme führen zu lassen, was live oder via CD geschehen kann. Sich führen zu lassen erfordert jedoch ein gewisses Maß an Hingabefähigkeit und Vertrauen. Wenn das vorhanden ist, können wir leichter die Kontrolle durch den Verstand aufgeben, uns fallen lassen und kommen eher in tiefere Schichten. Wenn die Anleitende außerdem in einem guten Kontakt zu der Reisenden ist, kann sie intuitiv erfassen, welche Wege und BegleiterInnen auf den inneren Ebenen hilfreich sind. Sie kann helfen, die richtigen Fragen zu finden und Hindernisse zu überwinden. Es gibt darüber hinaus Formen der Traumreise, bei denen während der Reise weiter zwischen der Leitenden und der Reisenden sprachlich kommuniziert wird. Dazu zählen unter anderem sogenannte Tattwa-Trancen, also Reisen zu den vier Elementen, sowie Rückführungen und Heil- und Erinnerungsreisen.

Für wiederum andere sind Stille und Bewegungslosigkeit notwendig, um das Alltagsdenken loszulassen und die tieferen Ebenen zu erreichen. Ziel der **stillen Meditation** im Sitzen ist die innere Leere von Gedanken und Bildern. Sie kann mit dem oben beschriebenen Bodyscan beginnen, auf den die geistige Entspannung folgt. Sie tritt ein durch die wiederum wertfreie Wahrnehmung des Gedankenflusses, der durch unser Gehirn rauscht. Die Absicht ist, ihn allmählich zu verlangsamen, bis hin zur Gedankenleere. Anders als bei einer Traumreise geht es bei der stillen Meditation um die Erfahrung von Seinszuständen jenseits aller Bilder. Sie führt in einen Zustand, der ebenfalls jenseits von Raum und Zeit liegt und idealerweise mit der Erfahrung größtmöglicher Wachheit, Klarheit und dem Bewusstsein von innerem Frieden und Einheit mit dem Kosmos verbunden ist.

Wach zu bleiben, ist jedoch eine der größten Schwierigkeiten bei geistigen Reisen. Es ist eine Frage der Übung und natürlich auch des richtigen Zeitpunkts. So ist es nicht empfehlenswert zu reisen, wenn eigentlich schlafen notwendig wäre. Um das Wachbleiben zu trainieren, ist es sehr unterstützend, anschließend das Erlebte mitzuteilen oder aufzuschreiben. Doch auch wenn wir keine Erinnerung mehr an das Erleben haben, entfaltet es seine Wirkung trotzdem im Unbewussten und kann dort sehr heilsam wirken.

Bevor wir mit einer geistigen Reise beginnen, sollten wir uns bewusst machen, was die Absicht dabei ist: Möchte ich eine Antwort auf eine Frage oder Kontakt zu einer bestimmten Kraft? Will ich einfach bei mir selbst ankommen und Verbindung mit meiner inneren Weisheitsstimme aufnehmen? Möchte ich Erfahrungen mit einem Symbol machen oder mich mit der göttlichen Kraft verbinden? Erst wenn die Absicht klar ist, wähle ich die Technik, mit der ich die Türen zu den tieferen Ebenen öffne und entscheide, ob ich dabei zum Beispiel Hilfe brauche.

Stell dir vor, du möchtest zu einem alten Kraftort reisen, um in Kontakt mit der zu Göttin kommen. Dann könnte die oben begonnene Traumreise folgendermaßen fortgesetzt werden, um auf eine tiefere Ebene zu gehen:

Du schaust dich in diesem Raum um und entdeckst an den Wänden uralte Symbole und Zeichnungen. Spiralen, Kreise, Labyrinthe ... Plötzlich spürst du die Berührung einer Hand, von der eine starke Kraft ausgeht und tief im Inneren weißt du, dass du dich in einem Heiligtum der Göttin befindest. Die Hand, die dich berührt, ist die einer Hüterin dieses Heiligtums. Sie ist gekommen, um dich zu begleiten. Überlasse dich jetzt ganz ihrer Führung und dem, was geschehen möchte ...

Wenn du dorthin gelangt bist, befindest du dich im Zustand der Theta- beziehungsweise Deltawellen, in dem aus der Tiefe des persönlichen oder sogar kollektiven Unbewussten Bilder, Symbole oder andere Eindrücke auftauchen. Wenn es dir gelingt, dabei wach zu bleiben, erinnerst du dich nach der Rückkehr ins Alltagsbewusstsein noch an das Erlebte.

6.4. Wenn die Türen sich nicht öffnen lassen

Es kommt immer wieder vor, dass es nicht gelingt, wirklich in den entspannten Zustand zu kommen, der nötig ist, um tiefere Ebenen zu erreichen. Trotz aller Bemühungen sich zu konzentrieren, reißt uns der Gedankenfluss immer wieder mit, die Konzentration auf den Atem oder das Symbol gelingt nicht, der Körper verspannt sich, fängt an zu zappeln oder mit Schmerzen zu reagieren. Alle inneren Botschaften, loszulassen, führen zu nichts, alle Selbstvorwürfe machen es nur noch schlimmer. Was tun in solchen Situationen? Wir müssen uns um die Gründe kümmern, die uns daran hindern, in die Tiefenentspannung zu kommen. Mitunter ist es einfach so, dass der Körper gerade andere Bedürfnisse hat und erst einmal Bewegung braucht. Oder wir sind schlicht zu müde oder haben in diesem Moment gedanklich zu viel zu verarbeiten.

Ein anderer recht häufiger Grund liegt im emotionalen Bereich. Das Aufrechterhalten einer gewissen Muskelspannung kann Gefühle einschließen, sie unterdrücken. Besonders die Zwerchfellspannung kann dazu beitragen, Gefühle zu verdrängen. In dem Moment, in dem wir uns zu entspannen beginnen, zum Beispiel über die Atmung das Zwerchfell entspannen, entsteht innerlich eine Öffnung für die Ebene der Gefühle, sie werden wieder fühlbar. Da aber genau das nicht immer erwünscht ist und die verdrängten Gefühle in der Regel eher die unangenehmen und schmerzhaften sind, tritt in diesem Moment der Verstand auf den Plan und produziert Gedanken ohne Ende, die uns ablenken und das Loslassen verhindern. Anders ausgedrückt: Wir haben es hier mit einer emotionalen Blockade zu tun – mit der wir unterschiedlich umgehen können. Eine Möglichkeit besteht darin, sich zu entscheiden, sich nicht jetzt darum zu kümmern – vielleicht weil Zeit und Umstände es gerade nicht erlauben – und mit der Meditation aufzuhören. Denn solange die Blockade besteht, kommen wir nicht in den gewünschten Zustand.

Wenn wir uns hingegen die Blockade beziehungsweise das dahinterliegende Gefühl anschauen möchten, können wir zum Beispiel zunächst eine Bewegungsmeditation machen, die hilft, die Körperverspannung zu lösen und den Atem frei fließen zu lassen. In einer Ruhephase können wir das Gefühl dann einladen, sich zu zeigen und wenn nötig, einen Ausdruck zu finden.

Oft reicht schon die Bereitschaft, das, was verdrängt wurde, wahrzunehmen, ihm Raum und Aufmerksamkeit zu geben, um die Blockade aufzulösen. Danach ist die Meditation einfach. Manchmal gelingt es auch, im inneren Dialog mit dem, was sichtbar, fühlbar werden möchte, zu verhandeln und zu versprechen, »ich kümmere mich später um dich«. Wenn das Versprechen allerdings nicht eingehalten wird, wird es das nächste Mal in einer ähnlichen Situation umso schwieriger.

Nicht immer kommen Gedanken, um abzulenken, sondern sie kommen auch, um auf etwas hinzuweisen, zu erinnern und manchmal tauchen interessante Ideen auf, die endlich einmal in der Stille der Meditation ohne Ablenkung wahrgenommen werden können. Diese Gedanken fühlen sich anders an als die vom Verstand produzierten Gedankenstürme. Sie tragen dich nicht fort von dir, sondern zu dir hin. Schreibe sie auf, damit du ihre Botschaft nicht vergisst, und meditiere anschließend weiter.

Das Phänomen der störenden Gedanken stellt sich nicht nur zu Beginn einer Meditation ein, sondern kann bei jeder Tiefenentspannung auftauchen. Zu Beginn oder auch während einer Traumreise, einer Visualisierung oder mitten in einem Ritual kann es uns in das Alltagsbewusstsein zurückholen. Der Umgang mit solchen Unterbrechungen ist recht einfach, wir sagen uns innerlich, »Ich bin nicht meine Gedanken«, das bedeutet, wir identifizieren uns nicht mit dem Gedankenstrom, sondern nehmen von ihm Abstand und kehren zu unserer ursprünglichen Absicht zurück.

Erst nach der Übung sollten wir uns darum kümmern, was die Gründe für die innere Unterbrechung waren, wenn es sich nicht einfach um eine Konzentrationsschwäche handelte, sondern inhaltliche Ursachen hatte.

Bei geführten Traumreisen geschieht es häufiger, dass die Reisende einschläft, manchmal gleich zu Beginn der Reise, manchmal während einiger Passagen. Wenn die Ursachen dafür weder Müdigkeit, Erschöpfung oder Abwehr der Inhalte der Traumreise sind, sollten wir uns daran erinnern, dass ein Teil von uns mit auf die Reise geht, auch wenn er unserem Bewusstsein gerade nicht zugänglich ist. Die Erfahrungen der Reise bewahren wir trotzdem in unserem Inneren und ihre Wirkung kann sich entfalten. Manchmal zeigen sie sich später dem Bewusstsein.

Die Erfahrung zeigt, dass sich die Tore zu den inneren Ebenen bei Traumreisen leichter öffnen lassen, wenn wir uns vor der Reise bestimmte Stationen, Symbole und Zeichen, die darin vorkommen bewusst machen und kurz visualisieren. Das gibt uns einen inneren Halt und mindert die Angst vor dem Unbekannten. Zusätzlich können wir uns vor der Reise besonders mit helfenden Wesen, Hüterinnen der geistigen Ebenen und Symbolen befassen, die uns stärken und schützen.

7. Wer spirituell arbeitet, muss sich geistig schützen

Für die praktische spirituelle Arbeit, die ich weiter unten ausführlich beschreibe, ist es notwendig zu wissen, auf welche Weise wir uns auf den feinstofflichen Ebenen schützen können. Geistiger Schutz ist für jede spirituelle Arbeit wichtig, unabhängig davon, ob es um eine Meditation, eine magische Handlung, ein Ritual oder eine Traumreise geht. Je tiefer die Bewusstseinsebene allerdings ist, in der wir uns bewegen, desto wichtiger wird der Schutz.

Sobald wir unsere Wahrnehmung für die feinstofflichen Ebenen öffnen, werden wir empfänglicher und durchlässiger für alle Kräfte dieser Ebenen, denn hier sind die Grenzen fließender als im feststofflichen Bereich. Spirituelle Arbeit fördert die Sensibilität und Sensitivität für geistige Ebenen sowie mediale Fähigkeiten. Das bedeutet, unsere Empfänglichkeit und Durchlässigkeit für feinstoffliche Kräfte steigt, und wir brauchen entsprechend mehr Schutz, Abgrenzungsfähigkeit und die Entschlossenheit, Grenzen zu setzen, wenn es notwendig ist. Die feinstofflichen Ebenen sind ähnlich bevölkert wie die feststofflichen, von angenehmen wie auch unangenehmen Wesen. Die Schwingungen der Träume, Visionen, Gedanken und Gefühle vieler Menschen können uns hier begegnen. Und je nach Tiefe der Bewusstseinsebene können wir auch nichtmenschliche Wesen treffen.

Manchmal ist dies durchaus erwünscht; in diesem Fall machen wir das aber vor der Reise oder dem Ritual deutlich, indem wir helfende oder schützende und beratende Wesen ausdrücklich einladen. Viele Meditationen sollen jedoch der Konzentration auf sich selbst und dem Kontakt zum Höheren Selbst dienen oder dem Kontakt zu einem Symbol. Dann ist die Anwesenheit anderer Wesen gar nicht erwünscht und würde nur ablenken.

Vor einer Übung sorgen wir natürlich zunächst auf feststofflicher Ebene dafür, dass wir nicht gestört werden, etwa durch Handys oder Telefone, und verschließen den Raum, in dem wir üben, sodass niemand hereinkommen kann. Auch unseren energetischen Raum schützen wir vor Störungen, dieser Raum lässt sich ebenfalls verschließen. Das ist unter anderem deshalb notwendig, damit wir nichts von anderen geistig Reisenden, Meditierenden oder unerwünschte Energien aufnehmen. Je nachdem, in welche Bewusstseinsebenen wir reisen, kann es geschehen, dass wir in Kontakt mit feinstofflichen Wesen und Kräften kommen, die wir gar nicht zu uns gebeten haben und denen deutlich Grenzen gezeigt werden sollten, wenn sie nicht von allein wieder gehen.

An dieser Stelle möchte ich nochmals an die Bedeutung der Klärung der Absicht vor der Meditation oder Reise erinnern. Die klare Absicht ist eine Führerin, die uns hilft, nicht auf Abwege zu geraten und uns mit Energien zu beschäftigen, die störend oder sogar schadend sein könnten. Ebenso wichtig ist die Kraft der Konzentration, denn sie hilft dabei, sich nicht ablenken zu lassen und schafft einen klaren, eindeutigen energetischen Raum. Doch nicht immer gelingt es, die Konzentration auf ein Wort, Symbol oder Bild dauerhaft aufrecht zu erhalten.

Wenn zum Beispiel das Wort »Liebe« meditiert wird, kann es eine Menge Assoziationen wecken und Gefühle berühren, die genau mit dem Gegenteil zu tun haben, mit Hass, Kälte oder Gleichgültigkeit. Wenn es nicht gelingt, den Rückbezug zur Absicht »Liebe« zu finden, gehen wir zumindest für eine Weile in diesen Energien spazieren, und dadurch können sich auch Kräfte angezogen fühlen, die ähnliche Schwingungen haben. Das lässt sich vermeiden, wenn wir uns vorher geistig schützen. Je häufiger wir den Schutz benutzen, desto leichter und selbstverständlicher baut er sich auf, sodass irgendwann nur noch ein kurzer Gedanke daran notwendig ist, um ihn herzustellen.

Für den Aufbau geistigen Schutzes nutzen wir wieder unsere mentalen Kräfte, Gedanken- und Vorstellungskraft. Genauso wie wir mit Gedankenkraft auf unseren eigenen Energiekörper, die Aura, Einfluss nehmen, sie ausdehnen oder zusammenziehen können, bewirken wir den geistigen (energetischen) Schutz. Wir nutzen dafür die schützende Wirkung von Farben, von Formen und denjenigen Schutzsymbolen, die eine starke Ladung besitzen, da schon seit langem mit ihnen gearbeitet wird. Zusätzlich können wir helfende Wesen aus den geistigen Ebenen, wie die Hüterinnen der vier Elemente (siehe Kapitel 9) oder auch Göttinnen bitten, uns zu schützen.

Nachfolgend beschreibe ich einige Möglichkeiten, wie geistiger Schutz aussehen kann.

Eine Variante ist, schützendes **Licht** zu visualisieren, dass dich (und den Raum) einhüllt. Ziehe dafür mit der Kraft deiner Vorstellung einen Kreis aus Licht um deinen Meditationsplatz und setze dich selbst in das Zentrum dieses Kreises. Werde dir dessen bewusst, dass du der Mittelpunkt des Kreises bist. Das bedeutet unter anderem, dass die Kraft deiner Konzentration verstärkt wird, dein energetischer Raum klar begrenzt ist und deutlich wird, dass du über diesen Raum bestimmst. Dann lasse den Lichtkreis zu einem **Lichtkegel** anwachsen, dessen Spitze ein ganzes Stück weit über deinen Kopf ragt. Sage dir mit der inneren Stimme, dass er aus schützendem Licht besteht, das alles abhält, was dir schaden könnte.

Wenn wir uns mit Licht schützen, bedeutet das nicht, dass Dunkelheit negativ ist oder schadet. Dunkelheit kann auch viel Geborgenheit geben, hat aber einen eher auflösenden Charakter. Die unendliche Weite des Kosmos ist dunkel und grenzenlos. Mit Licht schaffen wir einen abgegrenzten Raum.

Eine ebenso schützende Wirkung hat die Vorstellung einer **Lichtpyramide** anstelle des Kegels. Du stellst dir dabei vor, dass du im Zentrum der Pyramide sitzt. Du kannst sie über dir errichten und zusätzlich auch mit der Spitze nach unten in die Erde hinein visualisieren.

Die Farbe des Lichtes kann sich verändern, je nachdem, welche Farbe dich gerade am besten schützt. Allgemein gelten Weiß und Blau als starke **Schutzfarben**, Silber und Gold sind ebenfalls sehr wirkungsvoll.

Wenn du im Liegen auf eine Fantasiereise gehst, kannst du dich in eine schützende **Lichtwolke** hineinlegen und dich von ihr tragen lassen.

Eine weitere Möglichkeit sich zu schützen ist das Verwenden beziehungsweise Visualisieren von Symbolen. Kraftvolle **Schutzsymbole** sind das ägyptische Symbol Ankh, das Pentagramm, starke Bäume und das gleichseitige Kreuz der vier Elemente.

Pentagramme werden als Schutzsymbole mit weißblauem Licht visualisiert. Sie werden energetisch aufgebaut, indem wir uns vorstellen, dass dieses Licht aus den Fingern strömt und wir das Pentagramm damit in die Aura malen, vor und hinter uns, zu beiden Seiten, über und unter uns. Wir können uns auch vorstellen, im Zentrum eines Pentagramms zu sitzen. Diese Visualisierung ist etwas schwieriger als die eines Kreises und braucht mehr Übung. Es ist hilfreich, sich ein Pentagramm auf ein Stück Stoff zu malen, das so groß ist, dass wir darauf sitzen können.

Das Pentagramm ist ein starkes Schutzsymbol

Das **Ankh** ist das Symbol der ägyptischen Göttin Isis, die ihre Flügel auch gerne schützend um uns ausbreitet. Wir können uns vorstellen, dass es hinter uns in Körpergröße steht. Ankh ist ein Symbol für das Leben und die Wiedergeburt.

Ankh und Pentagramm können als Symbole zum Beispiel auch an einer Halskette getragen werden und auf diese Weise ihre schützende Kraft entfalten.

Ein weiterer geistiger Schutz ist der feinstoffliche **Kapuzenmantel**, der gut geeignet ist für Astralreisen und den Besuch von Kraftorten. Er ist der Umhang, den die keltischen DruidInnen trugen und tragen. Die geistige Hüterin der Steinkreise, Sarn Elen, zum Beispiel trägt ihn, vorne zusammengehalten von einer silbernen Spange, auf der sich verschlungene Muster befinden. Wenn du dich ihr verbunden fühlst, kannst du sie um so einen Umhang für dich bitten.

Bei der Wahl des Schutzes sind Freude und Sympathie für ein Symbol oder die Farbe ausschlaggebend.

Wird ein besonders kraftvoller Schutz benötigt, können wir die Elementarwesen der vier Elemente zur Hilfe bitten und/oder die magischen Werkzeuge benutzen. Das gilt für diejenigen, die Übung im Umgang mit den Kräften der vier Elemente haben. Wann immer andere Wesenheiten gerufen werden, ist es wichtig, ihnen am Ende der geistigen Reise oder der Meditation zu danken und sie wieder zu entlassen, da sonst Unklarheit entsteht, ob sie noch gebraucht werden.

Wenn wir in unseren eigenen Räumen einen festen Meditationsplatz haben, können wir diesen so gestalten, dass er seine schützende Kraft bewahrt, zum Beispiel indem wir Symbole für die vier Elemente oder andere Schutzsymbole dort hinlegen. Wenn Plätze wenig alltäglich benutzt werden, können sie ihre Energie länger bewahren. Räume, die ausschließlich für spirituelle Arbeit genutzt werden, können ebenfalls eine sehr schützende Kraft bewahren. Zumal wenn sie von geistigen Wesen wie bestimmten Göttinnen und hütenden Lichtwesen oder Hüterinnen der Elementkräfte geschützt werden, mit deren Energie gearbeitet wird. Jedoch haben wenige Frauengruppen solche Möglichkeiten. In der Natur gibt es jedoch einige Kraftplätze, deren Energie wir nutzen können, und die meisten Stein- und Baumwesen sind gerne bereit, ihre schützende Kraft zur Verfügung zu stellen.

Manche Frauen tragen das Ankh als Schutzsymbol an einer Halskette

Trotzdem ist es wichtig, den eigenen Meditationsplatz oder Ritualraum immer wieder von störenden Energien zu reinigen, so wie wir den feststofflichen Raum von Staub, Unordnung und

Müll befreien. Die Reinigung des eigenen Energiekörpers, der Aura, die uns schützt, gehört ebenfalls zu den regelmäßigen Übungen für spirituell Arbeitende, denn auch sie nimmt die Schwingungen anderer auf und braucht Unterstützung dabei, diese wieder loszuwerden (siehe Kapitel 11.2.1).

8. Geistige Gesetze als Grundlage spiritueller Macht

Ähnlich wie es für den feststofflichen Bereich physikalische Gesetze gibt, wie zum Beispiel das der Schwerkraft, gibt es auf den feinstofflichen Ebenen geistige Gesetze. Deren Kenntnis ist für die spirituelle Arbeit sehr wichtig, besonders für das magische Wirken. Das Verständnis dieser Gesetzmäßigkeiten ist wichtig,

- um zu verstehen, wie und warum etwas wirkt oder nicht;
- um verantwortlich mit den eigenen Kräften umzugehen;
- um die Folgen des eigenen Denkens und Handelns zu verstehen;
- um sich schützen zu können;
- um die Wirkprinzipien im Universum zu begreifen und um sie schöpferisch einsetzen zu können.

Unter dem Begriff »geistige Gesetze« wird je nach spiritueller Schule allerdings Verschiedenes verstanden. Manchen geht es um Ethikgesetze oder Evolutionsgesetze, anderen um die Beschreibung feinstofflicher Prozessen. Ethische Gesetze verändern sich jedoch entsprechend den Wertvorstellungen einer Kultur in verschiedenen geschichtlichen Epochen. Die Evolutionsgesetze indes bleiben gleich.

Die wichtigsten **ethischen Gesetze**, die sich u.a. auch in der Kabbala und der Magischen Urlehre wiederfinden, lauten:

- Tu, was du willst und schade niemanden.
- Füge keinem anderen Wesen bewusst oder unbewusst Schaden zu.
- Lasse dich nicht vom Feststofflichen, der Materie, beherrschen.
- Erkenne dich selbst.
- Das höchste Gesetz ist die Liebe.

Die wichtigsten **Evolutionsgesetze** besagen:

- Die Seele möchte ihr Potenzial entfalten und strebt in ihrer Entwicklung zum Kausalen, zur Einheit mit dem Göttlichen, zurück.
- Alles, was existiert, besteht aus drei Aspekten und entfaltet sich auf drei Ebenen.

- Alles, was existiert, ist beseelt, es gibt keine Trennung von Energie und Materie.
- Die feinstoffliche Welt ist ebenso real wie die Materielle.
- Alles Leben ist bestimmt vom Rhythmus Geburt, Leben, Tod und Wiedergeburt.
- Alles, was stirbt, wird wiedergeboren.
- Das Bewusstsein ist nicht vom Körper abhängig.

Das Wissen um diese Gesetze wurde in spirituellen Schulen meist mündlich bei der Initiation in eine bestimmte Lehre weiter gegeben, es gibt aber auch schriftliche Aufzeichnungen. Zu den in Europa heute noch bekanntesten geistigen Lehren gehören die Gesetze des Hermes Trismegistos (der dreifach Große Hermes), die auf den sogenannten hermetischen Smaragdtafeln überliefert sind. Diese bildeten eine wichtige Grundlage für die Arbeit der AlchemistInnen. Es handelt sich dabei ursprünglich um eine Sammlung von Texten, die aus drei unterschiedlichen Zeiträumen stammen. Die ältesten sind mehr als 8.000 Jahre alt, leider sind davon nur noch Fragmente übrig. Ein Teil dieser Texte besteht aus Lehren, die die Göttin Isis ihrem Sohn Horus erteilte und die sehr wichtige Hinweise auf die Evolutionsgesetze der Seele, das Wirken der vier Elemente sowie Prophezeiungen über die zukünftige Entwicklung der Menschen enthalten. Übermittelt wurden sie später von dem ägyptischen geistigen Lehrer Thoth, der im Namen der Göttin Isis lehrte. Sie wurden wiederum von dem griechischen geistigen Lehrer Hermes weitergegeben, der die Lehren noch ergänzte.

Hermes (der griechische Name für Thoth) und Thoth waren keine Menschen, sondern geistige Wesen. Ihr Name war eine Berufsbezeichnung für all diejenigen, die in diese Lehren eingeweiht wurden und sie weitergegeben haben. Die GriechInnen haben sehr viel von dem ägyptischen Wissen übernommen, Philosophen wie Platon und Aristoteles waren in die Mysterien der Isis eingeweiht.

Das bekannteste geistige Gesetz der hermetischen Smaragdtafeln lautet »Wie oben, so unten«, bekannt auch als »Wie im Himmel, so auf Erden« und »Im Mikrokosmos, wie im Makrokosmos«. Es beschreibt das Prinzip der **Analogie**, das Gesetz der Entsprechungen. Es besagt, dass wir auf jeder Ebene des Seins den Ausdruck einer bestimmten Kraft wiederfinden. Anders ausgedrückt: Jeder Kraft entspricht ein bestimmtes

Schwingungsmuster, das sich auf den verschiedenen Ebenen unterschiedlich gestaltet. So finden wir zum Beispiel die Kraft des Feuers im Menschen als Willenskraft, auf der Ebene der Pflanzen im Chili, im Tierreich in der Löwin, auf der Ebene der Farben im Rot. Analogie bedeutet, ein bestimmtes Wirkprinzip zu verstehen und es auf verschiedenen Ebenen wiederzuerkennen, also die Entsprechungen einer Kraft in den unterschiedlichsten Bereichen zu finden. Nach diesem Prinzip arbeiten zum Beispiel die Homöopathie, die Astrologie und die Magie, die ganze Alchemie ist danach aufgebaut.

Analoges Denken, also das Denken in Entsprechungen, wird heute von der Naturwissenschaft immer noch abgewertet, da es nicht in den Bereich der Logik und des kausalen Denkens gehört. Es erfordert mehr als den analytischen Verstand. Wir brauchen dazu die inneren Vorstellungskräfte, assoziatives Denken und ein tieferes, intuitives Verstehen. In der Magie machen wir uns dieses Prinzip zunutze, wenn wir eine Kraft anrufen oder verstärken wollen. Wir suchen dann aus möglichst vielen Bereichen Gegenstände, Bilder und Symbole, die diese Kraft zum Ausdruck bringen. Das wiederum bewirkt eine Anziehung und Potenzierung der Energie. In Ritualen kommt dieses Prinzip besonders bei der Anrufung der Elementkräfte zum Einsatz.

Ein weltweit bekanntes geistiges Gesetz ist das **Karma**, das Gesetz von Ursache und Wirkung. Es legt die Verantwortung für die Wirkung unseres Handelns in unsere eigenen Hände. Allerdings wird es unterschiedlich interpretiert. Eine Auslegung des karmischen Gesetzes besagt, dass alles, was wir tun, auf allen drei Ebenen des Seins zu uns zurückkehrt, körperlich, geistig, seelisch. Karma hat demnach nur mit dem Gesetz der Rückwirkung zu tun, nichts mit Strafe, wie oftmals assoziiert wird.

Ich möchte das Prinzip von Ursache und Wirkung an einem Beispiel verdeutlichen: Wenn ich lüge, kann die Rückwirkung auf mich selbst sein, dass ich misstrauisch werde und Probleme damit habe, anderen zu vertrauen, weil ich vermute, dass andere mich ebenfalls belügen. Damit geschieht eine Trennung von der Umwelt. Das wiederum weckt Ängste, die vielerlei Wirkung haben können. Ängste bewirken körperlichen und seelischen Stress, emotionale Verengung, und auch spirituell bewirkt Misstrauen einen inneren Rückzug und stärkt Zweifel an der göttlichen Liebe und Verbundenheit. Zusätzlich gibt es auch noch Rückwirkungen von außen, zum Beispiel in Form von Aggression und Ablehnung als Reaktion auf Misstrauen.

Es heißt, dass sich mit zunehmender Bewusstseinsentwicklung eines Menschen das Karma immer schneller auswirkt. Das bedeutet, dass wir die Rückwirkung dessen, was wir tun, dann umgehend zu spüren bekommen.

Es gibt jedoch nicht nur das individuelle Karma, sondern auch das von Familien, Gemeinschaften, einem Volk und das der Menschheit überhaupt. Damit haben sich besonders nordeuropäische Lehren befasst, die eigene Begriffe für diese Art karmischer Verbindungen haben. Hier wird Karma auch das »Gesetz der Ernte« genannt. Was immer wir tun, wir ernten die Früchte unseres Denkens, Fühlens und Handelns.

Ein weiterer Aspekt des karmischen Gesetzes ist der Ausgleich: Geben und Nehmen muss im Gleichgewicht sein, sonst entsteht Disharmonie. Das gilt sowohl für den Bereich zwischenmenschlicher Beziehungen als auch für die Beziehung zur Natur und all ihrer Wesen.

Das Gesetz der zyklischen Entfaltung des Lebens ist eine grundlegende Vorstellung in der weiblichen Spiritualität. Es zeigt sich auch in der Natur unseres Universums, das ohne Anfang und Ende ist. Das Gesetz besagt, dass alles schon immer da war, nichts im Universum verloren geht, sondern sich einer ständigen Wandlung unterzieht. Das Universum erschafft sich ständig neu, es existiert unabhängig von Raum und Zeit, es ist aus dem Nichts entstanden und kehrt wieder ins Nichts zurück.

Diese Vorstellungen finden wir in den alten Schöpfungsmythen wieder: Im Bild der Schlange, die sich in den Schwanz beißt (Uroborus), der Göttin, die aus sich selbst heraus das Universum erschafft und deren Natur zyklisch ist, wie die aller Wesen und aller Prozesse, die sie durchlaufen.

Tatsächlich ist es bisher mathematisch nicht möglich, den Anfang des Universums festzustellen. Die Berechnungen führen zu einem unvorstellbar winzigen Moment nach der Entstehung, 10 hoch -35 Sekunden, doch der Moment selbst entzieht sich der Berechnung. Wir stoßen an diesem Punkt erneut an die Grenzen des analytischen Verstandes, dem es unmöglich ist, Unendlichkeit und Zeitlosigkeit zu erfassen. Allein die Frage nach einem Anfang bewegt sich schon in den Grenzen des zeitlichen Denkens, denn der Verstand wird immer weiter fragen, und was war davor und davor und davor? Inzwischen sind die meisten AstrophysikerInnen ebenfalls der Ansicht, dass wir in einem zyklischen Universum leben, das sich seit dem Urknall ausdehnt und sich wieder auf einen winzigen Punkt zusammenziehen wird, der sich dann im Nichts auflöst, um wieder neu zu entstehen.

Ein weiteres geistiges Gesetz lautet: **Alles ist miteinander verbunden und alles ist in allem enthalten** (wir sind Teil von ihr, wie sie Teil von uns ist). Wir finden dieses Gesetz bildlich wunderschön in den verschlungenen Mustern der Symbole des keltischen Wegs dargestellt, und die Kabbala verdeutlicht es in ihrem Symbol des Lebensbaumes. Es entspricht ebenfalls dem Prinzip der magischen Urlehre, dass das Göttliche in allem enthalten ist, was im Universum existiert. Oder einfacher ausgedrückt: Alles ist beseelt. Die Spinnenfrau der indianischen Mythen verkörpert dieses Gesetz, indem sie ein Netz aus Schwingungen webt, über das alle Wesen miteinander verbunden sind.

Zahlreiche unterschiedliche quantenphysikalische Experimente lassen gleichfalls keine andere Schlussfolgerung zu: Es gibt eine Ebene, auf der alles miteinander verbunden ist. Übereinstimmend kommen die QuantenphysikerInnen zu dem Schluss, dass es etwas gibt, das alles mit allem verbindet, eine Matrix, ein Feld, ohne das die Ergebnisse der Experimente nicht erklärbar sind.[1] Dieses »Etwas« wird unterschiedlich benannt. Manche nennen es das universelle Feld, die göttliche Matrix oder das morphogenetische Feld. In spirituellen Zusammenhängen wird hier von fein- beziehungsweise feinststofflicher oder auch kausaler, göttlicher Ebene gesprochen.

Dieses Gesetz wird noch erweitert durch die aus der Kabbala bekannte Aussage: Alles ist in allem enthalten. Oder anders formuliert: Das Universum ist ein Hologramm, in dem jeder Teil das Ganze widerspiegelt.

Im menschlichen Körper zeigt sich dieses Prinzip dadurch, dass in jeder einzelnen Zelle die gesamte DNS mit allen ihren Informationen des Körpers gespeichert ist. Jede kleinste Zelle enthält das Programm des Ganzen.

Auch diese Vorstellung finden wir in der Quantenphysik wieder. Sie schließt aus ihren Experimenten, dass es eine »Singularität« (Einheit) am Anfang des Universums gab, die weiterhin in allem enthalten ist, was existiert, nichts ist von ihr getrennt.

Da jedes Teilchen mit jedem anderen in dieser ursprünglichen Einheit verbunden war, sind sie es alle immer noch. Dabei spielt weder Entfernung noch Zeit eine Rolle. Es wird sogar von einem kollektiven Bewusstsein aller Teilchen gesprochen. Die eben geschilderten Schlussfolgerungen stammen unter anderem aus einem quantenphysikalischen Experiment, bei dem ein Elektron in eine Kiste gesperrt wird. In dieser Kiste existiert es zunächst nur als Wahrscheinlichkeitswelle und zwar so lange, bis es beobachtet, das heißt gemessen wird. In diesem Moment der Messung bricht die Wahrscheinlichkeitswelle zusammen und das Elektron wird zu einem Teilchen. Wenn die Kiste jetzt in zwei Hälften geteilt wird, existiert das Elektron in beiden Hälften als Wahrscheinlichkeitswelle zu je 50 Prozent. Wenn nun die eine Hälfte zum Beispiel nach Mexiko geschickt und dort gemessen wird, wird dort das Elektron zu 100 Prozent zu einem Teilchen und die andere Wahrscheinlichkeitswelle in der anderen Hälfte der Kiste verschwindet genau in dem Moment. Das bedeutet, es gibt eine Verbindung unabhängig von Raum und Zeit.[2]

Alles ist Schwingung ist ein weiteres geistiges Gesetz, das magisches Wirken erklärt. Geist und Materie sind nur unterschiedliche Schwingungszustände. Je dichter die Materie, desto langsamer die Schwingung. Zeit und Raum existieren nur auf einer Ebene der dichteren Schwingungen, in feinstofflichen Ebenen gibt es einen anderen Zeitfluss, der schließlich auf den kausalen Ebenen ganz zum Stillstand kommt.

Viele Schwingungsfrequenzen können wir nicht mehr mit den Sinnen des feststofflichen Körpers wahrnehmen. Wir können sie aber anders erspüren, denn wir können Stimmungen und Atmosphäre wahrnehmen. Farben haben ebenfalls Schwingungen. Wir können sie zwar nicht so wie Töne wahrnehmen, doch können sensible Menschen die Wirkung von Farbschwingungen auf die Stimmung sehr gut fühlen. Auch Licht ist Schwingung in einem sehr viel größeren Frequenzbereich, als das menschliche Auge ihn wahrnehmen kann. Tiere hingegen haben ganz andere Wahrnehmungen des Lichtspektrums und können sogar in Infrarotbereichen sehen, für die wir spezielle Kameras brauchen.

Ebenso haben Gedanken und Gefühle eine Schwingung, mit deren Hilfe wir auf Materie einwirken können, denn diese besteht ja ebenfalls daraus, wenn auch sehr viel dichter. Das, was wir als fest erleben, besteht letzten Endes aus Atomen, auf deren Ebene wir es sehr viel mehr mit leeren Räumen und Wellen zu tun haben als mit festen Teilchen. Die in den letzten Jahren entwickelte Stringtheorie scheint dieses Prinzip zu bestätigen. Sie geht davon aus, dass die kleinste Einheit im Universum keine Teilchen sind sondern Vibrationen.

Ein weiteres geistiges Gesetz besagt, dass **der Geist auf die Materie wirkt. Und je mehr geistige Kraft wir entwickeln, desto mehr können wir bewirken**. Ein wichtiges Thema der spirituellen Arbeit ist die Ausbildung der eigenen geistigen Kraft und des Bewusstseins, was wir mit ihr bewirken können. In der Quantenphysik ist genau dies zu einem Thema geworden, nachdem manche Experimente keine anderen Schlussfolgerungen zuließen, als das die bewusste Beobachtung durch eine Person das Ergebnis des Experimentes beeinflusst. Eines davon ist das berühmte Doppelspaltexperiment.[3]

Es besagt Folgendes: Wenn man Elektronen durch einen Spalt schießt und dahinter einen Schirm anbringt, sieht man auf dem Schirm deutlich die Verteilung aller Teilchen, die auf ihn aufprallen; das sieht ungefähr wie ein Sandhaufen aus. Wenn man sie jedoch durch zwei parallele Spalte schießt, entsteht ein anderes, nämlich streifenförmiges Muster, denn nun haben sich die Elektronen nicht wie ein Teilchen verhalten, sondern wie eine Welle (Wellen können sich gegenseitig verstärken oder auslöschen, daher entstehen Streifen). Wenn man jetzt nur ein Elektron durch die Doppelspaltanordnung schickt und das öfter wiederholt, entsteht ebenfalls ein Streifenmuster. Offenbar verhält es sich dann wie eine Welle und passiert beide Spalte. Wenn man aber anfängt nachzumessen, wann es durch welchen Spalt gegangen ist, hört das Streifenmuster auf und es entsteht wieder der »Sandhaufen«. Solange es nicht gemessen wird, verhält sich das Elektron beim Doppelspalt wie eine Welle, sobald es gemessen wird, wie ein Teilchen. Die Fragen, die sich stellen, sind, woher das Elektron weiß, dass es gemessen wird, woher es weiß, dass es zwei Spalte gibt und nicht nur einen, und wie es an zwei Orten gleichzeitig sein kann?

Das ist ein Moment, an dem einige WissenschaftlerInnen sehr verzweifelt sind, denn hier stoßen wir tatsächlich an die Grenzen dessen, was unser Verstand verkraften kann – oder, wie es eine Seminarteilnehmerin einmal formulierte, »es haut mir den Vogel raus«. Sicher wird es noch eine Weile dauern, bis wir uns auf kollektiver Ebene mit diesen Ergebnissen arrangieren können, da sie unser westliches Weltbild sehr verändern würden.

Die Quantentheorie folgert daraus, dass das Elektron sich an keinem wirklichen Ort befindet, dass die bewusste Beobachtung (Messung) einen Einfluss auf das Elektron hat und dass es eine Verständigungsebene von Gleichzeitigkeit jenseits von Raum und Zeit gibt.

Vieles deutet demnach darauf hin, dass der subatomare Bereich mit geistiger Kraft beeinflussbar ist, da es sich hier offensichtlich um einen Bereich der Wahrscheinlichkeiten handelt. Damit würde sich die These bestätigen, dass es einen feinstofflichen Bereich gibt. In diesem Bereich gestaltet sich alles, bevor es zu dichter Materie wird, und auf diese Ebene nehmen wir in der magischen Arbeit Einfluss.

Die Quantentheorie geht sogar noch etwas weiter und sagt: **Wir beeinflussen nicht nur durch bewusstes Beobachten die Realität, sondern wir erschaffen sie sogar erst dadurch**. Solange es keine bewussten BeobachterInnen gibt, existiert alles nur als Wahrscheinlichkeitswelle. Das bedeutet wiederum, dass alles als Potenzial vorhanden ist, aber die Beziehung (zur Beobachterin) braucht, damit es sich manifestieren kann. Eine Vorstellung, die wir auch in den Schöpfungsmythen finden, die beschreiben, wie die Göttin sich ein Gegenüber erschafft und wie aus dieser Beziehung heraus dann die Schöpfung entsteht.

Aus all diesen geistigen Gesetzen, die jetzt nach und nach nicht nur von der Quantenphysik bestätigt werden, können wir eine wichtige Schlussfolgerung ziehen: **Alles, was wir tun, hat eine Wirkung auf das Ganze, so wie das Ganze eine Wirkung auf die einzelne Person zurück hat**. Eine ständige Wechselwirkung also, die deutlich macht, dass wir dem Geschehen nicht hilflos ausgeliefert sind, sondern die Möglichkeit haben, Einfluss zu nehmen.

Wir sind Teil der Kraft, die dieses Universum geschaffen hat, und wir erschaffen es beständig neu mit.

Es ist wichtig zu erkennen, wie viel Macht wir tatsächlich haben und dass wir mit unseren schöpferischen Fähigkeiten daran teilhaben, wie unser Universum aussieht und dafür die Verantwortung tragen.

9. Die Verbindung mit den Kräften der vier Elemente

Reise durch die Elemente – Einstimmung in das Wesen von Feuer, Wasser, Luft und Erde

Richte deine Aufmerksamkeit erst einmal auf deinen Atem und nimm das Ein- und Ausströmen deines Atems wahr, ohne irgendetwas zu verändern. Überlasse dich ganz seinem natürlichen Fluss ... du kannst dir dabei vorstellen, dass deine Wirbelsäule sich an den Stamm eines kräftigen Baumes anlehnt, der dir Halt gibt. Erlaube jetzt deinem Körper, alle überflüssige Spannung abzugeben, lass ihn schwer werden, schwer, gelöst und warm ... Lass den Atem in die Tiefe deines Schoßes strömen und erlaube dem Bauch, weich zu werden, weich und warm ... Dann wandere mit deiner Aufmerksamkeit hinauf in den Brustraum ... spüre den Raum, den du dort zum Atmen hast und lass ihn so weit werden, wie es angenehm ist. Die Schultern dürfen nach unten sinken, alle Last kann von ihnen abströmen, sodass sie schwer werden, schwer, gelöst und warm ... Alle Spannung in deinem Unterkiefer kann sich jetzt lösen und die Lippen können sich leicht öffnen ... Erlaube dir jetzt auch, deine Alltagsgedanken loszulassen ... lass sie vorbeiziehen wie Wolken am Himmel ... nimm sie wahr, ohne sie zu bewerten, und lass sie gehen ... was wirklich wichtig ist, wird nach der Meditation zu dir zurückkehren.

Lass dein Bewusstsein jetzt leicht und weit werden, sich ausdehnen in die Tiefe des Kosmos. Lass dich in die Stille, die Weite, die Dunkelheit des Kosmos hinein sinken, in den Schoß der Göttin und lass dich dort ruhen ...

Jetzt nimmst du in der dunklen Weite in großer Entfernung ein pulsierendes Licht war, das deine Neugier weckt. Du lässt dich anziehen von diesem Licht und im Näherkommen erkennst du, dass es von einer orangeglühenden Lichtkugel ausgeht, deren Schönheit dich tief berührt. Näher und näher schwebst du an die Lichtkugel und spürst, wie es allmählich wärmer wird. Du schwebst ihrem sanften Glühen entgegen und erkennst in ihr eine Sonne.

Ihre Strahlen fangen dich ein, ihr goldenes Licht zieht dich mehr und mehr zu ihr hin. Ihr Licht wird stärker, die Sonnenkugel größer, bis sie dein gesamtes Gesichtsfeld ausfüllt.

Jetzt tauchst du ein in ihr goldenes Licht, das zu goldenen Flammen wird, die wärmer und wärmer und richtig heiß werden – doch du spürst keinen Schmerz, während du in die Hitze eintauchst und mit den Flammen verschmilzt, selber zur Flamme, zum Feuer wirst – Feuer, das nicht verbrennt, sondern reinigt und wärmt …
Feuer, in dem du tanzt, mit den Feuerwesen spielst, lodernd, dich bewegst in ihrem Spiel und tiefer ins Zentrum der Sonnenglut eintauchst. Aufgehend im Feuer bewegst du dich durch die Flammen allmählich durch das Zentrum der Sonne ... Sie leuchtet in vielen Farben orange, gold, rosa ...
So reist du durch die Sonne hindurch und getragen von ihren Strahlen entfernst du dich von ihr ...
Vor dir wird jetzt die weißblaue Kugel der Erde sichtbar, auf die du zu schwebst … Langsam tauchst du in die Sphären der Erde ein, sinkst tiefer und tiefer, bis du Teil der Luftschichten wirst, die sie umgeben. Schichten voller Wirbel, die dich in sich hineinnehmen, mit denen du über die Kontinente stürmst.

Und du sinkst tiefer in die Schichten der sanften Winde, noch tiefer, tauchst ein in das Spiel der Wolken, die übers Land ziehen, spielst mit den Vögeln, begleitest sie auf ihrem Flug, streichst durch Baumkronen …
Und schließlich spürst du die salzige Luft über dem Meer, feucht und schwerer und sinkst noch tiefer, während dein luftiger Körper sich zu verdichten beginnt, Tropfen aufnimmt. Schon streichst du über die Wellen des Meeres und lässt dich in sie hineinfließen, wirst eins mit dem Wasser.
Lass dich eintauchen in die unglaubliche Weite des Meeres, dem großen Strömen. Spür die Kraft der Tiefe und überlass dich ganz dem Rhythmus der Wellen, die seit Urzeiten über den Meeresboden rauschen, an die Ufer der Kontinente und dort die Erde formen.
Spür, wie dein Körper mehr und mehr Form annimmt und zu einem der Wesen wird, die die Meere bevölkern. Spiel mit den Wellen, die dich jetzt näher und näher ans Ufer tragen, bis du mit einer kräftigen Welle plötzlich an den Strand gespült wirst …
Dort bleibst du im Sand liegen, der sich warm und weich anfühlt, und du stellst fest, dass dein Körper sich verändert hat, Luft atmen kann ... du beginnst, Sonne auf der Haut zu spüren, wahrzunehmen, dass du Arme und Beine hast, einen Körper, der ein Skelett hat aus Knochen, der fest und doch beweglich ist, du kannst hören, riechen, tasten, fühlen …
Du lässt Sand durch die Finger rinnen, befühlst Steine, stehst auf und beginnst die Landschaft zu erforschen … Du siehst weite Wiesen, schneebedeckte Berge in weiter Ferne und entdeckst einen mächtigen,

uralten Baum, auf dessen Wurzeln du dich niederlässt. Tiefe Stille und Frieden durchströmen dich, du spürst, dass es in der Tiefe der Erde unter den Wurzeln des Baumes ganz lebendig ist.
Du spürst, wie die Kraft der Erde in die Wurzeln strömt, der Saft des Baumes in seinem Stamm aufsteigt, bis in die Äste und Zweige strömt, an denen sich Knospen gebildet haben. Du hörst Vogelstimmen zwitschern, die Luft ist frisch und klar, die Erde duftet, und du spürst auch in dir eine lebendige Kraft wach werden, die dich durchströmt.
Du schaust in den Himmel, siehst die Sonne und erinnerst dich, Teil von ihr gewesen zu sein ...
Du spürst den Wind in deinen Haaren und erinnerst dich an dein Spiel mit der Luft ...
In der Nähe hörst du einen kleinen Bach über Kiesel sprudeln und weißt, dass auch dieser Bach irgendwo in die Weite des Meeres fließt ...
Du spürst die Kraft des Baumes in deinem Rücken und eine zarte Berührung an deiner Hand. Ein Wesen der Erde hat sich zu dir gesetzt und schaut dich neugierig an. Es fragt dich nach deinem Namen und wo du herkommst und mag sich eine Weile mit dir unterhalten ... Überlass dich jetzt dieser Begegnung ...
Dann ist es Zeit, dich zu verabschieden und deine Reise durch die vier Elemente zu beenden.

9.1 Feuer, Wasser, Luft und Erde als schöpferische Urkräfte

Feuer, Wasser, Luft und Erde gehören zu den schöpferischen Urkräften in unserem Universum, ohne die kein Leben möglich wäre. Sie bilden die »Grundstoffe«, aus denen sowohl die materielle als auch die feinstoffliche Welt besteht. Sie sind die Kräfte, die der Erde ihre Gestalt geben, die sie geformt haben, die alles Leben zum Wachsen braucht. Doch wir können ihr Wirken nicht nur in der sichtbaren Welt erfahren, sondern ebenso in der emotionalen und geistigen Welt.

In verschiedenen Kulturen der Erde wurden und werden die vier Elemente als machtvolle spirituelle Wesenheiten verehrt, denen heilige Plätze und rituelle Feste geweiht sind. Auch die spirituellen Schulen des Westens haben diese Tradition bewahrt, denn sie wissen um die tiefe Kraft dieser Energien und nutzen sie für ihre Rituale und Zeremonien.

Die Vorstellung, dass alles, was existiert, aus den vier Elementen Feuer, Wasser, Luft und Erde besteht, ist so alt, dass sich ihre Ursprünge im Nebel der Zeit verlieren. Hinweise darauf gibt es durch archäologische Funde, Höhlenzeichnungen, Keramiken und Mythologien; aus allen Ländern der Erde sind Hymnen, Gebete und Lieder an Göttinnen des Feuers, der Luft, des Wassers und der Erde überliefert.[1] Die ältesten noch erhaltenen schriftlichen Aufzeichnungen über eine Vier-Elemente-Lehre sind circa 2.500 Jahre alt und stammen von dem griechischen Philosophen Empedokles. Während in Asien vorwiegend die Lehre von den fünf Elementen zuhause ist, gehört die Vier-Elemente-Lehre zu Europa, Afrika und dem amerikanischen Kontinent. In diesen Kulturen werden Feuer, Wasser, Luft und Erde zu den schöpferischen Urkräften unseres Universums gezählt.

In allen westlichen spirituellen Wegen und Religionen finden wir Hinweise auf die Bedeutung der vier Elemente, offen oder symbolhaft verschlüsselt. Sie erscheinen als Tiergestalten (Adler, Löwe, Stier und Schlange), in Form geometrischer Zeichen (Dreiecke) oder magischer Werkzeuge wie Kelch, Schwert, Stab und Pentagramm. Märchen und Mythen erzählen von ihren Kräften, und alle westlichen Religionen, auch die christlichen Kirchen (und hier wiederum vor allem die katholische), arbeiten mit ihren Energien, auch wenn sie oft nicht als solche benannt werden.[2]

Die westlichen magischen Traditionen, wie die der AlchemistInnenn oder der Freimaurer kennen die Energien der vier Elemente ebenfalls und setzen sie bewusst ein. In der Astrologie, die ganz bestimmte Eigenschaften mit ihnen verknüpft, spielen sie eine ebenso wichtige Rolle wie im Tarot. Auch die UreinwohnerInnen Nord- und Südamerikas bewahren eine lange Tradition der Anrufung und Ehrung der Elemente, die für ihre Rituale sehr wichtig sind. Die Nutzung der heilenden Kräfte der vier Elemente ist außerdem ein wichtiger Bestandteil der schamanischen Arbeit vieler Kulturen.

Heute ist die Beziehung der Menschen in der westlichen Kultur zu den vier Elementen leider häufig von der Vorstellung geprägt, sie seien einfach Energien, die beliebig benutzt und ausgebeutet werden könnten. Im modernen Alltag macht sich kaum jemand über das Wirken der Elemente Gedanken, außer jener Menschen, die sie wirtschaftlich nutzen. Sie werden als selbstverständlich hingenommen, und häufig beschäftigen die meisten Menschen sich erst mit ihnen, wenn es zu Naturkatastrophen wie Überschwemmungen, Stürmen, Erdbeben oder Vulkanausbrüchen kommt.

Im Allgemeinen werden die vier Elemente bewusst vor allem in der Natur wahrgenommen, und oft ist mit dem Begriff Natur eigentlich das Wirken der vier Elemente gemeint. Die Kräfte von Feuer, Wasser, Luft und Erde aber sind, wie erwähnt, auf allen Ebenen vorhanden, wir können sie in allem, was existiert, erkennen. Wir können sie nicht nur mit unseren fünf Sinnen wahrnehmen, sie berühren, riechen, hören, sehen, schmecken, sondern ihr Wirken ebenso auf emotionaler und geistiger Ebene wahrnehmen.

Auch wenn es den meisten Menschen nicht bewusst ist, so ist das Wissen um die Kräfte der Elemente in unserer Psyche tief verankert. Das wird vor allem auf der Traumebene deutlich. Träume, in denen sich die vier Elemente zeigen, sind meist besonders intensiv und weisen auf Zeiten im Leben hin, in denen tiefe Veränderungen stattfinden. Sie erscheinen manchmal bedrohlich, doch sind ihre Botschaften immer hilfreich und wegweisend. Träume von Dürre können beispielsweise auf einen Mangel an Kontakt zu den eigenen Gefühlen hinweisen, Überflutungen darauf, dass heftige Gefühle aufbrechen wollen, sich Grenzen auflösen. Stürme können ein Ausdruck für das Bedürfnis sein, etwas hinter sich zu lassen, sich befreien zu wollen, und Traumbilder von Bergen können den Wunsch nach Rückzug und Stille symbolisieren. Brände weisen hingegen oft darauf hin, dass es ein Bedürfnis gibt, etwas zu zerstören, etwas endgültig zu verabschieden oder es zu transformieren.

Die bewusste und wertschätzende Verbindung zu den vier Elementen hilft uns, ihre Kräfte in uns selbst kennenzulernen, zu stärken und ins Gleichgewicht zu bringen. Wir können sie zum Beispiel in der magischen Arbeit um Hilfe, um Schutz und um Unterstützung bitten. Für bestimmte Anliegen kann es erforderlich sein, die Kraft eines Elementes innerlich besonders zu stärken. So können die Kräfte des Erdelementes uns helfen, langsamer zu werden, zur Ruhe zu kommen, Geduld zu entwickeln und Ordnung zu schaffen. Das Element Wasser bringt uns in Kontakt mit unseren Gefühlen, und wenn wir darin zu versinken drohen, helfen die Kräfte des Elementes Luft, die Dinge aus der Distanz heraus anzuschauen und alles etwas leichter zu nehmen. Bei zu großer Trägheit, eine Eigenschaft, die dem

Element Erde zugeschrieben wird, hilft das Element Feuer, in die Handlung zu gehen und aktiv zu werden.

Keines der vier Elemente existiert in unserer Welt in reiner Form, alle sind immer miteinander verbunden. Es gibt allerdings unterschiedliche Ausformungen und Verteilungen der Elementanteile, zum Beispiel verkörpern Steine das Verdichtungsprinzip und die Schwere des Elementes Erde ganz besonders. Aber auch sie sind eine Mischform, denn Steine werden durch Feuer, Wasser und Luft geformt. Die Wolken am Himmel sind dagegen Ausdruck der Verbindung von Wasser und Luft. Ohne Luft können wir wiederum kein Feuer entzünden, und das Brennmaterial dazu liefert uns das Element Erde. In reiner Form existieren die Elementkräfte nur auf der Ebene der Ideen, der geistigen Prinzipien, also auf der feinststofflichen Ebene.

»Wissen, Wollen, Wagen, Schweigen« sind die geistigen Werkzeuge der Hexen und Magierinnen und sie verweisen zugleich auf die Eigenschaften, durch die Luft, Feuer, Wasser und Erde auf geistiger Ebene ihren Ausdruck finden. Durch eine bewusste Verbindung zu ihnen können wir diese Eigenschaften in uns wecken und stärken, wir können ihre Qualitäten in uns ausbilden und sie als unsere geistigen Werkzeuge betrachten und einsetzen.

»Wissen« ist ein Ausdruck des Elementes **Luft** und bedeutet Informationen zu sammeln, zu fragen, neugierig zu sein, Hintergründe zu erforschen, zu lesen, Medien zu nutzen und ähnliches mehr. All das ist wichtig, um Zusammenhänge zu verstehen, um die Wirkung des eigenen Handelns einschätzen zu können und den richtigen Zeitpunkt dafür zu finden. Für jede magische Handlung ist es unter anderem notwendig zu wissen, wie und wann eine Kraft wirkt, welche geistigen Gesetze (siehe Kapitel 8) wir berücksichtigen müssen. Vor jedem magischen Handeln steht immer das Sammeln von Informationen. Für jede Entwicklung, auch und gerade für die spirituelle, sind das Wissen und das Lernen absolut notwendig, um unnötige Risiken zu vermeiden.

»Wollen« steht für das **Feuer** und bedeutet, die eigene Willenskraft zu entwickeln und zu stärken. Wir müssen lernen, sie entschlossen, ohne zu zögern einzusetzen, wenn wir ein Ziel erreichen wollen. Wollen bedeutet zudem, mutig zu sein und bereit, für etwas zu kämpfen. Wenn wir uns geistig nur auf der Ebene der Luft bewegen, kann das Sammeln von Wissen Selbstzweck bleiben. Die Feuerkraft verhilft uns dazu, dieses Wissen (mit einer bestimmten Absicht) einzusetzen. Für die magische Arbeit ist es dabei wichtig, genau herauszufinden, welches unsere Absicht ist und ob alle unsere inneren Anteile dasselbe wollen oder sich möglicherweise untereinander bei der Durchsetzung einer Absicht behindern würden (siehe Kapitel 5.3).

»Wagen« ist dem Element **Wasser** zugeordnet und meint, den Mut zu haben, sich den Gefühlen zu stellen, in sie einzutauchen, sie in allen Höhen und Tiefen kennenzulernen. Sich mit der Intensität der Gefühle auseinanderzusetzen bedeutet auch, sich den eigenen Schattenseiten zu stellen, sich mit der eigenen Angst, dem eigenen Schmerz und der eigenen Wut zu konfrontieren. Die Kraft der Gefühle wirkt oft aus der Tiefe des Unbewussten und entzieht sich manchmal der bewussten Kontrolle. Daher ist es für Hexen und Magierinnen immer wieder wichtig, in die Bereiche des Unbewussten zu reisen und nach verdrängten Gefühlen zu schauen. Sonst kann es geschehen, dass die geistige Arbeit anders wirkt als wir bewusst wollen.

Die Kunst zu **Schweigen** gehört zum **Erdelement** und kann ein sehr machtvolles Instrument sein, um zum Beispiel einen Raum zu schaffen, in dem sich etwas entfalten kann. Die Stille ist notwendig, um das eigene Innere wahrzunehmen, auf die eigene innere Stimme der Weisheit zu hören. Sie ist notwendig, um anderen zuzuhören und die Sinne für die feinstoffliche Welt zu öffnen. Schweigen zu können, ist wichtig, um Geheimnisse bewahren zu können, was nicht immer einfach ist, aber notwendig sein kann, um sich selbst und andere zu schützen.

»Wissen, Wollen, Wagen, Schweigen« bezeichnet jedoch nur eine kleine Auswahl der komplexen Kraft der vier Elemente. Wenn wir mit ihnen arbeiten wollen, ist es wichtig, sie in allen ihren Aspekten und auf allen Ebenen, sowohl in den festen als auch in den feinstofflichen, kennenzulernen. Je tiefer wir uns unserer Verbundenheit mit den Elementen bewusst sind, desto mehr werden wir ihre Wirkung erfahren. Dabei sollten wir nicht vergessen, dass sie neutrale Kräfte sind, die eigenen Gesetzen gehorchen, sie sind nicht moralisch, gut oder schlecht. Sie können von Menschen genutzt werden, um zu heilen, um schöpferisch tätig zu sein, aber auch um zu zerstören. Hier erinnern wir uns an das geistige Gesetz, dass alles, was wir tun, eine Rückwirkung auf uns selbst hat. Wenn wir den Elementen mit einer respektvollen inneren Haltung begegnen, die zum Ausdruck bringt, dass wir sie achten und uns ihrer Macht in uns und außerhalb unserer Selbst bewusst sind, werden sie entsprechend auch in uns wirken. Wenn wir ihre Kräfte in uns nicht im Gleichgewicht halten, können wir in extreme Zustände wie Erstarrung (Erde) oder emotionale Auflösung (Wasser) verfallen. Wir können übermäßig aggressiv werden (Feuer) oder völlig in die Welt der Gedanken abheben (Luft).

Um dieses Gleichgewicht herzustellen, hat die alte indische Lehre der Tattwa eine Technik des geistigen Reisens entwickelt, die Tattwa-Trancen. Dabei handelt es sich um geistige Reisen zu den Elementkräften, mit denen auch westliche magische Schulen arbeiten. Die Tattwa-Lehre ordnet psychische und körperliche Erkrankungen einem Ungleichgewicht der Elemente zu: Krankheiten der Knochen, Gelenke und Zähne gehören zum Erdelement, auf der psychischen Ebene gehören zum Beispiel Depressionen dazu. Atemerkrankungen, Ohrenbeschwerden und Kommunikationsstörungen werden dem Luftelement zugeordnet. Themen, die Herz, Leber, Augen, Motorik und Vitalität, Willenskraft und Sexualität betreffen, gehören zum Feuerelement. Störungen im Hormonhaushalt sowie Störungen des Gefäßsystems, der Nieren und Galle sind in dieser Lehre mit dem Wasserelement verbunden, wie auch der ganze Bereich der Gefühle und der zyklischen Themen.[3] In den Tattwa-Trancen kann direkt erfahren werden, auf welche Weise die Kraft eines Elementes gestört ist und wie sie wieder ins Gleichgewicht kommen kann. Jedem Element ist ein abstraktes Symbol, zum Beispiel ein Kreis für die Luft oder ein Dreieck für das Feuer, zugeordnet, das als geistiges Tor zur Ebene des Elementes genutzt wird. Zu Beginn der Trancereisen wird dieses Tor visualisiert und anschließend durchschritten. Das Element selbst gibt dann die für die Heilung notwendigen Informationen.

Doch auch die westlichen spirituellen Wege haben ihre Tore zur Kraft der vier Elemente. Die Bilder der kleinen Arkana des Tarot zeigen die Themen und Bereiche an, in denen wir uns ihre Kräfte erschließen können und eignen sich gut als Meditationseinstieg. Symbole unterstützen den Kontakt zu ihnen, magische Werkzeuge zeigen uns, wie wir mit der Kraft der Elemente arbeiten können, und viele Märchen erzählen uns etwas über die Elementarwesen, die auf den feinstofflichen Ebenen im Sinne der Elemente wirken.

gestalteter Platz für das Element Erde

Symbole für das Element Erde

Sommersonnenwende – Ritualmitte

Herbsttag- und Nachtgleiche – Ritualmitte

Hexenneujahr – Ritualmitte

Herbsttag- und Nachtgleiche – Symbole

Kräuterweihe – Ritualmitte

Geschnittenes Korn gehört zur Kräuterweihe

Symbole für das Element Feuer

Lichtmess – Ritualmitte

Symbole für das Element Wasser

Walpurgis – Ritualmitte

Wintersonnenwende – Ritualmitte

Hexenneujahr – Ritualmitte

Frühjahrstag- und Nachtgleiche – Ritualmitte

Symbole für das Element Luft

Klänge und Düfte gehören zum Element Luft

Das gleichseitige Kreuz ist Ausdruck der Kräfte der vier Elemente

Eine Übung, um die Verbindung zu den Elementen zu stärken und sie in sich im Gleichgewicht zu halten, ist die Begrüßung der Elemente in den vier Himmelsrichtungen (siehe unten). Sie wird in der Wiccatradition ebenso verwendet wie von magischen Orden und der keltischen Anderswelttradition. Die Übung kann zu jeder Zeit gemacht werden, eignet sich aber besonders gut am Beginn einer Meditation, um sich zu schützen, oder auch vor rituellen Handlungen, um den Kontakt zu den Elementkräften zu fördern.

Sie basiert auf einem sehr einfachen und in vielen Kulturen bekannten Symbol: dem gleichseitigen Kreuz. Seit uralten Zeiten ist es Ausdruck für die Kräfte der vier Elemente. Umgeben von einem Kreis, bezeichnet es ihr Wirken auf dieser Erde. Die Zuordnung der vier Elemente zu den vier Himmelsrichtungen ist allerdings recht unterschiedlich und nicht zuletzt von der geografischen Lage abhängig. Ich halte mich an »Pfad des Nordens«, der die Luft dem Norden zuordnet, die Erde dem Osten, das Feuer dem Süden und das Wasser dem Westen. Für das Wirken der vier Elemente spielt diese Zuordnung jedoch keine Rolle. Sie ist lediglich für die eigenen inneren Bilder wichtig, die sich damit verknüpfen. Auf dem europäischen Kontinent liegt das große Meer, der atlantische Ozean, für alle im Westen, daher verbinden wir das Wasser hier gerne mit dem Westen. Im Süden ist für uns die Kraft der Sonne am intensivsten und im Osten liegt ein weites Land.

Begrüßung der vier Elemente in den Himmelsrichtungen

Richte deine Aufmerksamkeit erst einmal auf deinen Atem und nimm das Ein- und Ausströmen deines Atems wahr, ohne irgendetwas zu verändern. Überlasse dich ganz seinem natürlichen Fluss ... du kannst dir dabei vorstellen, dass deine Wirbelsäule sich an den Stamm eines kräftigen Baumes anlehnt, der dir Halt gibt. Erlaube jetzt deinem Körper, alle überflüssige Spannung abzugeben, lass ihn schwer werden, schwer, gelöst und warm ... Lass den Atem in die Tiefe deines Schoßes strömen und erlaube dem Bauch, weich zu werden, weich und warm ... Dann wandere mit deiner Aufmerksamkeit hinauf in den Brustraum ... spüre den Raum, den du dort zum Atmen hast und lass ihn so weit werden, wie es angenehm ist. Die Schultern dürfen nach unten sinken, alle Last kann von ihnen abströmen, sodass sie schwer werden, schwer, gelöst und warm ... Alle Spannung in deinem Unterkiefer kann sich jetzt lösen und die Lippen können sich leicht öffnen ... Erlaube dir jetzt auch, deine Alltagsgedanken loszulassen ... lass sie vorbeiziehen wie Wolken am Himmel ... nimm sie wahr, ohne sie zu bewerten, und lass sie gehen ... was wirklich wichtig ist, wird nach der Meditation zu dir zurückkehren.

Stell dir vor, du sitzt im Zentrum eines gleichseitigen Kreuzes, dem Kreuz der vier Elemente Feuer, Wasser, Luft und Erde. Begrüße sie jetzt nacheinander:

Spür noch einmal bewusst deinen Atem, über den du mit der Luft verbunden bist. Dann richte deine Aufmerksamkeit auf den Raum vor dir und lade ein Wesen der Luft zu dir ein ... einen Vogel, eine Wolke, den Wind, Töne ... Nimm dir Zeit wahrzunehmen, welche Eigenschaften es verkörpert und dann lausche, ob es eine Botschaft für dich hat ...

Jetzt spür in den Raum hinter dir und nimm dort die Wärme eines Feuers wahr. Es kann ein Lagerfeuer sein, eine Lichtsäule, eine kleine Flamme oder ein mächtiges Feuer. Spür seine Kraft und nimm so viel davon auf, wie es dir gerade gut tut. Lass die Wärme durch deinen Körper strömen und heiße das Feuer willkommen ...

Dann spür in den Raum zu deiner Rechten und nimm wahr, dass dort ein Wesen der Erde auf deine Aufmerksamkeit wartet ... ein Tier, ein Stein, ein Baum, ein Zwerg? Begrüße es auf deine Weise ...

Nimm jetzt den Raum zu deiner Linken wahr, dort begegnest du der Kraft des Wassers. Vielleicht hörst du das Sprudeln einer Quelle, das Tropfen von Regen, spürst die Feuchtigkeit des Nebels oder siehst ein Wesen des Wassers, das sich über deine Nähe freut ...

Dann kehre mit deiner Aufmerksamkeit in deine Mitte zurück, nimm wahr, wie du von allen vier Elementen umgeben bist und dass sie dir ihre schützenden und stärkenden Kräfte schenken. Spür, zu welchen Elementen du dich mehr hingezogen fühlst, welche sind intensiver wahrnehmbar? Vielleicht lädt dich eines zu sich ein?
Verweile, solange du magst, bedanke dich dann und kehre wieder in dein Alltagsbewusstsein zurück.

9.2 Die magischen Werkzeuge der vier Elemente

Unsere AhnInnen haben uns mit den magischen Werkzeugen machtvolle Schätze überliefert. Kelch und Schwert sind wohl die bekanntesten unter ihnen, doch auch der Zauberstab und das Pentagramm sind vielen vertraut. Darüber hinaus gibt es magische Werkzeuge wie den Kessel, den Athame (Dolch) und Schutzschilde, um nur einige zu nennen. Das Wissen darüber, in welcher Weise magische Werkzeuge hergestellt und wie sie benutzt wurden, ist uns nicht nur durch spirituelle Schulen, sondern auch über viele Sagen und Mythen aus verschiedenen Ländern Europas überliefert worden. Die wohl bekannteste Geschichte ist die Gralslegende (siehe Kapitel 9.6), die die Suche nach dem Kelch als Ausdruck der Sehnsucht nach der Liebe der Göttin beschreibt. Manche der magischen Werkzeuge wie Kessel und Kelch sind sogar weltweit zuhause und werden schon seit Jahrtausenden genutzt. Sie sind dadurch tief im kollektiven Gedächtnis der Menschen verankert und besitzen eine große Kraft.

Jedem der vier Elemente ist ein eigenes magisches Werkzeug zugeordnet. Der **Stab** gehört zur **Luft** und verkörpert die Fähigkeit, Gedanken zu konzentrieren und zu lenken. Dem **Feuer** ist das **Schwert** zugeordnet, es symbolisiert Willens- und Kampfkraft. Das Werkzeug des **Wassers** ist der **Kelch**, als Symbol der Liebe und des Vertrauens, und das **Pentagramm** steht als schützendes Symbol für das Element **Erde**. Sie alle sind uralte Symbole vor allem unserer westlichen Kultur, die auch in Märchen immer wieder auftauchen und faszinieren. Die meisten Menschen haben sofort ein inneres Bild dazu. Kinder sind für diese Ebenen der magischen Symbole noch besonders offen und begeistert von Geschichten und Filmen, in denen sie vorkommen. Doch auch Erwachsene sind fasziniert von Büchern und Filmen wie Harry Potter oder Bibi Blocksberg, denn die darin verwendeten magischen Symbole berühren ein tiefes inneres Wissen, das im kollektiven Gedächtnis gespeichert ist.

Die Werkzeuge der vier Elemente dienen der praktischen magischen und heilenden Arbeit und werden auch in Ritualen eingesetzt. Sie dienen außerdem der eigenen Bewusstseinsentwicklung, dem inneren Wachstum. Als jahrtausendealte kollektive Symbole unserer Kultur enthalten diese Werkzeuge jedoch sehr viel Macht, sodass der Umgang mit ihnen gelernt werden muss. Das bedeutet, dass ein magisches Werkzeug von derjenigen, die es benutzen will, langsam erarbeitet werden sollte. Erarbeiten meint, sich über einen längeren Zeitraum mit den Kräften des jeweiligen Elementes geistig auseinanderzusetzen. Während dieses Prozesses lernen wir dessen Kräfte kennen, und wir wecken und stärken sie in uns selbst, bis wir sie kontrolliert und bewusst einsetzen können.

In einem ersten Schritt wird die Kraft eines Werkzeugs geistig, also auf der feinstofflichen Ebene, erarbeitet. Stab, Schwert, Kelch und Pentagramm sind Symbole, die wir im kollektiven Gedächtnis der westlichen Kultur finden, daher kann der Kontakt zu dem kollektiven Symbol des jeweiligen Elementes in Meditationen oder Traumreisen meist relativ leicht aufgebaut werden. Aus dem Kontakt zum kollektiven Symbol entstehen allmählich persönliche Erfahrungen mit dem jeweiligen Werkzeug, sodass für jede spürbar wird, was es bedeutet.

Das Erschaffen des inneren Bildes von einem Werkzeug ist ein Prozess, der von vielen Übungen mit dem jeweiligen Werkzeug begleitet wird, ein Prozess, der gleichzeitig eine Auseinandersetzung mit dem jeweiligen Element auf physischer und psychisch-geistiger Ebene bedeutet. Dabei gibt es eine Reihe von Stationen, die mit inneren Wachstumsschritten verbunden sind. Diese Auseinandersetzung mit dem Werkzeug bietet die Möglichkeit, sich selbst auf tieferen Ebenen kennenzulernen und das eigene Potenzial zu entdecken und zu entfalten. Auf diese Weise erhält das Werkzeug zusätzlich zur kollektiven Kraft eine individuelle energetische Ladung, die sich mit dem weiteren Gebrauch mehr und mehr verstärkt.

Erst dann wird in einem zweiten Schritt ein individuelles Werkzeug geschaffen, das zwar auch Teil der kollektiven Kraft ist, aber individuell gestaltet wird. Die individuelle Ausgestaltung geschieht zuerst wieder in der Vorstellung, anschließend wird das jeweilige Werkzeug entweder selbst materiell angefertigt oder erworben.

Das innere Bild eines Werkzeugs, das in Meditationen auftaucht, ist bei den meisten Menschen sehr ähnlich, es gibt jedoch individuelle Unterschiede. Für manche besteht zum Beispiel der Kelch aus mit Edelsteinen besetztem Metall, aus Gold oder Silber, für andere ist er aus Kristall. All diese Materialien sind aber ein möglicher Ausdruck des Glanzes, der von dem Kelch ausgeht. Auch wenn die inneren Bilder verschieden sind, die Kräfte der Werkzeuge sind immer die gleichen, denn die Macht des kollektiven Symbols fließt in das individuelle Werkzeug.

Bei der Umsetzung des inneren Bildes ins Materielle müssen allerdings meistens Abstriche gemacht werden, was das Material betrifft. Denn kaum eine kann sich beispielsweise einen Kelch aus Gold und Diamanten leisten. Das muss sich jedoch nicht auf die energetische Ladung auswirken, die er in der weiteren Arbeit erhält.

Wenn es ein stabiles eigenes inneres Bild des Werkzeugs gibt, wird es schließlich auch materiell angefertigt oder erstanden.

Am Ende des Prozesses steht die rituelle Einweihung des Werkzeugs als Ausdruck dafür, dass wir seine Kräfte inner- und außerhalb unserer Selbst kennen, mit ihrem Wirken vertraut sind und sie kontrollieren können. Dabei wird auch die Entscheidung, mit welcher Absicht, in welchem Sinne sie angewendet werden sollen, getroffen. Wir können jetzt zum Beispiel zum Ausdruck bringen, dass wir die Kräfte zu heilenden Zwecken einsetzen wollen, dass wir damit keinen Schaden anrichten wollen und die Kräfte weder gegen uns selbst noch gegen andere richten werden. Meistens werden die Werkzeuge in den Dienst einer bestimmten Kraft (wie Heilung oder Wandlung) gestellt, die von einer Göttin verkörpert wird, mit der wir uns während des Rituals verbinden.

9.3 Die Hüterinnen der vier Elemente

Die Begegnung mit den Hüterinnen der vier Elemente führt uns auf eine weitere Ebene der Elementkräfte. Auf dieser feinstofflichen Ebene können wir in Meditationen oder Traumreisen der bewussten und kontrollierten Kraft des Elementes, die sich in der Gestalt seiner Hüterin zeigt, begegnen. Die Hüterin eines Elementes kann helfen, Türen zu einer Bewusstseinsebene zu öffnen, die Zugang zu der Macht des Elementes und zu seinem Kraftort verleiht. Sie hütet, das heißt, sie schützt diese Türen aber auch; denn nicht immer sind wir in der entsprechenden Verfassung, uns der Kraft eines Elementes ganz zu öffnen. Manchmal ist es nicht der richtige Zeitpunkt dieser Kraft zu begegnen, oder wir haben das falsche Element für die Reise gewählt. Öffnet sie uns jedoch die Tür, so stehen wir während der geistigen Reise unter ihrem Schutz; wir werden rechtzeitig gewarnt, wenn wir zu weit gegangen sind, und sicher wieder zurückbegleitet. Die Hüterin erscheint, wenn wir sie darum bitten und in der Lage sind sie wahrzunehmen. Nicht immer können wir sie mit den inneren Sinnen sehen, manchmal hören oder fühlen wir sie eher, oder wir wissen einfach, dass sie da ist, weil ihre Kraft energetisch wahrnehmbar ist. Je stärker das Vertrauen in sie ist, desto einfacher wird es, ihre Gegenwart zu spüren. Wenn sie sich zeigt, begrüßen wir sie respektvoll, teilen ihr unser Anliegen mit und bitten dann um ihre Erlaubnis, das Tor zum Kraftort des Elementes öffnen zu dürfen.

Bilder von Hüterinnen der vier Elemente sind uns aus den westlichen magischen Schulen überliefert. Sie entstanden aus der Begegnung von Reisenden auf der Astralebene mit ihnen. In der keltischen Tradition gibt es genaue Beschreibungen ihres Äußeren, ebenso wie es Beschreibungen der geistigen Kraftorte der Elemente gibt. Solche überlieferten Bilder können als Einstieg in die magische Arbeit sehr hilfreich sein. Wenn wir bereits geübter darin sind, sollten wir uns jedoch immer an den eigenen Wahrnehmungen orientieren, sie haben dann grundsätzlich Vorrang vor tradierten Bildern.

Wenn wir mit den Kräften der vier Elemente arbeiten wollen, ist es, wie erwähnt, sehr wichtig, sie in allen ihren Aspekten und auf allen Ebenen kennenzulernen. Deshalb beschreibe ich im Folgenden die Kräfte der vier Elemente auf unterschiedlichen Ebenen, den geistigen wie auch materiellen und entsprechend dem Analogieprinzip auch auf den Ebenen der Tiere, Pflanzen und Mineralien.

Eine kurze Einstimmung öffnet dabei für die innere Wahrnehmung des jeweiligen Elementes.

9.4 Das Element Erde – Stabilität, Ruhe, Ordnung

Entspanne dich, schließ die Augen und richte deine Aufmerksamkeit ganz nach innen. Spür, wo dein Körper den Boden berührt und erlaube dir, ganz schwer zu werden. Dann richte dein Bewusstsein auf deine Knochen, die Struktur deines Körpers. Nimm deine Wirbelsäule wahr, die deinem Körper Halt gibt. Stell dir vor, du lehnst dich an einen kräftigen Baumstamm an. Lass es jetzt ganz still in dir werden ... Es gibt nichts, das du tun musst, nur da sein ...
Jetzt spürst du eine sanfte Berührung an deiner rechten Hand und nimmst wahr, dass ein Wesen der Erde sich zu dir gesetzt hat. Für eine Weile bleibt es in deiner Nähe und ihr genießt gemeinsam die Stille ... dann kehrst du in dein Alltagsbewusstsein zurück.

Das Element Erde sollte nicht mit unserem Planeten Erde verwechselt werden. Es gibt zwar viele Parallelen, aber sie sind nicht identisch. Die Erde als Planet ist eine eigene spirituelle Wesenheit, die dem Wirken aller Elemente und vielen anderen Geschöpfen Lebensraum gibt. Wenn ich im Folgenden von Erde schreibe, meine ich immer das Element.

Erde ist das dichteste der vier Elemente. Ihr Wesen ist Ruhe, reines Dasein und ist absolut passiv. Sie schenkt uns Struktur, Ordnung und Geduld. Verbunden mit ihr lernen wir, in die Stille zu spüren, die Kunst zu schweigen und zuzuhören. Ohne Erde gäbe es keine Form, sie verhilft uns deshalb auch zu einem Bewusstsein für Grenzen, für Trennung. Erde gibt Stabilität und festen Boden unter den Füßen, Halt und Sicherheit. Menschen mit einem hohen Anteil an Erdenergie können anderen gut Halt, Sicherheit und das Gefühl von Geborgenheit und Schutz geben. Sie sind oft sehr ausdauernd und zäh und möchten gerne, dass alles so bleibt, wie es ist; denn das Feste liebt die Veränderung nicht. Daher sind sie oft auch stur und wenig flexibel, dafür aber strukturiert. Sie haben die Kraft, die Erinnerung zu bewahren, da sie gern in die Vergangenheit zurückschauen und nach den Wurzeln ihrer Geschichte graben. Und sie lieben die konkrete, handfeste Arbeit mit Materie.

Erde verleiht uns Langsamkeit. Sie bremst Energie, sodass diese sich in festen Formen gestalten kann. Im Extrem führt sie zu Stillstand, Erstarrung und auf psychischer Ebene zu Strenge und Härte. Ein Mangel an Erde macht sich bei Menschen oft in Ungeduld, Chaos und der Unfähigkeit zu schweigen bemerkbar. Es wird dann schwer, Grenzen zu setzen und etwas mit Ausdauer zu Ende zu bringen.

Die konzentriertesten physischen Formen von Erde, die wir kennen, sind Kristalle und Diamanten, die Steine, die die Erinnerung an die Geschichte der Erde in sich bewahren. Sie können alle Informationen speichern, mit denen sie geladen werden. Der Kontakt zu Steinen oder Bäumen, die das Wesen des Erdelementes besonders verkörpern, hilft uns zu erfahren, wie es ist, einfach nur da zu sein, ohne handeln oder nachdenken zu müssen; ein Zustand, der für Meditationen ebenso wichtig ist wie für die körperliche, geistige und seelische Regeneration.

Auf den meisten Tarotkarten wird das Element Erde durch Pentakel dargestellt. Das sind Pentagramme, die von einem Kreis umgeben sind und in der Regel materiellen Reichtum symbolisieren. Wenn das Pentakel als magisches Werkzeug des Erdelementes benutzt wird (statt des Pentagramms) soll es unter anderem Reichtum anziehen.

Die Göttinnen, die die feinstoffliche Ebene der Elemente verkörpern, sind für das Erdelement die römische Göttin des Getreides Ceres, ihr griechischer Name ist Demeter. Beide werden häufig mit Kornähren abgebildet. Sif ist eine Getreidegöttin aus dem skandinavischen Raum. Von ihr heißt es, sie sei wunderschön und habe lange, goldene Haare. Mit diesem Gold ist sowohl die Farbe des Getreides gemeint als auch der Reichtum, den es für die Menschen bedeutet, die es ernten.

Die Kräfte der Elemente werden von alters her zu Heilzwecken verwendet. Besonders intensiv wirken sie, wenn sie in Verbindung mit rituellen Handlungen genutzt werden. Heilrituale des Elementes Erde sind: Heilerde essen oder sich damit einreiben, unter der Erde verweilen, eingegraben werden, ein Retreat im Dunkeln einer Höhle, Schweigetage, sehr strukturierte Meditationen sowie die Arbeit mit Kristallen und bestimmte Massageformen. Wir können auf diese Weise die Kraft des Erdelementes in uns stärken oder ein Übergewicht der anderen Elemente in uns ausgleichen.

Kraftorte auf der feststofflichen Ebene dieses Elementes sind Höhlen, besonders die, in denen sich Kristallformationen befinden; Berge, Erdhügel, Menhire und Wälder. An diesen

Plätzen finden wir auch häufig die Elementarwesen der feinstofflichen Ebene, die Zwerge, die sich als Diener der Göttin verstehen, und die Gnome.

9.4.1 Das Pentagramm als magisches Werkzeug – Schutz

Das magische Werkzeug des Elementes Erde ist das Pentagramm (siehe Abbildung S. 106). Pente ist griechisch und bedeutet »Fünf«. Das Pentagramm ist ein Fünfstern, in dessen Zentrum sich ein fünfseitiger Raum, das Pentagon befindet.[4] Das Pentagramm hat viele Bedeutungen. Als Werkzeug des Elementes Erde spiegelt es zunächst einmal die harmonische Ordnung des Makrokosmos im Mikrokosmos analog des geistigen Gesetzes »wie oben, so unten«. Ganz bekannt ist die Zeichnung von Leonardo da Vinci, die den menschlichen Körper im Pentagrammsymbol zeigt und verdeutlichen soll, dass der menschliche Körper ein Abbild der kosmischen Ordnung ist.

Der Fünfstern wird im Deutschen auch Drudenfuß genannt, nach dem germanischen Ausdruck Trude = weise Frau und war in der Zeit der Hexen ein verbreitetes Symbol für ihre Heilkraft. Manche kennen ihn auch unter dem Namen Hexenkreuz oder Zauberstern. Als Symbol ist er auf der Erde sehr verbreitet: In Ägypten ist er ein Symbol für die kosmische Göttin Nut, die Königin des Himmels und Mutter der Sonne, die gebar, ohne geboren zu werden und sich schützend über die Menschen beugt. In Babylon war er ein Schutzsymbol und wurde zu heilenden Zwecken auf Amulette gemalt. In Griechenland war er, verbunden mit dem Apfel, Symbol der Göttin Kore, die für die Gesundheit und Lebenskraft zuständig war; wenn wir einen Apfel quer durchschneiden, erkennen wir die Form eines Pentagramms, aus dem zum Beispiel die Frauen der Sinti und Roma bis heute zu orakeln wissen.

In der keltischen Tradition ist der Fünfstern ebenfalls als ein Zeichen der Erdgöttin bekannt, und weit im Osten kennt der Tantrismus ihn als Symbol der Göttin Aditi, die dort als Mutter der Weltordnung gilt.

Die Hauptaspekte des Pentagramms sind Schutz, Struktur und Heilkraft. Die tiefe harmonische Ordnung dieses Symboles kommt durch die mathematische Formel des goldenen Schnitts[5], auch göttliche Teilung genannt, zum Ausdruck, die ein bestimmtes Verhältnis von Proportionen beschreibt und nach wie vor in Kunst und Design angewandt wird. Selbst Menschen, die die Formel nicht kennen, empfinden Kunstwerke der Malerei und Architektur oder auch Websites, in der der goldene Schnitt angewendet wird, ganz spontan als schön, harmonisch und stimmig. Diese harmonische Ordnung finden wir nicht nur auf der Erde, sondern auch im Kosmos wieder: Von unserer Erde aus gesehen geht die Venus im Laufe von acht Jahren fünfmal in eine Konjunktion mit der Sonne. Wenn diese Konjunktionspunkte durch Linien miteinander verbunden werden, entsteht ebenfalls ein Pentagramm.

Als Werkzeug des Elementes Erde benutzen wir das Pentagramm vor allem als ein Symbol, das einen energetischen Raum, etwa einen Ritual- oder Meditationsraum, schützt. Dafür wird es zunächst visualisiert, vorzugsweise in den Farben Weiß und Blau und dann mit den Fingern oder (wenn vorhanden) einem geweihten Stab in jeder Himmelsrichtung in die Luft gezeichnet. Wir stellen uns dabei vor, dass blauweißes Licht aus den Fingern beziehungsweise dem Stab strömt, mit dem wir das Pentagramm so groß wie möglich zeichnen. Anschließend lassen wir es in der Vorstellung kräftig aufleuchten und schicken es dorthin, wo es seine schützende Kraft entfalten soll (an die jeweilige Seite des Raumes).

Wir können mit dem Pentagramm auch die eigene Aura schützen. Dafür wird das Symbol jeweils in der Aura vor dem Körper, rechts und links von ihm, im Rücken und über dem Kopf liegend visualisiert.

Als Heilungssymbol kann es seine Kraft gut entfalten, wenn wir uns in der Haltung entsprechend der Zeichnung von da Vinci hinstellen oder hinlegen, mit seitlich ausgestreckten Armen und in einem Winkel von 72° geöffneten Beinen. In dieser Position werden in der Aura die einzelnen Sternspitzen in der Vorstellung miteinander zu einem Pentagramm verbunden und dieses innere Bild wird für eine Weile gehalten. Diese Übung führt meist zu einem Gefühl starker Zentrierung, des Gehalten- und Geschütztseins und zu innerer Harmonie.

Das Pentagramm wird außerdem gerne als Schutz- oder Heilungssymbol an einer Halskette getragen. Dann wird es meist aus Silber oder Holz angefertigt oder als Heilungssymbol auf ein Amulett gemalt oder geritzt. Es kann zudem auf Trancereisen als Schutzamulett mitgegeben werden, und wir finden es manchmal auf Türen, die zu besonders geschützten Plätzen führen, etwa in einen Erdhügel.

9.4.2 Die Hüterin der Erde

Eine weitere Möglichkeit mit dem Element Erde zu arbeiten, ist die geistige Reise zu der Hüterin dieses Elementes. Wir können diese Reise machen, wenn wir uns auf tiefere Erfahrungen mit dem Erdelement einlassen wollen und seine feinstofflichen Kraftorte aufsuchen möchten.

Visualisierung »Die Hüterin des Erdelementes«

Richte deine Aufmerksamkeit erst einmal auf deinen Atem und nimm das Ein- und Ausströmen deines Atems wahr, ohne irgendetwas zu verändern. Überlasse dich ganz seinem natürlichen Fluss ... du kannst dir dabei vorstellen, dass deine Wirbelsäule sich an den Stamm eines kräftigen Baumes anlehnt, der dir Halt gibt. Erlaube jetzt deinem Körper, alle überflüssige Spannung abzugeben, lass ihn schwer werden, schwer, gelöst und warm ... Lass den Atem in die Tiefe deines Schoßes strömen und erlaube dem Bauch, weich zu werden, weich und warm ... Dann wandere mit deiner Aufmerksamkeit hinauf in den Brustraum ... spüre den Raum, den du dort zum Atmen hast und lass ihn so weit werden, wie es angenehm ist. Die Schultern dürfen nach unten sinken, alle Last kann von ihnen abströmen, sodass sie schwer werden, schwer, gelöst und warm ... Alle Spannung in deinem Unterkiefer kann sich jetzt lösen und die Lippen können sich leicht öffnen ... Erlaube dir jetzt auch, deine Alltagsgedanken loszulassen ... lass sie vorbeiziehen wie Wolken am Himmel ... nimm sie wahr, ohne sie zu bewerten, und lass sie gehen ... was wirklich wichtig ist, wird nach der Meditation zu dir zurückkehren.
Das Tor zum Element Erde ist ein Trilith, ein Steintor, bestehend aus zwei mächtigen, aufrecht stehenden Steinen und einem quer darauf liegenden dritten Stein. Es befindet sich in einer sanft hügeligen, grasbewachsenen Landschaft. Ein schmaler, leicht gewundener Pfad, dem du

nun folgst, führt dorthin.

Die Hüterin erkennst du erst im Näherkommen, fast ist sie mit einem der aufrecht stehenden Steine verschmolzen. Jetzt siehst du, wie sie sich von dem Stein löst. Sie trägt ein Gewand in den Farben der Erde, in allen Grün- und Brauntönen schimmernd. Um ihren Hals liegt eine Kette aus Edelsteinen und in einer Hand hält sie einen wunderschönen Bergkristall, von dem starke Schwingungen ausgehen. Neben ihr steht ein Korb mit Äpfeln.

Sie gibt dir schweigend zu verstehen, dass du nun dein Anliegen vorbringen sollst. Dann reicht sie dir einen Apfel und bedeutet dir, ihn quer durchzuschneiden. Wenn du das getan hast, schaut sie auf eine Apfelhälfte, deren Inneres wie ein Pentagramm aussieht … dann entscheidet sie, ob du das Tor durchschreiten darfst.

Das Pentagramm im Apfelgehäuse

ERDE
Göttinnen: Ceres, Demeter, Sif
Magisches Symbol: ein nach unten zeigendes Dreieck in grüner Farbe
Magisches Werkzeug: Pentagramm
Symbole: alle Mineralien, Steine, Metalle, Kristalle; schwere Gefäße, Behälter, die der Aufbewahrung dienen;
Pflanzen: Wurzeln, Bäume als die langlebigsten und am langsam wachsenden Pflanzen; alle Pflanzen, deren Wurzeln und Knollen geerntet werden; Nüsse oder Früchte mit großen Kernen und starken Schalen
Tiere: Schildkröte, die ein hohes Alter erreichen kann; Kuh, Büffel, Bärinnen, Hirsche und Hirschkühe; Schnecken, wegen ihrer Langsamkeit und Elefanten, wegen ihres guten Erinnerungsvermögens
Astrologische Zeichen: Stier, Jungfrau und Steinziege/Steinbock
Planeten: Erde und Saturn
Kraftorte auf der Erde: Höhlen, Berge, Erdhügel, Menhire (stehende Steine) und Wälder
Elementarwesen: Zwerge und Gnome
Heilrituale: Heilerde essen oder sich damit einreiben, unter der Erde verweilen, eingegraben werden, ein Retreat im Dunkeln einer Höhle, Schweigetage, sehr strukturierte Meditationen, die Arbeit mit Kristallen
Musikinstrumente: tiefe Trommeln, Didgeridoos, alle Instrumente, die langsamere Schwingungen haben und damit tiefere Töne wie Bässe oder Celli

9.5 Das Feuer – Die Kraft des Willens, der Mut zu Handeln, Leidenschaft und Kreativität

Schließe deine Augen und lass vor deinem inneren Auge das Bild eines kleinen Feuers entstehen, das soeben angezündet wurde. Du kannst eine Weile den Flammen zuschauen, das Spiel ihrer Formen und Farben beobachten, deine Hände daran wärmen ... dann kannst du mehr Holzscheite in die Flammen geben, so viel, bis sie hoch auflodern und Funken sprühen. Du kannst es prasseln und knacken hören und die Hitze des lodernden Feuers fühlen ... dann lass es langsam wieder herunterbrennen, bis nur noch die Glut zu sehen ist und schließlich alles Holz zu Asche verbrannt ist.

Das Element Feuer begegnet uns als Licht und Wärme, als mächtige Sonne oder kleine Kerzenflamme, als wärmendes Kaminfeuer oder als zerstörerischer Waldbrand. Der Umgang mit Feuer ist gefährlich, und es gilt in der Regel als ein besonders zerstörerisches Element (wobei Wirbelstürme, Flutwellen und Erdbeben genauso katastrophal sein können). Doch nach jedem Waldbrand beginnen auf der verbrannten Erde plötzlich wunderschöne Pflanzen zu wachsen, die es dort vorher nicht gab. Pflanzen, die die Asche zum Wachsen brauchen, Asche, die Fruchtbarkeit schenkt.

Eine wesentliche Kraft des Feuers ist die Macht der Verwandlung. Wir können verbrennen, was wir nicht mehr brauchen und die frei werdende Energie, die wir als Hitze wahrnehmen, nutzen, um etwas Neues entstehen zu lassen. Die Asche des Alten wird wie beim Waldbrand zur Nahrung für das Neue.

Der Umgang mit der Kraft des Elementes Feuer erfordert die Fähigkeit der Kontrolle und eine besondere Achtsamkeit auf jeder Ebene, fest- wie auch feinstofflich. Feuer kann sich sehr schnell verbreiten und plötzlich ausbrechen. Wenn es aber gelingt, Feuer kontrolliert einzusetzen, schenkt es uns die notwendige Wärme im Winter, die Möglichkeit, Nahrung zu kochen, Metalle zu schmelzen und Stoffe zu verwandeln.

Auf psychischer Ebene wirkt die Feuerkraft in uns als Leidenschaft und Kreativität. Auch Zorn, Aggression und Lust sind ein Ausdruck von ihr. Feuer gibt uns den Mut zum Handeln, die Kraft zu kämpfen und es hilft uns, in Bewegung zu kommen. Es weckt die Abenteuerlust und entzündet Funken der Begeisterung. Auf der Körperebene wird das Element von den Muskeln vertreten, ohne die wir nichts tun könnten.

Feuer schenkt uns Entschlossenheit, die Fähigkeit, etwas zu wollen und uns dafür einzusetzen, es auch zu bekommen. Es verleiht uns die Kraft, etwas zu erschaffen. Es hilft uns dabei, Risiken einzugehen, uns durchzusetzen und Hindernisse zu beseitigen. Wir brauchen es, um den eigenen Raum zu verteidigen und zu fühlen, dass wir ein Recht darauf haben. Wut ist die Kraft, die dabei notwendig sein kann. Eine starke innere Sonne zu haben, bedeutet, ein gesundes Selbstvertrauen zu besitzen und es auch auszustrahlen. Feuerenergie finden wir auch im Raum unseres Herzens und in einer liebevollen, warmen Umarmung.

In der spirituellen Arbeit nutzen wir das Feuerelement, um unsere Willenskraft zu stärken und bestimmte Ziele zu erreichen. Auch als schützende Kraft auf geistiger Ebene ist es sehr wirkungsvoll. Dazu visualisieren wir zum Beispiel einen Ring aus Feuer um uns herum, wenn wir einen Angriff befürchten, feuriger Lichtschutz wirkt sehr kraftvoll (siehe dazu auch Kapitel 7).

Wenn es ein feststoffliches Feuer gibt, verbinden wir uns in Ritualen gerne mit der verwandelnden Kraft des Feuers, indem wir symbolisch etwas verbrennen, das wir innerlich oder äußerlich loslassen möchten. Die Verwandlung über das Feuer kann je nach Material sehr schnell geschehen, sodass wir sofort ein Bild des Verbrennens und zu Asche werden präsent haben, das wir bei Bedarf erinnern können. Die Erinnerung an solch ein Bild kann hilfreich sein, wenn es schwerfällt, etwas loszulassen.

Menschen, die vom Astrologischen her einen starken Feueranteil haben, können manchmal ihre Leidenschaft und ihren Zorn nicht gut kontrollieren. Auf der anderen Seite können sie sehr mitreißend, warmherzig und großzügig sein und ihre Ideen in die Tat umsetzen. Sie können vieles initiieren, sind oft idealistisch und bereit, für ihre Ideen und Visionen zu kämpfen. Bei einem Mangel an Feuer dagegen fehlt es an Mut, Durchsetzungskraft und Begeisterungsfähigkeit. Auch Antriebslosigkeit und mangelnde Herzlichkeit können Ausdruck des Fehlens von Feuerkraft sein.

Göttinnen des Feuerelementes sind die hawaiianische Pele, die griechische Hestia, die Hüterin des Herdfeuers, die keltische Göttin Brighid, die auch eine Schmiedin ist, und Sonnengöttinnen wie die hethitische Göttin Arinna und im skandinavischen Raum Saule beziehungsweise Sunna.

Zu den Heilritualen gehören Schwitzhütten, die sehr tief reinigend wirken und gleichzeitig eine transformierende Kraft haben, sowie der Schutz mit Licht und das Verbrennen als Wandlungsprozess.

9.5.1 Das magische Werkzeug Schwert – Entschlossenheit und der Mut zu kämpfen

Schwertmeditation

Richte deine Aufmerksamkeit erst einmal auf deinen Atem und nimm das Ein- und Ausströmen deines Atems wahr, ohne irgendetwas zu verändern. Überlasse dich ganz seinem natürlichen Fluss ... du kannst dir dabei vorstellen, dass deine Wirbelsäule sich an den Stamm eines kräftigen Baumes anlehnt, der dir Halt gibt. Erlaube jetzt deinem Körper, alle überflüssige Spannung abzugeben, lass ihn schwer werden, schwer, gelöst und warm ... Lass den Atem in die Tiefe deines Schoßes strömen und erlaube dem Bauch, weich zu werden, weich und warm ... Dann wandere mit deiner Aufmerksamkeit hinauf in den Brustraum ... spüre den Raum, den du dort zum Atmen hast und lass ihn so weit werden, wie es angenehm ist. Die Schultern dürfen nach unten sinken, alle Last kann von ihnen abströmen, sodass sie schwer werden, schwer, gelöst und warm ... Alle Spannung in deinem Unterkiefer kann sich jetzt lösen und die Lippen können sich leicht öffnen ... Erlaube dir jetzt auch, deine Alltagsgedanken loszulassen ... lass sie vorbeiziehen wie Wolken am Himmel ... nimm sie wahr, ohne sie zu bewerten, und lass sie gehen ... was wirklich wichtig ist, wird nach der Meditation zu dir zurückkehren.

Setze dich nun so aufrecht wie möglich, ohne dass es anstrengend ist. Dann stell dir vor, dass sich hinter deinem Rücken eine Lichtsäule befindet, stärkend und wärmend, an die du dich anlehnen kannst. Lass in deiner Vorstellung deine Wirbelsäule mit der Lichtsäule verschmelzen und spür, dass diese Lichtsäule tief hinunter in die Erde reicht, so tief, dass sie mit dem Feuerkern der Erde verbunden ist ...

Dann folge der Lichtsäule in ihrer Ausdehnung nach oben. Sie reicht weit über die Sphären der Erde hinaus bis hin zur Sonne. Spür für einen Moment, wie beide Kräfte, das Sonnen- wie auch das Erdfeuer, durch deine Wirbelsäule strömen ...

Jetzt stell dir vor, du hältst in deinen Händen ein wunderschön gearbeitetes, funkelndes Schwert. Du hältst es aufrecht, mit der Spitze nach oben. Sein Griff schmiegt sich in deine Hände, es hat genau die für dich passende Größe. Spür die konzentrierte Kraft, die von diesem Schwert ausgeht. Spür, wie es dir Klarheit und Entschiedenheit schenkt, und spür, wozu du seine Kraft im Moment am meisten brauchst …
Dann bedanke dich bei dem Schwert, lass das Bild wieder verblassen und kehre in dein Alltagsbewusstsein zurück.

Als magisches Werkzeug des Feuers dient das Schwert vor allem der Zentrierung und Kontrolle der Feuerkräfte. Es hilft, die Willenskraft zu bündeln und ganz entschieden zu handeln. Es dient außerdem dem Schutz und der Verteidigung vor Angriffen auf geistiger Ebene.

Die Arbeit mit dem Schwert fordert dazu auf, die eigenen Stärken kennenzulernen und den Mut zu haben, sie einzusetzen. Es bedeutet, an die eigene Kraft zu glauben und bereit zu sein, für sich selbst oder andere zu kämpfen. Dafür müssen wir die Fähigkeit erwerben, Nein zu sagen und die eigenen Grenzen wahrzunehmen. Wir müssen uns mit der Kraft der Aggression vertraut machen und sie als wichtige, stärkende Energie annehmen, sodass wir sie nicht gegen uns selbst richten oder destruktiv einsetzen. Wir brauchen, um mit dem Schwert zu arbeiten, die innere Erlaubnis, Macht auszuüben, stolz auf uns selbst zu sein und das Recht zu haben, uns zu schützen, uns durchzusetzen mit unseren eigenen Interessen. Wofür würdest du leidenschaftlich kämpfen?

Stärken kann uns dabei die lange Tradition von Schwertträgerinnen, auf die wir zurückschauen können. Vielen bekannt sind die Amazonen. Sie waren starke und erfolgreiche Kämpferinnen, als ihre letzte Königin gilt laut griechischer Mythologie Penthesilea.[6] Aus den griechischen Sagen sind ferner die Göttinnen Athene – auch Lehrmeisterin der Schmiedekunst – und Artemis als Schwertträgerinnen bekannt.

Auch bei den KeltInnen war es üblich, dass Frauen Schwertkämpferinnen waren. Die heute noch bekannteste ist die Heerführerin Boadicea, deren Denkmal in London steht. Sie war eine Priesterin der Kriegsgöttin Andrasta, die den Kampf für Freiheit unterstützte und in den frühen Jahren der römischen Besetzung

Britanniens im 1. Jahrhundert unter anderem einen Aufstand gegen die Besatzer anführte. In der keltischen spirituellen Welt gehörte der Göttin Brighid und ihren Priesterinnen ein Schwert, das sie selbst geschmiedet hatten.

Die Walküren der germanischen Sagenwelt waren allesamt Schwertträgerinnen. Allerdings waren sie Wesenheiten aus einer feinstofflichen Ebene, die die menschlichen KämpferInnen schützten und nach ihrem Tod in die Anderswelt begleiteten.

In der römischen Sage trägt Justitia das Schwert der Gerechtigkeit, Aphrodite wiederum war eine Göttin der Schmiedekunst in Zypern. In Ägypten galten alle MagierInnen als DienerInnen der Göttin Isis, das ägyptische Wort für MagierIn war dasselbe wie für Schmied. Das kennen wir auch aus der römischen Gesellschaft: faber hieß Schmied und Magier. Damit wird deutlich, dass das Schwert ein im Feuer hergestelltes Werkzeug ist.

Im Christentum dagegen wurde die Schmiedekunst im Laufe der Zeit regelrecht verteufelt, nur die Erzengel dürfen offenbar Schwerter tragen.

Schwerter sind magische Werkzeuge, denen häufig ein Name gegeben wird. Vielen ist sicher das Schwert Excalibur vertraut, das Artus von der Priesterin der Göttin Morgaine bekam. Es war mit einem Zauber versehen, um ihn zu schützen. Wer es geschmiedet hat, ist nicht bekannt. Aber aus den nordischen Mythen wissen wir, dass es in der Regel die Zwerge waren, die die besten Schwerter schmiedeten – und sie oftmals auch mit Flüchen belegten. Hier machte sich die negative Auswirkung des Bannens bemerkbar, denn die Zwerge wurden von magisch arbeitenden Menschen oft mit geistiger Kraft gezwungen, diese Schwerter zu schmieden und verfluchten sie dann aus Rache. Ihnen wurde ihre Arbeit nur selten angemessen gedankt, deshalb erwähne ich hier ausdrücklich die noch bekannten Namen der Zwerge und die der durch ihre Kunst entstandenen Schwerter: Das bekannteste Schwert ist wohl das des Zwergen Alberich, es hieß Eckesachs[7]. Tyrfing ist der Name eines Schwertes aus der isländischen Sagenwelt, es wurde von den Zwergen Davlin und Durim geschmiedet. Doch nicht nur Menschen besaßen Schwerter, sondern auch Riesen wie zum Beispiel der Feuerriese Surtr, der mit seinem mächtigen Schwert die ganze Welt in Brand setzte. Auch Freya, die nordische Göttin der Liebe, verschenkte einst ein Schwert an Sigurd, Balmung war sein Name.

Sie reichte es ihm aus einem Apfelbaum.

Heute ist in Europa noch die Tradition des Ritterschlags bekannt. Der Ritterschlag muss dabei immer durch die Hand der Königin (oder einer führenden Persönlichkeit) und mit einem Schwert erfolgen. Traditionell ging dem Ritterschlag eine Nachtwache in einem Tempel oder an einem Kraftplatz voraus. Diese dient dazu, sich mit der eigenen Angst zu konfrontieren und zu lernen, sie anzunehmen und zu kontrollieren. Noch heute pflegen einige spirituelle Coven diese Form der Schwertprüfung.

9.5.2 Die Hüterin des Feuers

Um der Hüterin des Feuers zu begegnen, ist es ratsam, bereits einige Erfahrung mit der Feuerkraft gesammelt zu haben, denn sie kann recht hitzig sein. Auf jeden Fall sollten wir eine klare Vorstellung davon haben, was wir von ihr wollen, sonst wird sie uns möglicherweise nicht an den Kraftort des Feuers führen. Akzeptiert sie aber unseren Wunsch, stehen wir unter ihrem Schutz und können uns ihrer Führung anvertrauen.

Visualisierung »Die Hüterin des Feuers«

Richte deine Aufmerksamkeit erst einmal auf deinen Atem und nimm das Ein- und Ausströmen deines Atems wahr, ohne irgendetwas zu verändern. Überlasse dich ganz seinem natürlichen Fluss ... du kannst dir dabei vorstellen, dass deine Wirbelsäule sich an den Stamm eines kräftigen Baumes anlehnt, der dir Halt gibt. Erlaube jetzt deinem Körper, alle überflüssige Spannung abzugeben, lass ihn schwer werden, schwer, gelöst und warm ... Lass den Atem in die Tiefe deines Schoßes strömen und erlaube dem Bauch, weich zu werden, weich und warm ... Dann wandere mit deiner Aufmerksamkeit hinauf in den Brustraum ... spüre den Raum, den du dort zum Atmen hast und lass ihn so weit werden, wie es angenehm ist. Die Schultern dürfen nach unten sinken, alle Last kann von ihnen abströmen, sodass sie schwer werden, schwer, gelöst und warm ... Alle Spannung in deinem Unterkiefer kann sich jetzt lösen und die Lippen können sich leicht öffnen ... Erlaube dir jetzt auch, deine Alltagsgedanken loszulassen ... lass sie vorbeiziehen wie Wolken am Himmel ... nimm sie wahr, ohne sie zu bewerten, und lass sie gehen ... was wirklich wichtig ist, wird nach der Meditation zu dir zurückkehren.

Das Tor zum Element Feuer befindet sich am Fuße eines Vulkans. Die Erde dort ist sehr fruchtbar, alles wächst und blüht üppig und bunt. Es ist warm. Die Luft flirrt vor Hitze, während du einen Weg bergan steigst, der dich zu einem Lavafeld führt. Ganz plötzlich steht sie vor dir, die Hüterin des Feuers. Ihre feuerroten Haare fallen wild über einen Umhang, der aus Flammen zu bestehen scheint. Sie schüttelt sich und Funken sprühen in alle Richtungen. In einer Hand hält sie ein Lichtschwert, mit dem sie jetzt auf dich zeigt und dabei fragt, was willst du?

Wenn du wirklich entschieden bist, dich ihr anzuvertrauen, wird sie ihr Krafttier rufen und dich in die Ebene des Feuers mitnehmen. Lass dich von ihr führen ... und lass es sie ganz entschieden wissen, wann der Zeitpunkt gekommen ist, an dem du zurückkehren möchtest. Sie wird dich zum Tor des Feuers zurückbegleiten. Dort bedanke dich bei ihr und kehre wieder in dein Alltagsbewusstsein zurück.

FEUER
Göttinnen: Pele, Hestia, Brighid, Arinna, Saule
Magisches Symbol: rotes Dreieck mit der Spitze nach oben
Magisches Werkzeug: Schwert
Symbole: Kerzen, kräftige rote Blüten, Kohle, Holzstäbe zum Feueranzünden und Metalle wie Gold, Messing, Bronze
Pflanzen: rote Früchte, Blumen mit roten feurige Blüten (rote Lilie, rote Rose), Chili, Pfeffer, roter Wein, wärmende Getränke
Tiere: Drachinnen, Feuersalamander, Löwinnen, Tigerinnen und alle anderen Raubkatzen
Astrologische Zeichen: Widder, Löwin, Schützin
Planeten: Sonne, Mars, Pluto
Kraftorte auf der Erde: Vulkane, Wüsten, Obstbäume, üppige, fruchtbare Gärten
Elementarwesen: Salamander
Heilrituale: Schwitzhütten

9.6 Das Wasser – Vertrauen und Hingabe an die Gefühle

Entspanne dich und lass den Atem in die Tiefe deines Schoßes strömen ... Schließ die Augen und richte die Aufmerksamkeit auf das innere Hören. Lass dich das sanfte Plätschern einer Quelle hören ... Klares sauberes Wasser fließt aus dieser Quelle, kühl und erfrischend. Langsam sammelt es sich zu einem kleinen Bach, der gluckernd über Kiesel fließt. Der Bach wird breiter, gewinnt an Geschwindigkeit und Kraft und wird zu einem großen Strom, der ins Meer fließt ... Du hörst die Wellen des Meeres rhythmisch rauschen, du tauchst in sie ein, lässt dich von ihnen tragen ... du beobachtest das Spiegeln des Lichtes auf dem Wasser ... Jetzt taucht in deiner Nähe ein Delfin auf, der mit dir spielen will. Überlass dich für eine Weile der Freude an dieser Begegnung ... bis es Zeit ist, in dein Alltagsbewusstsein zurückzukehren.

Das Wasserelement ist ganz vielseitig in seinen Formen, fest, flüssig und flüchtig. Vom einzelnen Tropfen über den kräftigen Wasserfall und die glatte Oberfläche eines stillen Sees, in dem sich das Mondlicht spiegelt, gestaltet es sich bis hin zu Schnee und Eis, Nebel und Regen.

Auf der Erde macht Wasser zwei Drittel der Oberfläche aus, und der menschliche Körper besteht ebenfalls zu etwa 70 Prozent daraus. Wasser ist unglaublich anpassungsfähig und hat doch die Kraft, Materie zu formen, denn auf Dauer kann kein Stein der Wasserkraft widerstehen. Ohne Nahrung können wir eine ganze Weile leben, ohne Wasser jedoch nicht mehr als drei Tage.

Am Wasserelement können wir gut die zyklische Natur des Lebens erkennen. Jeder einzelne Wassertropfen durchläuft seit Bestehen der Erde den immer gleichen Zyklus: Er verdunstet, wird zu Nebel und Wolken, fällt als Regen oder Schnee wieder auf die Erde, wird von ihr aufgenommen, gereinigt und kehrt als Quelle wieder zurück an die Oberfläche.

Wir wissen um das Wunder der kristallinen Struktur der Schneeflocken, von der es eine unendliche Zahl von Variationen gibt. Allen liegt immer die Zahl Sechs zugrunde, die in ihrer spirituellen Bedeutung eine tiefe Harmonie ausdrückt. Sie verbindet als geometrischer Sechsstern unterschiedliche Kräfte wie oben und unten, Erde und Luft, Wasser und Feuer miteinander.

Auf der feststofflichen Ebene hilft das Element Wasser uns,

uns zu reinigen und schenkt uns die Erfahrung, im Salzwasser der Meere getragen zu werden. In unserem Körper hat es natürlich mit allen Flüssigkeiten zu tun, vor allem auch mit der heilenden Kraft der Tränen.

Feinstofflich öffnet es die Türen der Erinnerung und die zur Welt der Bilder und Symbole. Es lädt ein, in die Tiefe und Vielfalt der Gefühle einzutauchen und sich ihrem Fluss anzuvertrauen. Es lädt zum Träumen ein, verbindet uns mit der Welt der inneren Bilder und der Kraft der Fantasie. Es kann uns ein Spiegel sein für unser Äußeres und Inneres. Wasser ist das Element, das am intensivsten mit der Welt der Gefühle verbunden wird. Wir sprechen vom Ozean der Gefühle, von Gefühlsüberschwemmung, vom Versinken und Abtauchen. Eine Urerfahrung im Mutterleib ist das Aufgehoben- und Geschütztsein im Fruchtwasser. Wasser wird mit Urvertrauen verbunden, der Sicherheit, getragen und genährt zu werden und ganz tief loslassen zu können.

Über den Rhythmus der Meere, Ebbe und Flut, sind wir auch mit tiefen Rhythmen verbunden, die wir nicht kontrollieren können, denen wir uns nur überlassen, hingeben können. Traumbilder von vertrockneten Gewässern deuten oft darauf hin, dass wir von Gefühlen abgeschnitten sind, Überschwemmungen hingegen können auf intensive Gefühle hinweisen oder das Auftauchen von Erinnerungen anzeigen.

Wasser ist ein starker Energieträger. So wie es auf der materiellen Ebene Nährstoffe transportiert, so kann es auch feinstoffliche Kräfte aufnehmen. Durch die Arbeit von Dr. Masaru Emoto ist es nun auch gelungen, das uralte Wissen sichtbar zu machen, dass Wasser auf Gedanken- und vor allem Gefühlsschwingungen reagiert. Emoto konnte mit seinen Fotos zeigen, wie die Kristallstruktur des Wassers auf Gefühle, Musik, Worte reagiert, mal harmonisch, mal chaotisch, je nach Charakter der übertragenen Schwingungen.[8] Durch diese Fähigkeit eignet Wasser sich sehr gut für die magische Arbeit, denn es lässt sich mit allen Energien aufladen. Wenn wir uns daran erinnern, dass unser Körper – wie auch der Planet Erde – zum größten Teil aus Wasser besteht, können wir uns daher leicht vorstellen, wie viel Einfluss unser Gefühls- und Gedankenleben auf ihn hat.

Menschen, die in ihrem Geburtshoroskop einen hohen Anteil des Wasserelementes haben, werden besonders stark von ihren Gefühlen geleitet und können über diese Ebene auch viel bewirken. Sie besitzen eine starke Intuition, sind oft sehr fantasievoll, sensitiv und mitfühlend. Sie lieben es, ihre Grenzen aufzulösen und mit anderen zu verschmelzen, ganz tief in die Gefühle einzutauchen und sich ihrem Fluss hinzugeben. Ein Zuviel an Wasser kann allerdings bewirken, dass sie nicht zurückfinden in die alltägliche Realität, in die Grenzen ihres Körpers und ihres Ichs, während ein Mangel an Wasser Menschen den Zugang zum Fühlen und Loslassen schwer macht.

Zu den Göttinnen des Wassers gehören die in Afrika und Südamerika heute noch besonders von Frauen und Kindern verehrte Yemaya und Oshun. In Indien ist es Sarasvati – die Fließende. Die Symboltiere des Wassers sind alle Tiere des Meeres, Fische, Krebse, Oktopusse, ganz besonders aber die Delfine, die so gerne spielen und ihre Freude und Weisheit mit den Menschen teilen. Aber auch Kröten und Schlangen gehören dazu, die als Symboltiere Weisheit und Heilkraft verkörpern.

Die Reinigung mit Quell- oder Salzwasser gehört zu den Heilritualen dieses Elementes ebenso wie Kelchrituale und das Aufladen des Wassers mit einer bestimmten Kraft.

Zu seinen Kraftorten auf der Erde gehören alle Plätze, an denen Wasser vorkommt, besonders jedoch heilige Quellen und Flussmündungen, wo sich Süß- und Salzwasser verbinden. Brunnen haben ebenfalls eine besondere Bedeutung, da sie Tore zur feinstofflichen Ebene, zur Anderswelt, sein können.

9.6.1 Das magische Werkzeug Kelch – Aus der unerschöpflichen Fülle nehmen

Kelchmeditation

Richte deine Aufmerksamkeit erst einmal auf deinen Atem und nimm das Ein- und Ausströmen deines Atems wahr, ohne irgendetwas zu verändern. Überlasse dich ganz seinem natürlichen Fluss … du kannst dir dabei vorstellen, dass deine Wirbelsäule sich an den Stamm eines kräftigen Baumes anlehnt, der dir Halt gibt. Erlaube jetzt deinem Körper, alle überflüssige Spannung abzugeben, lass ihn schwer werden, schwer, gelöst und warm … Lass den Atem in die Tiefe deines Schoßes strömen und erlaube dem Bauch, weich zu werden, weich und warm … Dann wandere mit deiner Aufmerksamkeit hinauf in den Brustraum ... spüre den Raum, den du dort zum Atmen hast und lass ihn so weit werden, wie es angenehm ist. Die Schultern dürfen nach unten sinken, alle Last kann von ihnen abströmen, sodass sie schwer werden, schwer, gelöst und warm ... Alle Spannung in deinem Unterkiefer kann sich jetzt lösen und die Lippen können sich leicht öffnen ... Erlaube dir jetzt auch, deine Alltagsgedanken loszulassen ... lass sie vorbeiziehen wie Wolken am Himmel ... nimm sie wahr, ohne sie zu bewerten, und lass sie gehen ... was wirklich wichtig ist, wird nach der Meditation zu dir zurückkehren.

Begib dich nun in deiner Vorstellung an einen Wasserplatz, den du magst, eine Quelle, einen See, ans Meer und nimm deinen Kelch mit ... stimme dich mit allen Sinnen auf die Kraft des Wassers ein. Du kannst es sprudeln, tropfen oder rauschen hören ... vielleicht spürst du seine Feuchtigkeit auf deiner Haut, riechst seine Frische ... Dann fülle deinen Kelch mit Wasser.

Such dir jetzt einen bequemen Platz, halte deinen Kelch in deinen Händen und lass deinen Atem in die Tiefe deines Schoßes strömen. Spür, ob du bereit bist, alles, was in deinem Leben bisher geschehen ist, als Teil von dir anzunehmen, als deinen Erfahrungsschatz. Nimm dir Zeit, Bilder, Erinnerungen, Gedanken und Gefühle aufsteigen zu lassen, und lass deinen Kelch ihre Energie aufnehmen: Schöne und schwere, Schmerz und Freude, Ängste und Zorn, Liebe, was immer auftauchen

mag, lass es deinen Kelch aufnehmen ... Wenn der Erinnerungsfluss zum Stillstand gekommen ist, trinke den Kelch leer. Fülle ihn dann erneut mit Wasser und nimm wahr, wie jetzt ein helles Licht in deinen Kelch strömt und das Wasser silbrig zu leuchten beginnt ...
Die Quelle dieses Lichtes ist der Kelch der Göttin, es ist ein Geschenk ihrer Liebe. Jetzt trinke deinen Kelch noch einmal aus. Dann verweile, solange du magst, an deinem Platz und kehr dann wieder in dein Alltagsbewusstsein zurück.

Du kannst die Kelchmeditation nicht nur in deiner Vorstellung ausführen. Du kannst ebenso gut in der feststofflichen Welt einen Platz am Wasser aufsuchen und dich dort dem Erinnerungsfluss und dem Licht der Göttin überlassen.

Der Kelch ist das magische Werkzeug des Elementes Wasser und ein Symbol für die bedingungslose und unerschöpfliche Liebe der Göttin. Aus ihm zu trinken und diese Liebe anzunehmen, ist ein wunderschönes und uraltes Ritual. Eine Begegnung mit dem Kelch kann uns dabei helfen, uns unserer tiefsten Sehnsüchte und Wünsche bewusst zu werden und das Vertrauen zum Ausdruck zu bringen, dass diese Sehnsüchte auch erfüllt werden.

Im Allgemeinen ist der Kelch der bekannteste rituelle Gegenstand und vielleicht sogar der älteste. Wir finden ihn in verschiedensten Kulturen. Manchmal als silbernen Becher, wie beispielsweise in Ägypten, wo er der Göttin Nephtys, der Göttin des Verborgenen, zugeordnet ist. Oder als den heiligen Gral, den die Ritter aus der Artussage suchen, dort wird er als goldener, mit Edelsteinen besetzter Kelch beschrieben. Die Suche nach dem Kelch ist Ausdruck der Sehnsucht der Menschen nach Ganzwerdung.[9]

Der Kelch galt immer als ein weibliches spirituelles Symbol, und die Ritter oder Helden müssen in den Legenden und Sagen die weibliche Seite des Göttlichen finden, um ihre tiefe Sehnsucht zu stillen, die sie auf die Suche schickte.

Die Begegnung mit der Kraft des Kelches ist sehr berührend. Um sie wirklich annehmen zu können, müssen wir unsere Herzen öffnen und bereit sein, Liebe zu empfangen. Das ist manchmal keine leichte Aufgabe und oft auch schmerzvoll, wenn es in der Lebensgeschichte viele Verletzungen gegeben hat, die dazu führten, dass das Herz sich verschließen musste. Dann ist die Öffnung oft mit Schmerz verbunden.

Die Ritter, die den Kelch suchten, mussten sich laut der überlieferten Sagen einigen Prüfungen unterziehen: Eine davon war, Mitgefühl zu entwickeln. Wir kennen dieses Motiv auch aus Märchen, in denen der Held einer armen, alten, hässlichen Frau begegnet, der er helfen soll. Außerdem mussten die Ritter lernen, Vertrauen und Hingabe zu entwickeln, was für viele Menschen ebenfalls keine leichte Aufgabe ist.

Die dritte Prüfung besteht darin, eine Nacht lang wach zu bleiben und dem eigenen Schatten zu begegnen – ähnlich wie dem oben beschriebenen Ritterschlag. Im Gegensatz zum Feuerelement geht es beim Wasserelement jedoch nicht darum zu kämpfen, sondern in die Liebe zu vertrauen, mit der alle unsere inneren Anteile von der Göttin umarmt werden – wie es sich auch in der eingangs beschriebenen Kelchmeditation ausdrückt.

Der Kelch als magisches Werkzeug kann darüber hinaus Symbol für Verbindung, Verbundenheit sein. Das gemeinsame Trinken aus einem Kelch ist eine symbolische Handlung, die sich bei vielen Gelegenheiten finden lässt. So trinkt bei einer Hochzeit das Paar aus einem Kelch, um die Verbindung zu bekräftigen. Kelchrituale können aber auch Dankbarkeit auszudrücken, und nicht zuletzt hat das Werkzeug des Wassers natürlich auch reinigende Kraft.

Am schönsten ist es, einen Kelch geschenkt zu bekommen oder von ihm gefunden zu werden. Manchmal dauert die Suche allerdings eine Weile, aber dann kann er ganz plötzlich und unerwartet auftauchen.

Der Kelch als magisches Werkzeug des Elementes Wasser kann ebenso wie das Schwert als Werkzeug des Elementes Feuer aus verschiedenem Material sein. Er kann aus Metall sein, wobei Silber das Metall des Elementes Wasser ist, aber auch aus Messing, Kupfer oder Gold, was jedoch seltener der Fall ist. Er kann aus Ton geformt werden oder aus Glas bestehen, je nach Geschmack derjenigen, die mit ihm arbeiten will. Auf jeden Fall solltest du deinen rituellen Kelch schön finden und Freude daran haben.

9.6.2 Die Hüterin des Wassers

Richte deine Aufmerksamkeit erst einmal auf deinen Atem und nimm das Ein- und Ausströmen deines Atems wahr, ohne irgendetwas zu verändern. Überlasse dich ganz seinem natürlichen Fluss … du kannst dir dabei vorstellen, dass deine Wirbelsäule sich an den Stamm eines kräftigen Baumes anlehnt, der dir Halt gibt. Erlaube jetzt deinem Körper, alle überflüssige Spannung abzugeben, lass ihn schwer werden, schwer, gelöst und warm … Lass den Atem in die Tiefe deines Schoßes strömen und erlaube dem Bauch, weich zu werden, weich und warm … Dann wandere mit deiner Aufmerksamkeit hinauf in den Brustraum … spüre den Raum, den du dort zum Atmen hast und lass ihn so weit werden, wie es angenehm ist. Die Schultern dürfen nach unten sinken, alle Last kann von ihnen abströmen, sodass sie schwer werden, schwer, gelöst und warm … Alle Spannung in deinem Unterkiefer kann sich jetzt lösen und die Lippen können sich leicht öffnen … Erlaube dir jetzt auch, deine Alltagsgedanken loszulassen … lass sie vorbeiziehen wie Wolken am Himmel … nimm sie wahr, ohne sie zu bewerten, und lass sie gehen … was wirklich wichtig ist, wird nach der Meditation zu dir zurückkehren.

Das Tor zum Element Wasser befindet sich in der Nähe einer kräftig sprudelnden Quelle, die in einen kleinen Bach mündet. In deinen Gedanken folgst du dem Bach, aus dem ein großer Fluss wird, der schließlich ins Meer mündet. Die Luft, die du atmest, ist feucht, manchmal scheint es sogar zu regnen. Während du mit deiner Aufmerksamkeit wieder zu der Quelle zurückkehrst, nimmst du wahr, dass die Hüterin des Wassers gekommen ist. Ihre fließenden Gewänder schimmern blausilbrig, manchmal scheint es fast, als bestünden sie aus lauter kleinen Schuppen, dann wieder siehst du unzählige Tautropfen auf ihnen glänzen. Sie trägt einen Schmuck aus wunderschönen Perlen und in einer Hand hält sie einen Kelch. Du hörst ihre Stimme zu dir sprechen, die fast wie ein Gesang klingt. Sie fordert dich auf, ihr dein Anliegen mitzuteilen.

Wenn sie entscheidet, dass du die Ebene des Wasserelementes betreten kannst, wird sie dir ihren Kelch reichen, aus dem du dann trinken darfst. Auf diese Weise stehst du auf der weiteren Reise unter ihrem Schutz. Überlasse dich für eine Weile dem, was dann geschehen möchte und kehre dann wieder in dein Alltagsbewusstsein zurück.

WASSER
Göttinnen: Yemaya, Oshun, Sarasvati
Magisches Symbol: blaues Dreieck mit der Spitze nach unten
Magisches Werkzeug: Kelch
Symbole: Muscheln, Schalen, Kelche
Pflanzen: grüne Teile der Pflanze, Blätter, Wasserpflanzen wie Algen und Tang, Gurken, sehr saftige Früchte
Tiere: alle Tiere des Meeres, Fische, Krebse, Oktopusse, Delfine; Kröten, Schlangen
Astrologisches Zeichen: Krebs, Skorpion, Fische
Planeten: Mond, Neptun
Kraftorte auf der Erde: heilige Quellen, Flussmündungen, Kaps, Grotten
Elementarwesen: Undinen, Meerjungfrauen
Heilrituale: Reinigung mit Quellwasser oder Salzwasser, in den Brunnen steigen, Kelchrituale, Aufladen des Wassers mit einer bestimmten Kraft

9.7 Die Luft – Leichtigkeit, Geschwindigkeit, Kommunikation

Schließe für einen Moment die Augen und richte deine Aufmerksamkeit auf deinen Atem, du kannst das Ein- und Ausströmen der Luft wahrnehmen ... schau zu, wie sie von alleine kommt und geht ... spür, wie sie den Brust- und Bauchraum ausdehnt und lass sie allmählich deinen inneren Raum weiten ...
Jetzt stell dir vor, dass du mit dem Einatmen den angenehmen Duft einer Blüte in dich aufnimmst ... jetzt kannst du vor deinem inneren Auge das Bild dieser Blüte wahrnehmen ... ein Schmetterling lässt sich auf ihr nieder, du siehst seine zarten Flügel, er trägt etwas Blütenstaub davon, und du folgst mit deiner Aufmerksamkeit seinem Flug, bis er sich auf einem Baum niederlässt. Der Baum ist voller zwitschernder Vögel, die offenbar etwas zu besprechen haben. Ein heftiger Wind geht plötzlich durch den Baum, und sie fliegen auf und davon ... Du kehrst mit deiner Aufmerksamkeit wieder zu deinem Atem zurück und plötzlich fällt dir etwas ein, das du schon eine Weile hattest aufschreiben wollen, eine wichtige innere Botschaft, du greifst zu Papier und Stift und beginnst zu schreiben ...

Die Wahrnehmung des Atems ist eine von vielen Möglichkeiten, bewusst Verbindung mit dem Luftelement aufzunehmen. Du kannst sie auch herstellen, indem du nach Tönen in dir suchst, auf den Klang deiner Stimme lauschst oder zu singen beginnst. Oft singen wir mit der inneren Stimme ein Lied oder hören innerlich irgendeine Melodie, die uns für eine Weile begleitet. Meistens gibt sie einen Hinweis auf ein inneres Thema, das gehört werden möchte.

Wir können zur Luft außerdem Kontakt über die Kraft der Worte herstellen. Du kannst Worte finden, die in dir etwas zum Klingen bringen, oder Worte, die eine besondere Macht haben, Namen vielleicht. Manchmal gibt es Worte, die wir nicht laut aussprechen mögen, die aber trotzdem oder gerade deswegen eine große Kraft besitzen. Worte und Töne sind machtvolle Ausdrucksformen des Luftelementes.

Das Wesen des Elementes Luft ist Leichtigkeit, Geschwindigkeit, Ausdehnung und das Herstellen von Verbindungen, Kommunikation. Da Luft unsichtbar ist, sehen wir nur die Auswirkung, die sie hat – im Schwingen der Bäume im Wind, im

Wirbeln der Blätter, in den vom Sturm gepeitschten Wellen.

Mit der Kraft unserer Gedanken können wir in Sekundenschnelle Raum und Zeit überbrücken. Wir können innere Bilder erschaffen und sich wieder auflösen lassen, ohne dass sich irgendetwas davon realisieren muss – Luftschlösser bauen. Das Luftelement schenkt uns Gedankenfreiheit, Raum für Ideen und Fantasien, die Möglichkeit, über die Grenzen des Realisierbaren hinaus zu reisen. Auch das geistige Reisen ist mit dem Luftelement verbunden.

Die Luft lädt uns ein, uns mitzuteilen, sie überträgt Botschaften über Töne und Worte. Sie schickt uns Düfte und berührt uns mal sanft oder auch stürmisch. Sie liebt die Veränderung, ist flüchtig und in allem, was auf dieser Erde existiert, enthalten. Damit trägt sie wesentlich zum Prinzip Verbindung bei.

Wann immer wir mit dem Thema Kommunikation zu tun haben, befinden wir uns im Luftelement. Ob wir schreiben, lesen, telefonieren, emailen, nachdenken, Informationen sammeln, uns in Gedanken verlieren: All dies ist Ausdruck der Kraft der Luft.

Wenn wir die Kräfte des Luftelementes in uns aktivieren, helfen sie uns, die Dinge leichter zu nehmen, sie aus einem Abstand heraus zu betrachten, Muster zu erkennen und uns nicht so einfach verwickeln zu lassen.

Die Kraft der Luft hilft, Ideen oder ganze Theorien zu entwickeln, Pläne zu schmieden; sie schenkt uns Neugier, den Wunsch zu verstehen und die Fähigkeit zu abstrahieren. Sie hilft uns, über den Dingen zu stehen, plötzlich unsere Meinung zu verändern und auch mal ganz irrational zu werden. Und uns zu erlauben, »einen Vogel zu haben«.

Ein Zuviel an Luft kann uns leichtfertig machen und dazu beitragen, uns in Gedankenstürmen zu verlieren. Wir vergessen dann, etwas in die Tat umzusetzen. Für andere Menschen sind wir in solchen Momenten nicht mehr greifbar, wir sind zu flüchtig, wir werden unverbindlich und nehmen nichts mehr ernst. Ein Mangel an Luft führt dagegen zu Schwere und Stagnation. Wir hören auf, uns mitzuteilen, wir verstummen und haben Mühe, Zusammenhänge zu erkennen. Es wird schwer, Theorien zu verstehen, zu abstrahieren, zu planen oder in die Zukunft zu denken.

Die für uns sichtbaren Tierwesen der Luft sind die Vögel, die Schmetterlinge und Insekten, eben alles, was Flügel hat und sich von der Erde lösen kann. Unter den Vögeln sind es vor allem die Raben und Papageien, die Wissen symbolisieren. Sie sind die Begleiterinnen der Hexen und Magierinnen und sitzen gerne auf deren Schultern, wenn sie in ihren Büchern lesen. Die Tierforschung bestätigt, dass sie sehr intelligente Tiere sind, mit einem guten Gedächtnis, der Fähigkeit zu abstrahieren und sogar zu sprechen. Adler dagegen symbolisieren Klarheit und Weitsicht. Diejenigen, die sich mit Adlerfedern schmücken, möchten zum Ausdruck bringen, dass sie über diese Fähigkeiten verfügen oder sie in sich stärken möchten. Diesen Symbolschmuck finden wir häufig bei SchamanInnen. Die Taube hingegen ist eine gute Botschafterin, ebenso wie die Eule, die als weise und Vielwissende gilt. Alle Vögel sind sehr kommunikativ, sie sprechen permanent miteinander. Krähen zum Beispiel sind Gemeinschaftswesen, die sich andauernd miteinander über Gefahren oder Futterplätze verständigen. Gänse sind ebenfalls besonders für ihr Mitteilungsbedürfnis bekannt. Für die Schönheit der Töne, des Gesangs stehen wiederum die Lerchen, Nachtigallen, Amseln und Stare, die fast jeden Ton nachahmen können.

Im Pflanzenreich finden wir das Luftelement in der Zartheit der Blüten, der Leichtigkeit ihrer Blätter, die im Wind tanzen, und in ihrem Duft, mit dem sie kommunizieren. Pheromone sind die Sprache der Pflanzen, die sich über verschiedene Düfte mitteilen. Sie sprechen darüber Warnungen untereinander oder Einladungen an Insekten aus.

Kraftplätze dieses Elementes sind Orte, an denen wir den Überblick haben und an denen sich die Winde begegnen. Doch es gibt auch kulturelle Kraftorte der Luft wie Bibliotheken oder andere Medienzentren.

Zu den Symbolen der Luft gehören natürlich die Federn, besonders leichte Blütenblätter, duftende Kräuter und alles, was zum Räuchern benutzt werden kann. Das Rauchopfer ist ein weit verbreitetes Luftritual, deshalb gehören auch Tabak und Pfeife zu ihren Symbolen. Ebenso Musikinstrumente wie die Flöte, Klangspiele, Harfen oder Rasseln, aber auch Bücher, Schriftrollen, Worte in jeder Form, Zahlen, Formeln, denn »Wissen« ist ein Ausdruck des Elementes Luft.

Auf der feinstofflichen Ebene begegnen wir Wesen wie Elfen, die oft einen kleinen Zauberstab dabei haben, denn das magische Werkzeug der Luft ist der Stab.

Zu den Heilritualen gehören das Reinigen der Aura mit Rasseln und Kräuterdüften, das Tönen von Mantras, Singen und die Arbeit mit Worten der Macht und Klängen.

9.7.1 Das magische Werkzeug Stab – Die Macht der Gedankenkraft bündeln

Im Tarot ist der Stab als Symbol mit der kreativen Kraft des Feuers verbunden, dargestellt als ein Holzstab, aus dem Zweige und Blätter wachsen. Als magisches Werkzeug jedoch hat er eine andere Form und Bedeutung und ist der Luft zugeordnet. Hier ist er Ausdruck für die Fähigkeit, die Kraft der Gedanken zu bündeln und sie auf ein bestimmtes Ziel zu lenken. Damit wird der Stab zu einem Symbol geistiger Macht.

Um mit ihm zu arbeiten, ist viel Übung notwendig, denn die Luftkraft ist flüchtig, veränderlich und manchmal verwirrend. Wir benötigen viel Konzentrationskraft sowie eine klare Absicht und Entscheidung für ein Ziel, wenn wir die Luftenergie richten wollen.

Ein bekannter magischer Stab ist der Caduceus, auch Hermesstab genannt. Hermes ist der griechische Gott der Luft (römisch Merkur), der gleichzeitig als Lehrer galt und geistige Gesetze vermittelte (siehe Kapitel 8). Von zwei Schlangen umwunden, einer weißen und einer schwarzen, ist der Caduceus ein Symbol der Heilung, denn er verkörpert die Ganzheit, die aus der Verbindung von Licht- und Schattenseiten entsteht. Der heute an Apotheken und ärztlichen Praxen zu findende Äskulapstab dagegen wird nur von einer weißen Schlange umwunden. Die dunkle wurde in der Zeit, in der das Patriarchat an Macht gewann, entfernt, da das patriarchale Verständnis von Heilung das Dunkle nicht umfasst, sondern, wie weiter oben beschrieben, es stattdessen mit dem Bösen verknüpft und auf diese Weise abspaltet.

Aus Märchen und Sagen sind die Zauberstäbe bekannt. Mit ihnen kann etwas verwandelt oder auch eine Kraft gebannt werden. Dabei geht es darum, mithilfe des Stabes Gedankenkraft zu konzentrieren und damit auf Materie einzuwirken. Sehr anschaulich wird das in den Harry Potter-Filmen und -Büchern dargestellt. Die Faszination, die von den Harry Potter-Romanen auch für Erwachsene ausgeht, hat viel damit zu tun, dass die Autorin sich darin auf die magischen Werkzeuge bezieht – das Wissen um deren Macht liegt, wie bereits erwähnt, im kollektiven Gedächtnis der Menschen verborgen und wird beim Lesen bewusst oder unbewusst angerührt.

Es gibt verschiedene Arten von magischen Stäben, je nachdem, wie sie wirken sollen. Eine Form des Stabes, der die Macht über das Wasser symbolisiert, ist der Dreizack, das magische Werkzeug des Neptun. Ausdruck der Verbindung spiritueller und weltlicher Macht war der Stab als Pharaonenstab in Ägypten. Als Hirtenstab der Bischöfe ist dieses magische Werkzeug auch im Christentum vertreten. Er ist Teil der Pontifikalien und wird bis heute benutzt. Hier soll der Stab, dessen oberes Ende meist künstlerisch gestaltet ist, nicht nur die Verbindung spiritueller und weltlicher Macht, sondern auch die Macht, andere zu führen und zu schützen, symbolisieren.

Das Zepter ist ebenfalls eine Form des Stabes. Es gehört zu den Krönungsinsignien und ist meist aus einem wertvollen Metall hergestellt und mit Edelsteinen verziert. Von Kaiserinnen, Königinnen und Fürstinnen genutzt ist es Ausdruck weltlicher, politischer Macht.

Einzelne magische Schulen haben ganz bestimmte Vorstellungen davon, wie groß ein Stab als magisches Werkzeug sein sollte, und einige verwenden Stäbe mit auswechselbaren Spitzen, je nachdem, um welches Thema es geht. Diejenigen, die sich auf die astrologische Arbeit spezialisieren und mit den Planetenkräften arbeiten möchten, können deren astrologische Symbole auf den Stab malen oder einritzen. Frauen, die mit Runen arbeiten, werden dagegen einen Stab anfertigen, in den sie das Runenalphabet einritzen.

Bei der Herstellung eines Stabes als magisches Werkzeug ist es ratsam, sich Gedanken darüber zu machen, was seine Form zum Ausdruck bringen soll. Die Anzahl der Zentimeter kann eine symbolische Bedeutung haben, in der Länge wie auch im Durchmesser. Es empfiehlt sich eine Länge, die durch die Zahl Drei teilbar ist und damit eine Verbindung herstellt zu den drei Aspekten der Göttin und den drei Ebenen des Seins (siehe Kapitel 1.3 und 6). Der Stab kann aus unterschiedlichem Material bestehen, aus Holz, Metall, Glas oder Kristall, wobei er aus Holz am einfachsten selbst anzufertigen ist. Dazu ist es sinnvoll, etwas über die symbolische Bedeutung der Bäume zu wissen. Gerne wird er bei uns aus dem Holz der Eibe geschnitzt, dem Baum, der in unseren Breiten mit am ältesten wird. Die Wahl des Holzes ist jedoch ganz abhängig davon, mit welcher Kraft wir uns besonders verbinden wollen oder verbunden fühlen.

In der magischen Arbeit können wir unseren Stab dazu benutzen, bestimmte Symbole und Zeichen in die Luft oder auf die Erde zu malen, zum Beispiel das Pentagramm als Zeichen des Schutzes zu Beginn eines Rituals. Außerdem können wir mit seiner Hilfe Energien übertragen; sehr wirksam ist es zudem, Zeichen der Heilung in die Aura zu »malen«. Wir können mithilfe des Stabes Gegenstände mit einer bestimmten Kraft aufladen, Kräfte in eine bestimmte Richtung lenken oder einen magischen Kreis schließen und so einen energetisch geschützten Raum schaffen. Für diejenigen, die mit dem magischen Kessel arbeiten, ist er zugleich ein wunderbarer »Rührstab« (siehe Kapitel 10).

9.7.2 Die Hüterin der Luft

Eine weitere Variante mit dem Element Luft zu arbeiten, ist eine geistige Reise zu der Hüterin der Luft. Wir können sie aufsuchen und um ihre Hilfe bitten, wenn wir bestimmte Fragen an das Luftelement haben, oder an einem Ungleichgewicht von Luft zu den anderen Elementekräften leiden oder eine Heilungsarbeit ausführen wollen. Die nachfolgende Visualisierung ist eine Möglichkeit, der Hüterin der Luft zu begegnen.

Visualisierung »Die Hüterin der Luft«

Richte deine Aufmerksamkeit erst einmal auf deinen Atem und nimm das Ein- und Ausströmen deines Atems wahr, ohne irgendetwas zu verändern. Überlasse dich ganz seinem natürlichen Fluss ... du kannst dir dabei vorstellen, dass deine Wirbelsäule sich an den Stamm eines kräftigen Baumes anlehnt, der dir Halt gibt. Erlaube jetzt deinem Körper, alle überflüssige Spannung abzugeben, lass ihn schwer werden, schwer, gelöst und warm ... Lass den Atem in die Tiefe deines Schoßes strömen und erlaube dem Bauch, weich zu werden, weich und warm

... Dann wandere mit deiner Aufmerksamkeit hinauf in den Brustraum ... spüre den Raum, den du dort zum Atmen hast und lass ihn so weit werden, wie es angenehm ist. Die Schultern dürfen nach unten sinken, alle Last kann von ihnen abströmen, sodass sie schwer werden, schwer, gelöst und warm ... Alle Spannung in deinem Unterkiefer kann sich jetzt lösen und die Lippen können sich leicht öffnen ... Erlaube dir jetzt auch, deine Alltagsgedanken loszulassen ... lass sie vorbeiziehen wie Wolken am Himmel ... nimm sie wahr, ohne sie zu bewerten, und lass sie gehen ... was wirklich wichtig ist, wird nach der Meditation zu dir zurückkehren.

Stell dir vor, du stehst auf einem Hügel. Auf diesem Hügel befindet sich auch das Tor zur Ebene des Luftelementes, das von der Hüterin bewacht wird. Zunächst ist nur ein Flirren in der Luft wahrnehmbar, gefolgt von Windböen. Dann hörst du verschiedene Vogelstimmen, den Schrei einer Möwe, das Krächzen eines Raben, du hörst ein Rotkehlchen zwitschern ... Dann wiederum wird die Luft ganz still, Düfte von Blüten wehen zu dir herüber und ein sanfter Wind streicht über deine Haut und mit einem Mal nimmst du wunderschöne Klänge wahr. Du schaust dich um und siehst, wie sich aus diesen Klängen die Gestalt der Hüterin der Luft bildet. Es ist nicht einfach, sie zu erkennen, denn sie wechselt ihr Aussehen dauernd. Mal erkennst du ein Federkleid, mal sind es leichte Schleier, die sie trägt, und sie scheint sich immer zu bewegen, tanzend im Wind kann sie kaum einen Moment still stehen. Doch klar und deutlich kannst du den Stab in ihrer Hand erkennen, und du kannst ihre Stimme hören, die dich auffordert, ihr mitzuteilen, was dein Anliegen ist.

Wenn du sie bittest, dir das Tor zur Luft zu öffnen, wird sie dich auffordern, ein Wort oder einen Satz der Macht zu sprechen, und wenn es ihr gefällt, wird sie dich hindurch begleiten und dir bei deinem Anliegen helfen.

LUFT

Göttinnen: Nike, Urania, Athene, Ninlil (die Windgöttin)

Magisches Symbol: gelbes Dreieck mit der Spitze nach oben

Magisches Werkzeug: Stab

Symbole: Federn, besonders leichte Blütenblätter, duftende Kräuter, Tabak, Pfeife, Bücher, Schriftrollen, Zahlen, Formeln

Pflanzen: Zarte Blüten, Blätter, die im Wind tanzen, Blütenduft

Tiere: Vögel, Schmetterlinge, Insekten

Astrologisches Zeichen: Zwillinge, Waage, Wassermann

Planet: Merkur

Kraftplätze auf der Erde: Berggipfel, Anhöhen, Turmspitzen, Baumwipfel, Bibliotheken

Elementarwesen: Sylphen und Dryaden

Heilrituale: Reinigen der Aura mit Rasseln und Kräuterdüften, Tönen, Singen

Musikinstrumente: Flöte, Klangspiele, Harfen, Rasseln

10. Die Kraft der Mitte und der Kessel als ihr magisches Werkzeug

Unter der Kraft der Mitte verstehen wir in der magischen und rituellen Arbeit die Kraft, die alles miteinander verbindet, die alles erschaffen hat, von der wir Teil sind, die Teil von uns ist: die Göttin. Während die Kräfte der vier Elemente in Ritualen und Meditationen den vier Himmelsrichtungen zugeordnet werden, gehört der Platz in der Mitte der Göttin. Das kann die Mitte des gleichseitigen Kreuzes der Elemente sein, das Zentrum eines rituellen Kreises oder der innere Raum, den wir als unsere eigene Mitte erleben; für viele ist das der innere Raum des Herzens.

Die Göttin hat unzählige Namen und Aspekte, und welche wir davon wählen, hängt vom jeweiligen Thema des Rituals ab, zu dem wir sie rufen, oder von der magischen Handlung, die wir mithilfe ihrer Kraft ausführen wollen. Die Symbole für die Mitte sind entsprechend davon abhängig, welchen Aspekt, welche Gestalt der Göttin wir einladen möchten.

Ein mächtiges magisches Werkzeug der Mitte ist der Kessel. Er hat viele Bedeutungen und existiert als Symbol weiblich spiritueller Macht in den unterschiedlichsten Ländern der Erde.[1] Zu seinen wesentlichen Kräften gehören Transformation, Regeneration und Heilung.

Einige Beispiele aus ganz verschiedenen Kulturen verdeutlichen seine komplexe Kraft. In Ägypten gibt es eine Hieroglyphe, die drei Kessel zeigt; sie bedeutet »Schoß der Frau, Schoß der Göttin« und steht für Wiedergeburt, Reinkarnation. In Indien hat das Symbol des Kessels dieselbe Bedeutung. In Skandinavien bedeutet er weibliche Macht. In der nordischen Mythologie gewinnen die männlichen Götter, wie Odin beispielsweise, Weisheit und Macht, indem sie aus drei Kesseln trinken, die im Bauch der Erde liegen. In germanischen Sagen wird von dem brodelnden Kessel in Niflheim berichtet, dem Nebelland der germanischen Sagenwelt, das als Reich der Göttin Hel, der Hüterin des Totenreiches gilt. Aus Sibirien ist der Kessel als schamanisches Werkzeug der Wandlung und als Initiationswerkzeug für die Erlangung heilender Kräfte bekannt. Es wird erzählt, dass die sibirischen Schamaninnen sich dazu in einen Kessel begeben mussten, in dem sie zerstückelt und gekocht wurden. Natürlich geschah dies auf einer feinstofflichen Ebene, in einer Astralreise zum Beispiel. Diese Vorstellungen verdeutlichen den Prozess der Ichauflösung, der zum spirituellen Wachstum gehört. Sie zeigen die notwendige Zerstückelung des alten Selbstbildes, das die Schamanin aufgeben muss, um heilende Kräfte zu erlangen. Das Kochen selbst ist dabei ein Bild für den Prozess der Verwandlung vom alten Ich zum neuen Selbst.

Der Kessel ist ein Symbol weiblicher spiritueller Macht

In der keltischen Tradition gilt »Cerridwens Kessel« als das wichtigste magische Werkzeug. Er wird der Sage nach auf dem Grunde eines Sees von drei Priesterinnen gehütet. Cerridwen ist eine der Urgöttinnen, eine Sich-Wandelnde, die viele Aspekte in sich vereint. Auch hier ist der Kessel wieder ein Symbol für ihren Schoß. Wie in der germanischen Mythologie gilt er in der keltischen Tradition als ein Tor zur Anderswelt, in der die Toten zuhause sind. Daher wird er rituell genutzt, um mit den AhnInnen in Kontakt zu kommen. Besonders kommt seine Kraft deshalb in der dunklen Jahreszeit zum Einsatz, in den Ritualen von Samhain und der Wintersonnenwende (siehe Kapitel 12.3 und 12.4), die den Kontakt zu Verstorbenen zum Thema haben.

Cerridwen zeigt sich gern als dunkle Göttin, als Alte Weise. In dieser Gestalt fordert sie uns auf, den eigenen Schatten anzunehmen und die Verbindung mit allen Teilen unseres Selbst herzustellen (ähnlich wie es von den sibirischen SchamanInnen bei ihrer Initiation verlangt wird). Auch hierfür können wir den Kessel symbolisch benutzen. Diese Selbstannahme führt zu einem großen Geschenk des Kessels: Weisheit, Wissen und Verstehen in Liebe.

Cerridwens Kessel schenkt außer Weisheit und Heilung – und das bedeutet spirituell Ganzwerdung – auch Inspiration. Wer aus ihm trinkt, wie Cerridwens berühmter Sohn Taliesin, erhält die Gabe der Dichtkunst. Taliesin war Druide, Magier, Barde, Dichter, Heiler. Es heißt, die Kraft seiner Worte war durch drei Tropfen des Trankes aus Cerridwens Kessel so groß, dass er damit die Meere in Zorn versetzen, mit Worten heilen und auch die Zukunft voraussagen konnte (siehe auch das Gedicht »Verwandlungen«, Seite 89).

Eine der magischen Handlungen, für die wir den Kessel nutzen können, ist der Vorgang des Rührens, beispielsweise um einen stagnierenden Prozess in Bewegung zu bringen. Manchmal haben wir es mit inneren (unbewussten) Blockaden zu tun, die im Außen zu Hindernissen werden. Durch das Rühren im magischen Kessel können wir der Entwicklung einen Schub geben. Denn es kann die Gründe für diese Blockaden, zum Beispiel die Angst vor Veränderung, ins Bewusstsein holen und uns ermöglichen, uns damit auseinanderzusetzen. Das Rühren können wir ganz konkret auf der feststofflichen Ebene ausführen, indem wir mit einem Stab in einem Kessel rühren. Eingebettet in ein Ritual, ist diese symbolische Handlung besonders wirkungsvoll. Sie lässt sich ebenso als Meditation ausführen und oftmals zeigt sich schon während des Prozesses des Rührens das Wesen der Blockierung, der erste Schritt zu deren Auflösung.

Wir können uns aber auch vorstellen, selbst zum Kessel zu werden. Dabei sinken wir in der Vorstellung in den eigenen Schoß, der symbolisch zum Kessel wird und lassen die Bewegung des Rührens aus der Wirbelsäule kommen.

Es gibt eine Fülle weiterer Möglichkeiten, mit dem Kessel zu arbeiten, am besten ist es, sich von ihm selbst inspirieren zu lassen. Dazu können wir ihn auf dem Schoß halten, uns innerlich mit Cerridwen oder einer anderen Gestalt der schwarzen Göttin, der alten Weisen wie der Cailleach, Hel oder Hekate verbinden und sie um Hilfe für unser Anliegen bitten. In Ritualen ist es wunderschön, um den Kessel herum zu tanzen und zu schauen, was entstehen möchte.

Das Material, aus dem der Kessel besteht, kann verschieden sein, Kupfer oder Messing eignen sich gut oder auch Ton. Er sollte so groß sein, dass er gut auf dem Schoß gehalten werden kann beziehungsweise es sich gut darin rühren lässt.

Der Kraftort des Kessels ist immer die Mitte eines Kreises, besonders schön ist natürlich ein Steinkreis. In geistigen Reisen finden wir ihn auch manchmal in einer Höhle. Die Kesselarbeit wirkt noch intensiver, wenn sie, begleitet von Gesängen und Tänzen um den Kessel herum, nachts oder im Dunkeln gemacht wird, am besten bei Neumond, denn dies ist die Zeit der schwarzen Göttin.

11. Die Kraft von Ritualen

Spirituelle Rituale geben uns die Möglichkeit, unsere geistigen Kräfte gezielt einzusetzen und die Verbindung zu denjenigen Wesen und Kräften auf allen Ebenen zu vertiefen, die die Entfaltung weiblicher Macht unterstützen. In unserer Kultur gibt es seit langem kaum noch Rituale, die Frauen in ihrer Kraft stärken oder sie würdigend durch alle Lebensphasen und -themen begleiten. Mit der eigenen Gestaltung von Ritualen können wir diesen Mangel wieder ausgleichen und einen spirituellen Rahmen schaffen, in dem unsere Verbundenheit miteinander und mit der Göttin als der schöpferischen Kraft im Universum gestärkt wird.

In Ritualen gibt es viel Raum für die Freude am Gestalten. Wir können unsere Fantasie und unseren ganzen Reichtum an Ausdrucksmöglichkeiten einsetzen, um unsere Ideen, Wünsche und spirituellen Vorstellungen auf die Erde zu bringen. Mit all unseren kreativen Fähigkeiten lassen wir dabei sichtbar, hörbar und fühlbar werden, was wir uns vorher an inneren Vorstellungen und Bildern erschaffen haben. Hier kommen unsere schöpferischen Fähigkeiten zum Einsatz, denn die Erde mit ihrem Reichtum an Formen, Farben, Liedern, Tänzen, Symbolen und vielem mehr schenkt uns die feststoffliche Ebene, auf der sich unsere spirituellen Vorstellungen manifestieren können.

Dabei gibt uns die Form eines Rituals eine Struktur, die uns hilft, ein geistiges Kraftfeld aufzubauen, das zur Verwirklichung unserer Absichten notwendig ist. Innerhalb dieser Struktur jedoch gibt es sehr viel Freiraum für die individuelle Gestaltung. Das, was wir in einem Ritual symbolisch gestalten, soll sich später im alltäglichen Leben verwirklichen. Wir nehmen dort also in gewisser Weise ein Geschehen vorweg.

Ein Ritual kann einen inneren Wachstumsprozess initiieren oder helfen, ihn abzuschließen. Es kann dabei unterstützen, an wichtigen Stationen des Lebens – wie Geburt, Einschulung, Erwachsenwerden, Eheschließung, Trennung, Bestattung – Schwellen zu überschreiten. Wir können in Ritualen auch die Verbindung mit dem Zyklus der Jahreskreisfeste und seinen Themen vertiefen und auf diese Weise regelmäßige Stationen zum bewussten Innehalten schaffen.

Es gibt Rituale, um individuelle Wünsche zu verwirklichen, um auf kollektiver Ebene etwas zu bewirken, um Symbole mit Kraft aufzuladen. Es gibt andere, um magische Werkzeuge einzuweihen (siehe Kapitel 9.2), um mit AhnInnen in Verbindung zu treten, sich selbst zu stärken. Ein Ritual kann die Verbindung zwischen zwei Menschen segnen, ein Heilungsritual sein und unendlich viel mehr.

Mit einem Ritual lässt sich sehr viel bewirken, wenn es gelingt, ein starkes Kraftfeld aufzubauen. Um das zu erreichen, müssen bestimmte Regeln befolgt werden, die weiter unten ausführlich beschrieben werden.

Ein spirituelles Ritual folgt einer festen Struktur. Zunächst wird ein energetisch geschützter Raum erschaffen, in den die spirituellen Kräfte gerufen werden, mit denen wir uns verbinden wollen. Wir selbst begeben uns aus dem Alltagsbewusstsein heraus in einen Zustand erweiterter Bewusstheit, der es uns ermöglicht, unsere geistigen Kräfte zu konzentrieren und den Kontakt zu Wesen und Kräften aus den feinstofflichen Ebenen herzustellen. In dem Ritual selbst, das wir allein oder in einer Gruppe gestalten können, werden Energien gebündelt und auf ein Ziel gerichtet. Die Kraft, die dabei entsteht, ist dabei abhängig

- von der geistigen (mental/emotionalen) Kraft der Teilnehmerin(nen),
- deren Fähigkeit, sich in einen erweiterten Bewusstseinszustand zu begeben,
- deren Fähigkeit, sich mit anderen zu verbinden,
- dem Vertrauen, das sie in ihre spirituelle Macht hat/haben,
- den Kräften, die gerufen werden,
- den verwendeten rituellen Gegenständen und Symbolen.

Die besondere Kraftkonzentration im Ritual kann für die unterschiedlichsten Anliegen genutzt werden. Wichtig ist die Klarheit der Absicht in Bezug auf das, was wir bewirken wollen, wobei diese Klärung zur Vorbereitung eines Rituals zählt. Am Ende eines Rituals werden die gerufenen Kräfte wieder verabschiedet und der energetisch geschützte Raum wird wieder geöffnet.

11.1 Die Ritualvorbereitung

Bei der Vorbereitung eines Rituals geht es zunächst darum, sich Klarheit darüber zu verschaffen, was das Thema und Anliegen des Rituals ist und was genau es bewirken soll: Geht es um Heilung, um Wünsche, um ein Übergangsritual, um ein Jahreskreisfest? Wenn das geklärt ist, müssen wir uns fragen, ob alle unsere inneren Anteile mit dem, was geschehen soll, einverstanden sind. Und wir brauchen eine ehrliche Antwort auf die Frage, ob wir tatsächlich bereit sind, mit dem Ergebnis, zum Beispiel der Verwirklichung eines Wunsches, zu leben. Wenn es Zweifel und Ängste gibt, sollten sie wahrgenommen und ausgeräumt werden, sonst verhindern sie die Wirkung des Rituals (siehe Kapitel 5.3).

Wenn die Absicht klar ist und alle inneren Anteile einverstanden sind, wird entschieden, welche feinstofflichen Wesen und Kräfte dabei sein und natürlich auch, welche Menschen an dem Ritual teilnehmen sollen. Für die feinstofflichen Kräfte wie die Kräfte der vier Elemente werden Symbole, eventuell auch Tänze und Lieder gesucht, die ihre jeweiligen Eigenschaften zum Ausdruck bringen (siehe Kapitel 9). Je nach Thema kann auch eine bestimmte Kleiderfarbe für das Ritual gewählt werden, denn Farben haben starke Schwingungen und können so seine Wirkung vertiefen.

Als nächstes wird in der Vorbereitung über die Art der rituellen Handlung entschieden und nach einer Gestaltungsmöglichkeit gesucht. Geht es zum Beispiel um Wünsche oder um die Verbindung zwischen Menschen, ist es schön, ein Kelchritual zu gestalten. Geht es darum, eine Verbindung zu lösen, könnte dies durch das Trennen eines Bandes geschehen. Sind magische Werkzeuge vorhanden, verstärken sie die Kraft des Rituals. Aber auch andere Symbole und Gegenstände, die nicht im Alltag benutzt werden, können Energieträger sein und erhalten bei jedem Ritual wieder eine neue Aufladung.

Anschließend sollte überlegt werden, wann und wo das Ritual gefeiert wird. Besonders intensiv sind Rituale an einem Kraftplatz in der Natur oder in einem Raum, der oft für Meditationen oder feinstoffliche Arbeit genutzt wird. Wenn beides nicht möglich ist, sollte der gewählte Raum oder Platz so frei von Alltagsgegenständen sein, wie es irgendwie geht, da deren Schwingungen uns eher wieder in das Alltagsbewusstsein zurückholen. Außerdem ist dafür zu sorgen, dass es keine Störungen von außen gibt, durch andere Menschen, Tiere oder klingelnde Handys.

11.2 Das Ritual durchführen

Die folgenden Regeln sollten im Ablauf eines Rituals beachtet werden, egal um welches Thema es geht.

11.2.1 Reinigung

Unabhängig davon, ob das Ritual draußen oder drinnen stattfindet, muss der Platz oder der Raum vorher energetisch gereinigt werden, damit keine ungebetenen Gäste oder störende Kräfte aus den feinstofflichen Ebenen dabei sind. Die Reinigung kann mit Räucherwerk geschehen, mit Wasser oder auch mit Klängen. Beim Räuchern wählen wir Kräuter oder Harze[2], die wir verbrennen. Den Rauch verteilen wir im Uhrzeigensinn um den Platz herum. In geschlossenen Räumen sollten besonders die Ecken und Nischen gereinigt werden, da sich dort am meisten Energie festsetzt. Wenn wir Quellwasser zur Verfügung haben, können wir einen Ritualplatz auch reinigen, indem wir einen Kelch damit füllen und das Wasser um den Platz herum verteilen. Wenn wir mit Tönen reinigen wollen, benutzen wir dazu am besten Klangschalen, Rasseln oder Trommeln, die wir zum Klingen bringen und dabei den Platz im Uhrzeigersinn umschreiten.

Nach der Reinigung des Platzes werden die einzelnen Teilnehmerinnen auf dieselbe Weise gereinigt; diese Reinigung bezieht sich auf die gesamte Aura, die häufig etwas aufnimmt, das nicht zu uns selbst gehört.

Wenn wir gar nichts zur Verfügung haben, um uns zu reinigen, nutzen wir unsere Vorstellungskraft für eine Visualisierung.

Stell dir vor, ein stückweit oberhalb deines Kopfes befindet sich eine wunderschöne Schale mit überströmenden Wasser. Jeder einzelne Wassertropfen funkelt in allen Farben des Regenbogens. Millionen dieser kleinen Wassertröpfchen ergießen sich aus der Schale in deine

Aura und nehmen alles mit, was sie verunreinigt hat, bis deine ganze Aura strahlt und sich harmonisch anfühlt.

Mit einer ähnlichen Visualisierung können wir den ganzen Raum oder Platz reinigen. Die Schale wird dann oberhalb der Raummitte visualisiert und das Wasser ergießt sich über den gesamten Raum.

11.2.2 Erdung und Zentrierung

Nach der Reinigung des Ritualplatzes und unserer Aura lösen wir uns aus dem Alltagbewusstsein, lassen alle störenden Gedanken zurück und konzentrieren uns, wie zu Beginn einer Meditation, auf die Wahrnehmung des Atems und des Körpers und nehmen uns Zeit, ganz bei uns selbst und im Moment anzukommen.

Anschließend nehmen wir bewusst Kontakt mit der Erde auf. Dazu öffnen wir das Wurzelchakra und lassen in der Vorstellung eine energetische Verbindung entstehen, die tief hinunter in die Erde reicht. Das kann die Vorstellung eines Lichtstrahls sein, der vom unteren Ende der Wirbelsäule ausgeht und bis zum Lichtkern der Erde reicht. Oder wir stellen uns vor, dass die Wirbelsäule in die Erde hinunter wächst und dort tiefe Wurzeln bildet. Wir können die Verbindung zur Erde noch vertiefen, indem wir an etwas denken, wofür wir ihr dankbar sind. Über diese energetische Verbindung schicken wir alle restlichen noch störenden Belastungen wie Ängste, Zweifel, Schuldgefühle oder Groll mit dem Ausatmen in den Feuerkern der Erde und stellen uns vor, dass all das dort in reine Kraft verwandelt wird. Mit dem Einatmen nehmen wir die stärkenden, nährenden, heilenden Kräfte der Erde in uns auf, lassen sie durch den Körper fließen und jede einzelne Zelle des Körpers davon durchströmen.

11.2.3 Verbindung untereinander

Wenn das Ritual in einer Gruppe gestaltet wird, verbinden wir, nachdem wir uns zentriert und geerdet haben, unsere Kräfte miteinander, indem wir einen Kreis um die Mitte herum bilden. Wir schließen ihn, indem wir die Hände der jeweiligen

Nachbarinnen nehmen, und stellen uns vor, dass die Energie jeder Teilnehmerin mit der aller anderen im Kreis zu einer Kraft verschmilzt. Wir können uns diese Verbindung wie einen Energiestrom aus Licht vorstellen, der im Kreis fließt. Schließlich bündeln wir die Energie, indem wir die Aufmerksamkeit auf das Zentrum des Kreises richten.

11.2.4 Schutz

Um uns zu schützen, lassen wir innerhalb einer Gruppe mit der gebündelten Kraft aller Teilnehmerinnen in unserer Vorstellung zum Beispiel eine Lichtkugel entstehen, deren Licht den Kreis ausfüllt. Dann stellen wir uns vor, wie die Lichtkugel sich allmählich ausdehnt, soweit bis sie den Kreis einhüllt und schließlich den ganzen Raum mit schützendem Licht ausfüllt und umgibt. Dieses Licht schützt vor allen Kräften, die schaden könnten oder wollen, und ist durchlässig für die Kräfte, die gerufen werden.

Es gibt darüber hinaus viele andere Möglichkeiten, den Raum zu schützen, zum Beispiel mit visualisierten Pentagrammen oder mit Lichtrunen und anderen Schutzsymbolen (siehe Kapitel 7). Wir können uns in der Vorstellung auch ein Lichtnetz spinnen oder Lichtnebel den Raum einhüllen lassen. Diese Möglichkeiten eignen sich ebenfalls, wenn eine allein ein Ritual feiern möchte.

11.2.5 Anrufung der Kräfte

Nachdem der Raum gereinigt und geschützt ist, ist der Moment gekommen, die Kräfte, die schützend und begleitend dabei sein sollen, zu rufen. Die Anrufung, zum Beispiel der Kräfte der vier Elemente, ist eine Bitte, eine Einladung an die gerufene Kraft, zu kommen. Es gibt jedoch magische Zirkel, die mit der Bannung arbeiten, das heißt, sie zwingen die Kräfte zu kommen. Allgemeiner: Sie nutzen ihre geistige Kraft, um andere Wesen zu beherrschen, damit sie ihnen dienen. Wenn wir unsere Macht nicht manipulativ einsetzen wollen und ausschließlich mit Kräften arbeiten wollen, die freiwillig kommen, ist das Bannen völlig überflüssig.

Um die Anrufung zu verstärken und der entsprechenden Kraft unsere Wertschätzung zu zeigen, gestalten wir in dem rituellen Raum zu Anfang einen Platz für sie. Zum Beispiel legen wir die Gegenstände und Symbole, die wir mit der Kraft verbinden, auf ein Tuch und zünden bei der Anrufung eine Kerze für sie an. Für die vier Elemente gibt es einen Platz in der jeweiligen Himmelsrichtung, die mit dem Element verbunden wird (siehe Kapitel 9). Er wird mit den entsprechenden Symbolen gestaltet, die Ausdruck unserer Liebe, Dankbarkeit oder Verbundenheit zu dem Element sind. Auf diese Weise wird zugleich die Anziehung auf das Element verstärkt.

Die Entscheidung, mit welchen Energien beziehungsweise Kräften wir uns verbinden wollen, haben wir bereits in der Vorbereitung des Rituals getroffen. Wir haben uns dabei bewusst gemacht, was wir uns von diesen Kräften wünschen. Wenn wir beispielsweise die Kräfte der vier Elemente zu Beginn eines Jahreskreisfestes rufen, benennen wir bei der Anrufung diejenigen Aspekte des Elementes, die wir für unser Ritual dabeihaben möchten: etwa die Kraft der Konzentration und Geduld des Elementes Erde, die Leidenschaft und den Mut des Feuers, die reinigende Kraft des Wassers und die verbindende Kraft des Elementes Luft. Gleichzeitig bringen wir bei der Anrufung zum Ausdruck, dass wir uns von ihnen Schutz und Unterstützung für unser Vorhaben wünschen.

Die Art und Weise, wie wir mit einer Kraft umgehen, die wir rufen, wird sich immer darauf auswirken, wie diese Kraft in uns und der Welt wirkt. Daher sollte die Anrufung Ausdruck der Wertschätzung der jeweiligen Kraft sein und in einer respektvollen Haltung geschehen. Sie soll zudem deutlich machen, dass wir uns der Wirkung dieser Kraft in und außerhalb unserer Selbst bewusst sind. Wenn wir zum Beispiel das Element Luft rufen, tun wir das im Bewusstsein, das wir ohne Luft nicht atmen könnten, dass sie die Kraft der Gedanken ist, dass sie hilft, Worte auszusprechen, uns mitzuteilen. Wenn wir ihr mit Wertschätzung begegnen, stärken wir gleichzeitig einen Teil von uns und ihre innere Wirkung auf uns selbst wird positiv sein. Wir haben außerdem einen Einfluss darauf, wie sie in dieser Welt wirkt, da wir ja schöpferische Wesen sind und mit jeder Kraft in wechselseitiger Beziehung stehen. Auch dies sollte sich in der Anrufung ausdrücken. Ferner sollten wir uns dabei dessen bewusst sein, dass sie, wie alle Elemente, eine Kraft ist, die sehr viel größer ist als das eigene Ich, vor der wir uns bei der Anrufung verneigen.

Während der Anrufung sprechen wir unsere Bitte an das Element aus und verbinden sie mit einer kleinen symbolischen Handlung, die zum Wesen des Elementes passt. Für das Wasser kann zum Beispiel Wasser von einem Kelch in einen anderen gegossen werden, für die Luft kann wiederum ein Lied gesungen werden. Wichtig ist, dass ein emotionaler Kontakt zum Element entsteht, dass wir seine Kraft in uns spüren, erst dann entsteht eine Verbindung.

Die Anrufung kann daher aus dem Moment selbst heraus entstehen, aus dem Kontakt.[3] Oder wir können uns in der Vorbereitung eine Anrufung ausdenken und sie dann im Ritual sprechen.

Die Anrufung wirkt durch:

- die innere Verbindung zu der angerufenen Kraft (Göttin, Element) und die Offenheit für sie,
- die Kraft der Symbole,
- die Intensität der Bitte, des Wunsches, die Kraft möge kommen,
- das Vertrauen, dass das geschieht.

Am Ende des Rituals verabschieden wir die Kräfte wieder, die wir gerufen haben.

Um zu verdeutlichen, wie die Anrufung eines Elementes aussehen kann, beschreibe ich nun eine mögliche Anrufung an die Kraft des Wassers. Es ist schön, dabei einen Kelch mit Wasser in der Hand zu halten. Bevor du die Kräfte des Elementes Wasser (siehe Kapitel 9.6) rufst, kannst du dich innerlich auf sie einstimmen.

Lass vor deinem inneren Auge Bilder des Wassers entstehen … einen Tautropfen, der im Sonnenlicht glänzt, eine sprudelnde Quelle, die zu einem kleinen Bach wird, ein Bach, der zum Fluss wird, ein Fluss, der ins Meer mündet, Wellen, die ans Ufer rollen, das Glitzern der Sonne auf dem Meer … und erinnere dich daran, dass in deinem Körper das Wasser in den Tränen wirkt, die Trauer und Schmerz auflösen, dass es dich in Verbindung bringt mit der Tiefe deiner Gefühle, dass es dich reinigen kann, tragen und nähren … Stell dir seine stürmische Kraft vor, riesige Wellen und Strudel, Wasserfälle, die in die Tiefe stürzen …

und stell dir das sanfte Fallen von Schneeflocken im Winter vor, Eis, das schmilzt ... Pinguine, die sich ins Wasser stürzen, Delfine, die springen und mit dir spielen wollen ...

Nachdem du dich eingestimmt hast, kannst du das Wasser zum Beispiel mit folgenden Worten rufen:

Ich rufe euch, ihr Wesen und Kräfte des Wassers.
Kommt herbei und schenkt mir euren Schutz, begleitet mich in diesem Ritual mit euren reinigenden, lösenden Kräften. Helft mir, mich vertrauensvoll zu öffnen für alle Gefühle, die in mir sind, und sie anzunehmen. Was immer in mir zu fest geworden ist, bringt es ins Fließen und weckt in mir die Kraft der inneren Bilder, Träume und Visionen.
Seid willkommen in diesem Raum.

11.2.6 Verbindung zum Kosmos

Bevor wir uns nach der Anrufung der unterstützenden Kräfte für die kosmischen Kräfte öffnen, spüren wir noch einmal die Verbindung zur Erde – das ist notwendig, um den Kontakt zur Realität zu halten. Dann schicken wir die Aufmerksamkeit hinauf zum Kronenchakra und lassen es sich öffnen, so wie eine Blüte sich für das Licht der Sonne öffnet. Jetzt dehnen wir die Aufmerksamkeit in die Weite und Tiefe des Kosmos aus, in die unendliche Dunkelheit, die erfüllt ist vom Licht unzähliger Sterne. Wir stellen uns vor, dass die Kräfte der Liebe und Weisheit im Kosmos wie Sternenglanz zu uns hinunter strömen, in das geöffnete Kronenchakra, durch die Aura.

11.2.7 Verbindung zur Göttin

Nachdem wir mit Erde und Kosmos verbunden sind, stellen wir eine Verbindung zur Göttin her. Dazu schicken wir die Aufmerksamkeit in den Bereich des Herzens und öffnen dort einen inneren Raum, in dem wir einen Platz für die Kraft der Göttin schaffen, und bitten sie in Liebe und Vertrauen zu uns. Im Ritualraum befindet sich der für sie gestaltete Platz in der Mitte des Kreises. Wir bitten auch sie um ihren Schutz, ihre Unterstützung und ihren Segen für unser Anliegen, das wir an dieser Stelle so klar wie möglich mitteilen. An dieser Stelle können auch ganz bestimmte Aspekte der göttlichen Kraft gerufen werden, die zum Thema des Rituals gehören. Wenn es ein Abschiedsritual sein soll, kann zum Beispiel, die dunkle Göttin gerufen werden (siehe Kapitel 1.3).

Nachfolgend ein Beispiel wie beim Fest zur Wintersonnenwende (siehe Kapitel 12.3) die Göttin angerufen werden kann.

DIe Göttin Isis mit Flügeln

In einer der längsten Nächte des Jahres sind wir zusammen gekommen, um das Licht zu begrüßen, das jetzt wiedergeboren wird. Wir erwarten es voller Sehnsucht und Freude und begrüßen es in unseren Herzen und auf der Erde als die aufgehende Sonne.
Wir rufen dich in unsere Mitte, in das Zentrum unseres Kreises, Schöpferin des Universums und all seiner Wesen und Kräfte.
Wir rufen dich, die du unzählige Namen trägst, als die, die war, ist und immer sein wird. Isis, Nut, Hathor, breite deine Flügel schützend über uns aus und schenke uns deinen Segen für unser Ritual.
Du bist die Unendlichkeit des dunklen Kosmos, aus dem das Licht so vieler Sterne geboren wird und in die es zurückkehrt am Ende ihrer Zeit.
Du bist Ruhe und Bewegung, Stille und Klang, Zentrum und unendliche Ausdehnung.
Du bist der Tanz von Mondin und Sonne, Dunkelheit und Licht und mehr als beides.
Heute erinnern wir uns daran, dass die tiefste Dunkelheit den Moment

der Wandlung in sich trägt und aus ihr das Licht wiedergeboren wird. Schicke uns deine Tochter, das Licht, das in dieser Welt die Sonne ist, die uns wärmt.
Wir geben ihr einen Platz in unseren Herzen, sodass sie uns mit Licht und Wärme, mit Lebensfreude und Liebe erfüllen kann, die wir in diesen Kreis fließen lassen.
Wir bitten dich auch darum, unsere Wünsche anzunehmen und unser Vertrauen zu stärken, dass sie sich erfüllen mögen, wenn es in deinem Sinne ist.

Tänze und Lieder können die Anrufungen von Göttin und Kräften verstärken. Sie können die Verbundenheit untereinander unterstützen und geben den Teilnehmerinnen die Möglichkeit, die gerufenen Kräfte zu gestalten.

11.2.8 Rituelle Handlung

Nach den Anrufungen ist Raum für die rituelle Handlung, deren Gestaltung vorbereitet wurde. Manchmal kann eine Meditation als Einstimmung dazu hilfreich sein. Wenn es in einem Ritual auch darum geht, etwas loszulassen, wie dies bei vielen Jahreskreisfesten der Fall ist, sollte das immer als erstes geschehen.

11.2.9 Dank und Verabschiedung

Alle Kräfte und Wesen, die gerufen wurden, müssen am Ende eines Rituals auch wieder verabschiedet werden, damit sie wieder in ihre Sphäre zurückkehren können und nicht weiter im Raum umherirren. Dabei wird ein Dank an sie ausgesprochen und deutlich gemacht, dass ihre Hilfe nicht weiter benötigt wird. Dank hat – wenn er authentisch ist, also von Herzen kommt – eine unglaublich positive Wirkung nach außen und nach innen. Auch darüber nehmen wir Einfluss auf die Wirkungsweise der entsprechenden Kraft. Den Teilnehmerinnen des Rituals wird ebenfalls gedankt und anschließend wird der aufgebaute energetische Schutz zum Beispiel durch Klatschen der Hände wieder aufgelöst, sodass das Ende des Rituals klar ist und jede wieder in ihr Alltagsbewusstsein zurückkehrt.

11.2.10 Erdung und Abschluss des Rituals

Nicht nur während des Rituals ist es wichtig, die Verbindung zur Erde und damit zum Kontext der Realität zu halten. Nachdem ein Ritual gefeiert wurde, sollte es mit einem gemeinsamen Essen abgeschlossen werden. Auf diese Weise machen wir deutlich, dass wir einen festen Körper auf dieser Erde haben, den wir versorgen müssen und dessen Grenzen und Bedürfnisse wir wahrnehmen und achten, und sorgen für einen langsamen Übergang zurück in das Alltagsbewusstsein. Gleichzeitig würdigen wir mit dem Essen die Nahrungsmittel als Schätze der Erde.

12. Der Zyklus der Jahreskreisfeste

Das Feiern der Jahreskreisfeste und die Gestaltung der Feste als Ritual gibt uns die Möglichkeit, unsere spirituelle Macht im Einklang mit der Göttin und ihrer Schöpfung immer wieder zu stärken und bewusst einzusetzen, um auf unser eigenes Leben wie auch das kollektive zu wirken. Wir verbinden uns während der Rituale mit den unterschiedlichen Aspekten der Göttin, mit den Kräften der vier Elemente und den Rhythmen der Natur, die uns den Prozess des Wachstums, der Reifung, des Vergehens im Laufe eines Jahres widerspiegeln. Je öfter wir uns mit all diesen Kräften verbinden, desto tiefer erkennen wir ihr Wirken auch in uns selbst, in unserem Alltagsleben und desto leichter wird es, im Einklang mit ihnen zu leben.

Jahreskreisfeste zu feiern, ist ein bewusster Ausdruck der Akzeptanz und Wertschätzung aller Themen, die das Leben auf der Erde beinhaltet: Geburt, Wachstum, Reifen, Ernten, Vergehen, Sterben, Tod und Wiedergeburt. Im Feiern der Jahreskreisfeste bewegen wir uns im Einklang mit dem Rhythmus von Erde, Mond und Sonne, der uns auf sehr tiefen Ebenen daran erinnert, dass wir Teil eines Ganzen sind und gemeinsamen Zyklen folgen. Das Rad der Jahreskreisfeste wirkt dabei wie eine innere Landkarte, die uns zeigt, welchen Prozessen unser Körper und unsere Seele unterliegen.

Die Jahreskreisfeste zu feiern bedeutet, alle sechs Wochen einmal innezuhalten und aus dem Alltagsleben herauszutreten. In dieser Zeit außerhalb der »Normalzeit« nehmen wir uns Raum, das eigene Leben in Verbindung mit den Rhythmen der Natur wahrzunehmen. Wir begegnen auf diese Weise der Göttin, ihrer Schöpfung und uns selbst mit Wertschätzung und wechseln für diese Zeit einmal die Perspektive, von der aus wir unser Leben betrachten.

Mit dem Feiern der Jahreskreisfeste knüpfen wir an eine sehr alte spirituelle Tradition an, die nicht nur im europäischen Kulturkreis tief verwurzelt ist, sondern auch auf dem amerikanischen Kontinent bei den indianischen Ureinwohnern zuhause ist. In Europa wurde sie von heidnischen Gruppen, von magischen Schulen, Druidinnen, Hexen und weisen Frauen über Jahrtausende gepflegt und auch in der Zeit der Inquisition unter strengster Geheimhaltung fortgesetzt.

Ein Teil der alten Bräuche ist verloren gegangen. Doch einiges ist uns in Märchen, Mythen, Tänzen, Liedern und Bildern erhalten geblieben, sodass wir uns durchaus Vorstellungen davon machen können, welche Idee, welches Prinzip in ihnen zum Ausdruck kommen sollte. Auch wenn die Gestaltung der Jahreskreisfeste in vielen Ländern und Gegenden recht unterschiedlich ist und natürlich auch im Laufe der Jahrhunderte immer wieder der Zeit angepasst wurde, können wir doch die zugrundeliegende Idee erkennen und sie auf eigene Weise und der heutigen Zeit angemessen zum Ausdruck bringen.

Besonders in Nordeuropa haben wir im Laufe des Jahres einen spürbaren Wechsel der Jahreszeiten, der sich auch im Rhythmus der Jahreskreisfeste und ihren Themen wiederfindet.

Aus den nördlicheren Breiten sind besonders die Sonnenwendfeiern überliefert, aber auch Mondzyklen hatten dort eine tiefe Bedeutung. Die noch erhaltenen Bauten aus der Megalithkultur wie Stonehenge, die Steinkreise und Erdhügel in Deutschland, Irland und Skandinavien lassen Rückschlüsse darauf zu, dass die Menschen vor mehr als 5.000 Jahren bereits mit den Rhythmen der Planeten vertraut waren und es ihnen offenbar viel bedeutet hat, ihre Verbundenheit mit deren Zyklen zum Ausdruck zu bringen.

Im südeuropäischen Kulturkreis sind die Rituale der Griechinnen und Ägypterinnen am bekanntesten. Darunter die Mysterien von Eleusis (nahe Delphi) als Einweihung in den Demeterkult, die Stier-Rituale der Kreterinnen, die Mysterien der Isis, die babylonischen Rituale der Göttin Inanna, die zu ihrer Schwester Ereshkigal in die Unterwelt hinabsteigt – um nur einige zu nennen.

Seit den 70iger Jahren des letzten Jahrhunderts haben spirituelle Frauengruppen begonnen, sich wieder intensiv mit alten Ritualen zu befassen und die Jahreskreisfeste im Sinne weiblicher spiritueller Vorstellungen zu gestalten. Dabei haben sich die meisten auf das Wissen der Wiccabewegung, der keltischen Überlieferungen und einiger magischer Orden bezogen (siehe Kapitel 4). Allen gemeinsam ist die Vorstellung einer schöpferischen weiblichen Gottheit (wobei sie in einigen spirituellen Richtungen einen Gefährten – den gehörnten Gott – hat).

Überall in Europa, Nordamerika und Australien sind Frauen- (und Männer)-Kreise entstanden, die sich wieder in diesem Rhythmus des Jahresrads bewegen und so dazu beitragen, dass ein neues Bewusstsein entsteht, welches sich auf ein uraltes Wissen bezieht. Zwar wissen viele dieser Kreise nichts voneinander und beziehen sich auch nicht aufeinander, trotzdem bewirken sie auf kollektiver Ebene etwas Ähnliches und tragen dazu bei, dass eine alte Vorstellung wieder belebt wird und damit ihre Kraft neu entfalten kann.

Das Interesse an den Jahreskreisfesten nimmt in den letzten Jahren mehr und mehr zu, sicher nicht zuletzt deshalb, weil es so viel Freude macht, ein spirituelles Fest in einer Gemeinschaft zu feiern und es selbst zu gestalten. Jahreskreisfeste lassen der eigenen Kreativität viel Raum und laden zum Tanzen, Singen, Gestalten mit Farben und Symbolen ein. Vor allem nehmen sie die Form des Kreises wieder auf, in dem alle mit allen verbunden sind und dies um eine gemeinsame Mitte, dem spirituellen Zentrum.

Jahreskreisfeste können natürlich auch allein gefeiert werden. Manchmal bekommen sie dann sogar eine besondere Intensität und Tiefe. Das Wissen darum, dass andere gleichzeitig ein Ritual feiern, kann (wenn nötig) die fehlende Verbindung in einer Gruppe ersetzen.

12.1 Das Rad der Jahreskreisfeste

So wie die Mondin sich um die Erde dreht und beide ihre Bahnen um die Sonne ziehen, bewegen wir uns auf dem Rad der Jahreskreisfeste. In dieser Bewegung gibt es besondere Stationen, die mit den Rhythmen von Sonne und Mond verbunden sind. Sie entsprechen den acht Festen, die das Jahresrad in Abschnitte von etwa sechs Wochen teilen. Jedes von ihnen bezeichnet den Beginn einer Zeit, die mit einem bestimmten Thema verknüpft und mit dem Wandel der Gestalt der dreifachen Göttin verbunden ist.[1]

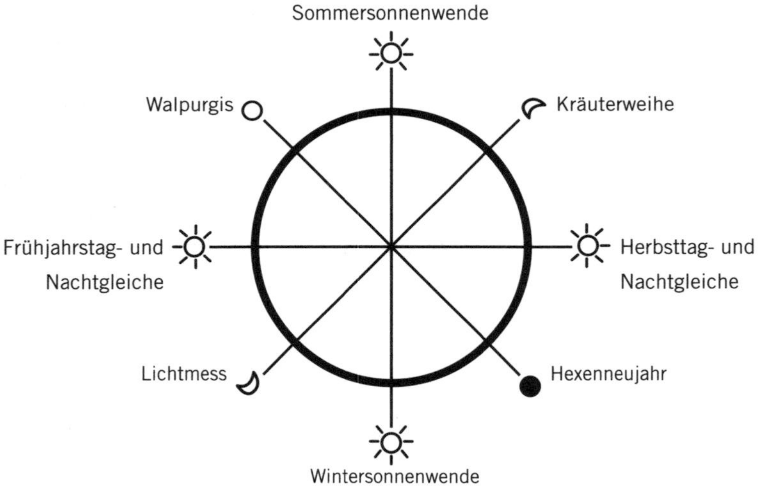

Wir unterscheiden dabei vier Sonnen- und vier Mondfeste. Die Sonnenfeste sind Winter- und Sommersonnenwende sowie Frühjahrs- und Herbsttag- und Nachtgleiche. Auf dem Rad des Jahreskreises bilden sie ein statisches Kreuz. Astrologisch gesehen finden sie immer dann statt, wenn die Sonne jeweils 0° in dem dazugehörigen Zeichen steht – Steinziege (Dezember, Wintersonnenwende), Krebs (Juni, Sommersonnenwende), Widder (März, Frühjahrstag- und Nachtgleiche) und Waage (September, Herbsttag- und Nachtgleiche). Das bedeutet, die Sonnenfeste auf dem Jahresrad werden jeweils zu Beginn einer Jahreszeit gefeiert. Dabei variiert dieser astrologische Zeitpunkt pro Jahr um maximal drei Tage, die Sonne steht demnach immer zwischen dem 20. und 23. Tag des entsprechenden Monats 0° in dem dazugehörigen Zeichen.

Die vier Mondfeste bilden das diagonale, das dynamische Kreuz im Jahresrad. Sie gelten als die älteren Feste, da in vielen alten Kulturen nach dem Mondkalender gerechnet wurde, und sind wesentlich flexibler in dem Zeitpunkt, an dem sie zu feiern sind. Ursprünglich wurden sie in dem entsprechenden Monat zu Neumond (November), bei zunehmender Mondin (Februar), zu Vollmond (Mai) und bei abnehmender Mondin (August) gefeiert. Dies heute noch so zu tun, wird aufgrund unseres Kalenders etwas schwierig. Da er mehr an der Sonne orientiert ist, kann der Rhythmus zwischen den einzelnen Festen des Jahreskreises sehr unregelmäßig werden und nicht mehr jeweils rund sechs Wochen betragen. Trotzdem entscheiden sich manche Ritualgruppen für diese Vorgehensweise. Andere nutzen eine weitere astrologische Orientierungsmöglichkeit, die zu einem regelmäßigen Rhythmus führt. Sie feiern die Mondfeste immer dann, wenn die Sonne 15° in dem Zeichen steht, das dem jeweiligen Fest zugeordnet ist: Samhain/Hexenneujahr 15° Skorpion, Anfang November; Imbolc/Lichtmess 15° Wassermann, Anfang Februar; Beltane/Walpurgis 15° Stier, Anfang Mai, und Lammas/Kräuterweihe 15° Löwin, Anfang August.

Jedes einzelne Fest im Rad des Jahreskreises weckt und stärkt eine besondere Kraft in uns selbst, die wir auf verschiedenen Ebenen spüren – körperlich, emotional/geistig und spirituell. Die spirituelle Ebene dieser Kraft wird jeweils von der Göttin verkörpert, die zu dem Fest gerufen wird. Selbstverständlich ist sie immer eine Gestaltung der einen allumfassenden Göttin, doch ist es für uns leichter, ihre vielen verschiedenen Kräfte wahrzunehmen, wenn wir uns auf deren jeweilige göttliche Gestalt beziehen. Alle Göttinnen sind sozusagen Töchter der einen Urgöttin (siehe Kapitel 1.3). Ihnen begegnen wir im Laufe eines Jahreszyklus und können in dieser Begegnung ihre Kräfte auch in uns selbst wecken, kennenlernen und entwickeln.

Nachfolgend beschreibe ich die einzelnen Stationen auf dem Rad der Jahreskreisfeste und auf welche Weise sie als Rituale praktisch gestaltet werden können. Für jedes der acht Rituale wähle ich ein dem Jahreskreisfest entsprechendes Thema aus, das ich näher erläutere. Jedes der Feste aber hat eine Fülle verschiedener Aspekte und kann, je nachdem, für welchen wir uns entscheiden, ganz unterschiedlich gestaltet werden. Die Farben, Symbole und die begleitenden Wesen, die ich erwähne, sind Vorschläge, die aus der Tradition des »Pfad des Nordens«, der keltischen Überlieferungen und eigenen Erfahrungen stammen. Jede sollte sich dennoch frei fühlen, ihre eigenen Symbole zu finden. Wichtig ist nur, dass sie das Wesen, die Grundidee des jeweiligen Festes verkörpern und im Zusammenhang mit dem Ganzen stehen.

Wir sollten uns vergegenwärtigen, dass es ein großer Unterschied ist, ob wir ein Jahreskreisfest einfach als Fest feiern, wie einen Geburtstag, oder ob wir dem Fest in einem Ritual eine spirituelle Bedeutung geben. Denn in einem Ritual bauen wir ein besonderes energetisches Kraftfeld auf und verbinden magische Handlungen damit.

Der Zyklus der Jahreskreisfeste beginnt und endet Anfang November und zwar nicht mit der Geburt, sondern mit dem Tod.[2] Auf diese Weise kommt zum Ausdruck, dass der Tod nicht nur das Ende des Lebens in einem Körper auf dieser Erde ist, sondern für die unsterbliche Seele zugleich eine Geburt in eine andere Ebene bedeutet, die von den KeltInnen Anderswelt, TirnanOg, genannt wird. Beide Ebenen – die irdische und die Anderswelt – gehören zusammen und stehen im Austausch miteinander.

12.1.1 Hexenneujahr – Die Macht zu trennen und die Tore zur Anderswelt zu öffnen

Hexenneujahr (Samhain) wird Anfang November gefeiert, wenn die Sonne 15° im Zeichen Skorpion steht. Der keltische Name des Festes Samhain bedeutet »schwarzer Acker« und verdeutlicht, dass in der Natur nun alles Leben zum Stillstand gekommen ist. Die Kraft in den Pflanzen hat sich unter die Erde zurückgezogen, und es beginnt eine Zeit der Ruhe. Manche Tiere bereiten sich auf den Winterschlaf vor und vermindern ihren Energiehaushalt.

Je weiter wir in den Norden kommen, desto deutlicher wird, um wie viel kürzer die Tage jetzt werden. In den kommenden sechs Wochen nimmt die Dunkelheit täglich zu und lädt uns ein, stiller zu werden, mehr nach innen zu schauen. Viele Menschen fürchten diese Zeit im November und reagieren mit Depressionen oder versuchen, sich mit Aktivitäten abzulenken. Denn Abschied und Sterben, Loslassen und dem eigenen Schatten begegnen sind die Themen dieser Zeit, und das sind keine einfachen Themen. Manche beginnen, sich jetzt einsam und verloren zu fühlen oder spüren eine tiefe Sehnsucht nach einem seelischen Zuhause. Verdrängtes taucht aus dem Inneren auf und will wahrgenommen werden, damit die Seele Frieden finden kann. Abschied nehmen ist immer mit Schmerz und Trauer verbunden und wird in unserer Kultur gerne verdrängt, manchmal so tief, dass nur noch Gefühle der Unruhe und Leere wahrgenommen werden.

Wenn in dieser Zeit ein Ritual gemeinsam mit anderen gefeiert wird, gibt es uns die Gelegenheit, diesen Gefühlen gemeinsam zu begegnen, sie einzuladen und miteinander zu teilen. Dadurch können die Gefühle gehen, und wir können uns für die andere Seite öffnen, die diese Zeit uns schenkt. Die Schleier zwischen den Welten sind dünner als sonst, der Kontakt zu den Wesen der Anderswelt einfacher. Die feinstofflichen Wahrnehmungskanäle werden durchlässiger, und wir können uns für die Botschaften und Kräfte öffnen, die uns aus anderen Ebenen geschickt werden.

Samhainrituale beinhalten immer eine Erinnerung an Menschen oder auch Tiere, die im nun zu Ende gehenden Jahreszyklus gestorben sind. Wir stellen an einem besonderen Platz Kerzen für sie auf, manchmal gemeinsam mit Fotos, und laden sie in unseren Tänzen ein, am Ritual teilzunehmen. Auch AhnInnen, denen wir unseren Dank und unsere Wertschätzung ausdrücken möchten, bekommen im Ritual auf diese Weise einen Platz.

Die Göttinnen, die dieses Ritual schützen und begleiten, sind die schwarzen Göttinnen, die Alten Weisen. Ihre Namen sind unter anderem Kali (indisch), Hel (germanisch), Hekate (griechisch), Cerridwen (keltisch) und Cailleach (irisch, schottisch), ihr Wesen ist Weisheit. Sie vermitteln uns die Notwendigkeit, dem Tod ins Auge zu schauen, ihn als Teil des Lebens anzunehmen, und sie stärken uns für die Begegnung mit dem Tod. Sie erinnern uns daran, dass alles Leben mit Wandlung verbunden ist. Der Kontakt mit ihnen lässt uns erkennen, wie wichtig das Loslassen auf allen Ebenen ist, auch im Alltagsleben, und sie unterstützen uns, notwendige Trennungen zu vollziehen. Dabei kann es um Trennungen von Menschen, Tieren, Plätzen oder von inneren Mustern und Verhaltensweisen gehen (siehe Kapitel 5.3).

Die Alten Weisen fordern, mitunter durchaus rau, Klarheit und Entschiedenheit von uns und weisen uns auf die Verantwortung für unsere Kraft, unser Handeln beziehungsweise Nicht-Handeln hin. Manchmal geben sie uns einen Tritt, damit wir einen neuen Schritt tun, schubsen uns sozusagen über die Schwelle. Doch begleiten sie auch unseren Weg durch die Dunkelheit und helfen dabei, sich mit den eigenen Schattenseiten zu konfrontieren und diese anzunehmen.

Gerade die schwarze Göttin erinnert uns an die Verantwortung, die wir für die kollektive Ebene haben. Im Samhain-Ritual geben wir daher den Seelen Verstorbener Raum, die ihren Weg in die Anderswelt nicht gefunden haben und bieten ihnen eine Begleitung etwa in Form einer Lichtstraße an. Um den Seelen der Verstorbenen zu helfen, ihren Weg ins Jenseits zu finden, wird im Ritualraum aus Kerzen ein Weg aus Licht aufgebaut. Dieser Weg ähnelt ein wenig den Lichtstraßen, die entstehen, wenn das Licht der untergehenden Sonne auf das Wasser fällt. Ein Bild, das die meisten Menschen berührt, denn es erinnert die Seele an ihr spirituelles Zuhause. Am Ende des Weges visualisieren die Teilnehmerinnen des Rituals ein Lichttor, an das sie die Töchter der schwarzen Göttin bitten (die sich manchmal als in Weiß oder auch Gold gekleidete Lichtgestalten zeigen), um die Seelen der Verstorbenen in ihrem Übergang zu begleiten. Im Ritual werden die Seelen der Verstorbenen symbolisch von den Teilnehmerinnen des Rituals durch die Lichtstraße bis zu dem visualisierten Lichttor begleitet, durch das der Weg in die Anderswelt führt.

Meistens führen die Teilnehmerinnen die Seelen Verstorbener durch die Lichtstraße, die ihnen bekannt sind, Verwandte, verstorbene FreundInnen oder andere Menschen, denen sie sich verbunden fühlen. Allerdings werden die Lichtstraße und das Lichttor auch oft von Seelen genutzt, die bis dahin keinen anderen Weg gefunden haben und umherirrten.

Gleichzeitig verankert sich das Bild der Lichtstraße auf einer ganz tiefen Ebene im Inneren der TeilnehmerInnen eines solchen Rituals. Dort wirkt es unter anderem der Angst entgegen, nach dem Tod im Nichts verloren zu sein.

Das Thema Sterben und Tod ist ein wichtiger Bestandteil der mit Samhain beginnenden Zeit und bekommt hier etwas mehr Aufmerksamkeit. Den Tod wieder als wichtigen Teil des Lebens anzunehmen, bedeutet eine starke Kraft zurückzuholen und die Macht der schwarzen Göttin in uns selbst zu achten.

Wenn die Seele den feststofflichen Körper verlässt, löst sich der feinstoffliche Energiekörper vom feststofflichen und dieser stirbt allmählich. Dabei sterben die verschiedenen Zellen des Körpers unterschiedlich schnell, ein Prozess, der bis zu vier Tagen dauern kann. Die Seele verlässt den Körper über eines der Energiezentren (Chakren), meist über das Kronen- oder das Nackenchakra. Das kann sehr schnell gehen – etwa bei Unfällen – oder ein langsamer Rückzug sein.

Mit dem Rückzug aus dem Körper verliert die Seele die Wahrnehmung über die fünf Sinne. Wenn ein Mensch ausschließlich an diese Wahrnehmungsebene geglaubt hat, ist es für die Seele jetzt schwierig, sich zu orientieren. Sie spürt, dass sie trotz des Rückzugs aus dem feststofflichen Körper eine Wahrnehmungsfähigkeit hat und kann in solchen Fällen manchmal nicht glauben, dass sie gestorben ist. Wenn jemand nicht an ein Leben nach dem Tod glaubt, aber wahrnimmt, dass seine Seele weiterhin existiert, kann das zu Schwierigkeiten führen. Die Seele verweilt dann oft in der Nähe der Angehörigen, an vertrauten Plätzen oder irrt umher. Gerade für solche Seelen sind die Samhainrituale wichtig.

Schwierig kann es auch werden, wenn eine Seele sehr in Unfrieden geht und eine nicht gehörte Geschichte mit sich herumträgt, zum Beispiel weil sie Opfer eines Verbrechens wurde. Manchmal sucht sie sich dann einen noch lebenden Menschen als neues Zuhause[3], der eine innere offene Tür für das Thema der Verstorbenen hat. Für andere wiederum ist es notwendig, Botschaften loszuwerden, manchmal müssen sie jedoch lange warten, bis medial begabte Menschen sie wahrnehmen und die Botschaft weitergeben können.

Welchen weiteren Weg die Seele nach dem Tod nimmt, ist generell abhängig davon, welchem Glauben die Persönlichkeit angehört hat, und ob und wenn ja, welche Vorstellungen sie vom Jenseits hat. Es gibt, wie wir bei der Beschreibung der »Lichtstraße« gesehen haben, helfende Wesen aus den feinstofflichen Ebenen, die bereit sind, eine Seele zu begleiten.

Für eine Christin können sie zum Beispiel als Engel erscheinen. Im alten nordeuropäischen Glauben zeigten sie sich als weiß gekleidete Frauengestalten, mitunter sind es auch AhnInnen, die den Übergang begleiten.

Für die Welt der Verstorbenen gibt es in den verschiedenen Kulturen unterschiedliche Namen. Die KeltInnen nannten sie, wie erwähnt, Anderswelt. In ihrer Vorstellung wurden die Sterbenden von Göttinnen begleitet wie Rhiannon, die deren Seele mit einem weißen Pferd abholte. Auch die keltische Göttin Morrigan und ihre Begleiterinnen, die Krähenvögel, sind Botinnen des Todes; sie holen die Seelen ab, um ihnen den Weg in die Anderswelt zu zeigen.

Im kollektiven Gedächtnis der Menschheit ruhen viele Bilder und Symbole, die mit dem Tod, dem Prozess des Sterbens und den dabei helfenden Wesen zu tun haben. Manchmal tauchen sie in unseren Träumen auf, manchmal, damit wir die Gelegenheit haben, uns mit dem Tod auseinanderzusetzen oder uns darauf vorzubereiten. Die älteren kollektiven Bilder des Todes sind eigentlich immer weiblich, da der Tod von den Alten Kulturen als ein Geburtsprozess, nur in eine andere Ebene, verstanden wurde.

Im alten nordischen Glauben waren die Walküren nicht nur Kriegerinnen, sondern auch Sterbebegleiterinnen und führten die Seelen zur Göttin Hel. Ihr Reich der Toten hieß Niflheim, Nebelheim, eine Bezeichnung für die feinstofflichen Ebenen, in denen die Grenzen des Feststofflichen aufgelöst sind. Göttinnen wie Akka und Ragana sind wiederum im baltischen Raum bekannt, ihr heiliges Tier ist die Kröte, die heute noch im Ostseeraum auf Grabsteinen zu finden ist. Die drei Schicksalsgöttinnen, die den Lebensfaden spinnen, weben und zerschneiden, die Disen Urd, Verdandi und Skuld, sind nicht nur im Norden, sondern auch im Mittelmeerraum als die Moiren Klotho, Lachesis und Atropos bekannt. Ihre Scheren, Sichelmesser und Schwerter sind mit Trennung und Tod verknüpfte Symbole.

Der Kessel der Transformation wird bei den KeltInnen von Cerridwen gehütet, der Weisen Alten. Er symbolisiert den Schoß der Göttin, in den alles Leben zurückkehrt und macht deutlich, dass der Tod als Transformationsprozess verstanden wird (siehe Kapitel 10).

Auch heute noch gibt es in unserer Kultur Tiere und Symbole, die eng mit dem Sterben verbunden werden und sich häufig um den Zeitpunkt des Todes zeigen, im Traumleben oder auch ganz real. Dazu gehören die Krähenvögel, die Eulen oder Käuzchen und auch der Regenbogen, als Tor zum Jenseits. Die Wahrnehmung der Seele selbst wird von manchen Menschen mit Eindrücken von Schwingen, Flügeln beschrieben. Auch die sich häutende Schlange ist ein Symboltier für die Wandlung, sie steht gleichzeitig für Heilung und Weisheit. Ein in der europäischen Kultur tief verwurzeltes Bild für den Übergang aus diesem Leben in eine andere Ebene ist das der Barke, die uns abholt. Sie wird meist von einer Gestalt im Kapuzenmantel gelenkt, die uns an das andere Ufer bringt.

Bei der Auseinandersetzung mit dem Tod ist es hilfreich, sich mit den Bildern und Symbolen zu beschäftigen, die sich angenehm anfühlen und die nicht angstbesetzt sind.[4] Sie erleichtern das Loslassen und öffnen für die helfenden Wesen und Kräfte. Der Weg durch einen Tunnel zum Licht ist aus Berichten von Menschen bekannt, die Nahtoderlebnisse hatten. Lichttore und Lichtbrücken sind weitere Wege des Übergangs. Doch nicht für alle Menschen ist die Vorstellung, ins Licht zu gehen, die angenehmste, denn dieses Licht wird oft mit bestimmten Religionen und ihren geistigen Vertretern wie Jesus, Buddha oder anderen Gurus verknüpft. Sie ziehen vielleicht den Weg in die Dunkelheit vor. Diese hat ihre besondere Qualität, denn sie symbolisiert die Rückkehr in den Schoß der Göttin als einen Zustand von Ruhe und Geborgenheit. In diesem Zustand ist es möglich, ganz und gar und ohne jede Ablenkung, der eigenen unsterblichen Seele, dem Höheren Selbst zu begegnen.

Im Rad der Jahreskreisfeste wird dieser Zustand der Ruhe durch die Zeit zwischen Samhain und der Wintersonnenwende symbolisiert, bevor es den Impuls, die Entscheidung zur Wiedergeburt gibt. In dieser Zeit ist es der Seele auf einer anderen Ebene möglich, sich selbst als Teil des Göttlichen zu erkennen und zu bestimmen, welchen weiteren Weg sie gehen will. Auch wir können diese Zeit der Ruhe nutzen, um das tiefe Loslassen von Glaubensmustern, von Plätzen, Lebensabschnitten oder Beziehungen zu unterstützen, um mehr und mehr bei uns selbst anzukommen, die Verbindung zu unserem tiefsten Wesenskern wahrzunehmen. Das gelingt am besten, wenn wir uns Zeit nehmen, mal einfach nur da zu sein. Die unten beschriebene »Meditation zwischen Samhain und Wintersonnenwende« ist eine Einladung dazu.

Für die rituellen Handlungen zu Hexenneujahr nutzen wir die Werkzeuge der schwarzen Göttin, Kessel und Schwert. Wenn wir das Thema Trennen rituell bearbeiten, setzen wir meistens ein Schwert (siehe Kapitel 9.5.1) und oder auch ein geweihtes Messer ein, um einen klaren, entschiedenen Schnitt zu vollziehen. Das Schwert konfrontiert uns mit dem Schmerz, der bei Trennungen entsteht. Gleichzeitig verschafft es aber auch Klarheit und stärkt die Eigenmacht. Das Messer oder eine Schere können stellvertretend für das Schwert benutzt werden.

Die mit dem Schnitt verbundene Klarheit und Entschiedenheit sind notwendig, wenn es um Trennungen geht. Jede Unklarheit, jedes Vielleicht verursacht Bindung. Jedes Schuldgefühl, das uns zögern lässt, führt zu negativer Bindung. Im Ritual können Trennungen von Beziehungen, von inneren Glaubensmustern, von Plätzen oder Lebensabschnitten vollzogen werden. Das kann symbolisch geschehen, indem zum Beispiel mit einem Schwert oder Messer ein Faden zerschnitten wird, der für die Bindung steht oder ein ganzes Gewebe, das beispielsweise ein Verhaltensmuster symbolisiert.

Eine sanftere Handlung als Zerschneiden ist es, in einem Kessel symbolisch etwas aufzulösen, von dem wir uns trennen, das wir loslassen wollen. So können wir den Kessel beispielsweise mit Wasser füllen und Salz oder ein Pulver darin stellvertretend für das auflösen, was wir loslassen müssen.

Eine weitere rituelle Handlung ist das Verwandeln mit dem Kessel als Werkzeug der Transformation. Transformation bedeutet, Erfahrungen in Weisheit zu verwandeln. So rühren wir während des Rituals in den Kessel der Wandlung symbolisch all die Erfahrungen des jetzt zu Ende gehenden Jahres hinein, gegen den Uhrzeigersinn. Nach einem Moment der Stille, in dem wir um Wandlung bitten, rühren wir weiter, diesmal mit dem Uhrzeigersinn, sodass die Erfahrungen sich in Weisheit wandeln können, die uns im neuen Zyklus stärkt.

Meditation zwischen Samhain und Wintersonnenwende

Richte deine Aufmerksamkeit erst einmal auf deinen Atem und nimm das Ein- und Ausströmen deines Atems wahr, ohne irgendetwas zu verändern. Überlasse dich ganz seinem natürlichen Fluss ... du kannst dir dabei vorstellen, dass deine Wirbelsäule sich an den Stamm eines kräftigen Baumes anlehnt, der dir Halt gibt. Erlaube jetzt deinem Körper, alle überflüssige Spannung abzugeben, lass ihn schwer werden, schwer, gelöst und warm ... Lass den Atem in die Tiefe deines Schoßes strömen und erlaube dem Bauch, weich zu werden, weich und warm ... Dann wandere mit deiner Aufmerksamkeit hinauf in den Brustraum ... spüre den Raum, den du dort zum Atmen hast und lass ihn so weit werden, wie es angenehm ist. Die Schultern dürfen nach unten sinken, alle Last kann von ihnen abströmen, sodass sie schwer werden, schwer, gelöst und warm ... Alle Spannung in deinem Unterkiefer kann sich jetzt lösen und die Lippen können sich leicht öffnen ... Erlaube dir jetzt auch, deine Alltagsgedanken loszulassen ... lass sie vorbeiziehen wie Wolken am Himmel ... nimm sie wahr, ohne sie zu bewerten, und lass sie gehen ... was wirklich wichtig ist, wird nach der Meditation zu dir zurückkehren.

Stell dir vor, du sitzt wieder an den Wurzeln des uralten, mächtigen Baumes, der dir schon vertraut ist. Es gibt dort einen ganz bequemen Platz, wie für dich gemacht. Du lehnst dich an den Stamm des Baumes an, spürst seine dicke Rinde und die Kraft seines Stammes. Du kannst fühlen, wie unglaublich tief seine Wurzeln in der Erde verankert sind und wie weit sie sich verzweigen ...

Es ist die Zeit der Abenddämmerung, die Sonne beginnt unterzugehen und du siehst, dass der Himmel sich rot zu färben beginnt. Du nimmst dir Zeit, den Sonnenuntergang zu betrachten und im Abschiednehmen vom Tage alles loszulassen, was dich gerade belastet, alle Sorgen, Ängste, Schmerz oder Groll ... all das kann jetzt von dir abfließen ...

Allmählich beginnt es dunkel zu werden, die ersten Sterne sind am Nachthimmel zu sehen. Du schaust hinauf in die Krone des Baumes, der alle Blätter und Früchte verloren hat. Durch seine kahlen Äste und Zweige schaust du weit hinauf in den Himmel. Er ist sehr dunkel, denn es ist eine Neumondnacht, und die Sterne funkeln besonders hell. Fast ist es, als ob ihr Glanz durch die Krone des Baumes zu dir hinunter strömt. Da spürst du, dass der Baum dich in eine Höhle einlädt, die sich tief unter seinen Wurzeln befindet. Wenn du dieser Einladung folgen magst, lass dich ganz einfach an seinen Wurzeln hinunter in die Erde gleiten. Dort landest du in einer Höhle, die genau so groß ist, wie es für dich angenehm ist. Die Höhle lädt dich ein, ganz tief loszulassen, zu ruhen und einfach nur da zu sein ...

Nachdem du dich diesem Zustand für eine ganze Weile überlassen hast, nimmst du plötzlich wahr, dass vom Nachthimmel ein Lichtfunke in deine Höhle gefallen ist. Dieser Lichtfunke hat eine Botschaft für

dich, höre ihm zu ... Bevor du deine Höhle wieder verlässt, kannst du diesem Lichtfunken einen Platz in dir geben ...
Dann ist es Zeit, wieder an deinen Platz am Baumstamm zurückzukehren. Bedanke dich bei dem Baum, verabschiede dich und kehre dann wieder in dein Alltagsbewusstsein zurück.

HEXENNEUJAHR / SAMHAIN
Zeitpunkt: Sonne 15° Skorpion, Anfang November oder bei Neumond in Skorpion
Thema: Loslassen, Abschied nehmen, Tod, Kontakt zu AhnInnen und Wesen der Anderswelt, dem eigenen Schatten begegnen
Element: Wasser
Farben: Rot und Schwarz
Rituelle Handlung: Zerschneiden von Fäden, symbolisches Verbrennen, Rühren im Kessel der Transformation, Lichtstraße
Symbole: Kessel, Messer, Schwert, Barke, Regenbogen, Lichtbrücke
Tiere: Schlange, Krähe, Kröte, Eule, Käuzchen
Göttinnen: Kali, Hekate, Hel, Cerridwen, Cailleach

12.1.2 Wintersonnenwende – Die Macht des Vertrauens

Von Samhain aus sind wir auf dem Rad des Jahreskreises immer tiefer in die Dunkelheit gereist. An ihrem tiefsten Punkt, dann, wenn die Sonne 0° ins Sternzeichen Steinziege tritt, feiern wir die Wintersonnenwende (Jul), die längste Nacht des Jahres, den Beginn des Winters mit seinen Rauhnächten. Jetzt ist ein Wendepunkt erreicht, denn nach einer Zeit des scheinbaren Sonnenstillstandes (Solstitium), in den sogenannten Rauhnächten, in der die Sonnenaufgänge und Sonnenuntergänge sich zeitlich kaum verändern, werden die Nächte allmählich wieder kürzer, die Tage wieder länger. Diese besondere Zeit »zwischen den

Jahren« unseres heutigen Kalenders, kann idealerweise als Zeit des Rückzugs vom Alltagsleben genutzt werden. Viele nehmen sich inzwischen Zeit für ein Retreat, für Meditation und Rückblick auf das Jahr, denn in dieser Zeit sind wir empfänglicher als sonst für die Kräfte aus den anderen Ebenen.

Wintersonnenwende ist ein Fest des Elementes Erde. Einige Aspekte dieses Elementes sind Struktur, Konzentration, Rhythmus, Geduld und Stille (siehe Kapitel 9.4). In den Ritualen zur Wintersonnenwende finden wir diese Energien wieder, ganz besonders, wenn sie an einem der Kraftplätze der Erde gefeiert werden. Steine, die zu den ältesten Wesen der Erde gehören, tragen die Erinnerung an unsere Geschichte in sich, und manchen Menschen gelingt es, den Kontakt zu diesem Wissen in anderen Bewusstseinszuständen herzustellen. Steinkreise können Energien konzentrieren und kanalisieren und gleichzeitig den Rhythmus der Zeit aufzeigen.

Im europäischen Raum gibt es eine Reihe von machtvollen Kraftorten, an denen die Wintersonnenwende gefeiert wurde und heute wieder gefeiert wird. Aus der Zeit der Megalithbauten (vor ca. 5.000 Jahren) sind viele Steinkreise und Anlagen erhalten geblieben, die baulich offensichtlich auf den Sonnenaufgang zum Zeitpunkt der Wintersonnenwende ausgerichtet sind. In den nördlicheren Breiten war diese Zeit besonders bedeutsam, da die Dunkelheit hier extrem lang ist und die Wiederkehr des Sonnenlichtes besonders begrüßt wurde. Einer der größten und am besten erhaltenen Steintempel aus dieser Zeit ist Brû na Boîne (engl.: Newgrange), Wohnstätte der Göttin Boîne, in Irland. Er ist so gestaltet, dass das Licht der Sonne zum Zeitpunkt des Sonnenaufgangs am Tag der Wintersonnenwende in einen Lichtschacht fällt und auf diese Weise das Innere des Tempels für einige Minuten erhellt. Dieser Moment berührt die Erinnerung an das Wissen um die Wiedergeburt allen Lebens, erinnert an den ewigen Kreislauf von Leben, Tod und Wiedergeburt. In diesem Steintempel, der von AhnInnen gehütet wird, ist deren tiefe Liebe zur Erde und ihren Wesen sehr spürbar.

Vor einigen Jahren ist in Goseck, in der Nähe von Halle ein Sonnenwendtempel ausgegraben und rekonstruiert worden. Statt aus Steinen besteht er aus Holzpfählen, die in konzentrischen Kreisen angeordnet sind, und hat ebenfalls eine Öffnung, in die das Licht der Sonne zum Zeitpunkt des Sonnenaufgangs zur

Wintersonnenwende fällt. Er ist gleichfalls etwa 5.000 Jahre alt, liegt aber nicht in einem Erdhügel wie Brû na Boîne, sondern unter freiem Himmel. Das Besondere an dem Gosecker Tempel ist der Klangraum, der durch die Anordnung der Kreise im Zentrum entsteht. Die Schwingungen der Töne werden auf eine Weise verstärkt, dass eine Art Klangkuppel entsteht, und obwohl der Tempel einen Durchmesser von 80 Metern hat, ist das, was im Zentrum gesprochen wird, auch am Rand gut hörbar. In der Nähe des Tempels wurde außerdem die Himmelsscheibe von Nebra gefunden, die deutlich zeigt, wie tief das Wissen der Menschen um die Rhythmen der Planeten und Sterne in unserer Milchstraße damals schon war.

Die folgende Traumreise vermittelt einen Eindruck davon, welchen Kräften wir in einem Erdtempel begegnen können.

Reise in einen Erdtempel

Richte deine Aufmerksamkeit erst einmal auf deinen Atem und nimm das Ein- und Ausströmen deines Atems wahr, ohne irgendetwas zu verändern. Überlasse dich ganz seinem natürlichen Fluss ... du kannst dir dabei vorstellen, dass deine Wirbelsäule sich an den Stamm eines kräftigen Baumes anlehnt, der dir Halt gibt. Erlaube jetzt deinem Körper, alle überflüssige Spannung abzugeben, lass ihn schwer werden, schwer, gelöst und warm ... Lass den Atem in die Tiefe deines Schoßes strömen und erlaube dem Bauch, weich zu werden, weich und warm ... Dann wandere mit deiner Aufmerksamkeit hinauf in den Brustraum ... spüre den Raum, den du dort zum Atmen hast und lass ihn so weit werden, wie es angenehm ist. Die Schultern dürfen nach unten sinken, alle Last kann von ihnen abströmen, sodass sie schwer werden, schwer, gelöst und warm ... Alle Spannung in deinem Unterkiefer kann sich jetzt lösen und die Lippen können sich leicht öffnen ... Erlaube dir jetzt auch, deine Alltagsgedanken loszulassen ... lass sie vorbeiziehen wie Wolken am Himmel ... nimm sie wahr, ohne sie zu bewerten, und lass sie gehen ... was wirklich wichtig ist, wird nach der Meditation zu dir zurückkehren.

Stell dir jetzt vor, ein sanftes grünes Licht durchströmt deine Aura, es beginnt sich zu verdichten und wird allmählich zu einer grünen Lichtwolke, die dich schützend einhüllt. Die Lichtwolke trägt dich fort, bis sie schließlich zu sinken beginnt, tiefer und tiefer. Schließlich landet sie mit dir in einer sanft hügeligen Landschaft. Es ist ein winterli-

cher Abend, die Dämmerung hat schon eingesetzt. Nicht weit entfernt von dir erkennst du ein Tor aus drei mächtigen Steinen, zwei stehen aufrecht, der dritte liegt waagerecht über den stehenden Steinen, ein Trilith. Ein schmaler Pfad führt zu diesem Tor und du weißt, dass du es durchschreiten musst, um zu dem Erdtempel zu gelangen, der das Ziel deiner Reise ist. Während du jetzt näher auf das Tor zugehst, erkennst du dahinter immer deutlicher einen Erdhügel, mit einem kleinen, dunklen Eingang, vor dem sich ein großer liegender Stein befindet. Auf diesem Stein befinden sich Muster von Spiralen, Triskelen und Kreisen. Wenn du entschieden bist, den Erdhügel zu betreten, gehe jetzt durch das Steintor hindurch. Du kannst spüren, wie Wellen von Kraft zwischen den Steinen schwingen. Gehe langsam auf den liegenden Stein zu und nimm dir Zeit, ihn zu betrachten. Er schützt den Eingang zum Erdtempel. Du kannst ihn berühren, mit deinen Fingern die eingeritzten Muster ertasten …

Jetzt darfst du den Erdtempel betreten. Nahe am Eingang findest du eine brennende Fackel, die dir den Weg ins Innere erleuchten wird. Ein schmaler Gang, von mächtigen Steinen gesäumt, führt in den Hügel hinein. Du musst dich ein wenig bücken, denn der Gang ist niedrig. Schritt für Schritt gehst du immer tiefer in den Hügel hinein, bis der Gang sehr eng wird. Du musst dich hindurchzwängen und plötzlich stehst du in einem hohen Raum, dessen Decke nach oben hin spitz zuläuft, er ist fast wie ein Kegel geformt. Im Licht deiner Fackel kannst du erkennen, dass drei kleine offene Steinkammern zu beiden Seiten und vor dir von dem Raum abgehen. In der Kammer vor dir erkennst du eine große, flache Schale, die aus hellem Ton besteht. Sie ist leer, aber von ihr geht eine besondere Anziehung aus, eine große Klarheit und Stille, die dich berührt. So setzt du dich vor dieser Schale auf den Boden und nimmst dir Zeit, sie zu betrachten und wahrzunehmen, wozu sie dich einlädt. Vielleicht bringt sie Erinnerungen in dir zum Schwingen oder hilft dir, leer und still zu werden …

Mit einem Mal erlischt das Licht deiner Fackel und der Raum ist stockdunkel. Nach dem ersten Schrecken öffnest du dich für die Dunkelheit und du kannst wahrnehmen, dass die Schwingungen in diesem Raum sanft sind und freundlich. Und du spürst die Gegenwart anderer Wesenheiten, die dich willkommen heißen. Wesen, die seit langer Zeit an diesem Ort sind und ihn schützen, Wesen aus unterschiedlichen Zeiten der Erde, die mit ihrer tiefen Liebe zur Erde zu ihren Hüterinnen geworden sind. Überlasse dich jetzt der Begegnung mit ihnen und dem, was daraus entstehen möchte …

Mit einem Mal nimmst du wahr, dass ein sanftes Licht in die Schale fällt und sie zu schimmern beginnt. Sie zeigt dir das erste Licht der morgendlichen Wintersonne. Du begrüßt es auf deine Weise und mit ihm das innere Licht in dir, das neu erwachen möchte.
Dann ist es Zeit, dich von dem Erdtempel zu verabschieden. Bedanke dich bei seinen HüterInnen und verlasse ihn durch den Gang, durch den du hineingegangen bist. Draußen vor dem Eingang kannst du die aufgehende Sonne am Horizont erkennen. Du gehst ihrem Licht durch das Steintor entgegen. Deine ganze Umgebung löst sich im Licht der Wintersonne auf und du kehrst wieder in dein Alltagsbewusstsein zurück.

Das Fest der Wintersonnenwende soll daran erinnern, dass wir mit den kosmischen Rhythmen verwoben sind. Gerade in dieser Zeit der extremen Dunkelheit haben wir viel Gelegenheit, die Sterne zu beobachten, in die unendliche Weite des Kosmos zu schauen und uns zu erinnern, dass alles mit allem verbunden ist und miteinander schwingt, dass es eine kosmische Ordnung gibt, die auch in uns wirkt.

Einige Bräuche helfen, sich an dieses Wissen zu erinnern. Noch heute backen wir zur Zeit der Wintersonnenwende Kekse in Form von Sonne, Mond und Sternen und zünden Kerzen an als Symbole für die Lichter der Nacht und zur Erinnerung an die AhnInnen. Das heutige Weihnachtsfest der christlichen Kirche wurzelt ebenfalls in den ursprünglichen Wintersonnenwendbräuchen.

Doch nicht nur in Nordeuropa wurde das Fest der Wiedergeburt zu diesem Zeitpunkt gefeiert. Auch im Mittelmeerraum finden wir Überlieferungen in Bildern und Geschichten, die erzählen, dass vor mehr als 3.000 Jahren der 25. Dezember das Fest der Göttin Isis war, an dem sie ihren Sohn Horus gebar. Aus Italien ist das Fest der Göttin Akka Larentia aus der Zeit der EtruskerInnen (rund 800 bis 100 v.u.Z.) überliefert, das am 23. Dezember als Fest der Stille zu Ehren der AhnInnen gefeiert wurde.

Die Farben des Wintersonnenwendrituals sind die hellen Lichtfarben, Weiß, Gold, Gelb, Orange – und für manche auch Schwarz, da es ja auch ein Dunkelheitsfest ist. Zu den ihm zugeordneten Symbolen gehören Steine wie der Bergkristall, der eine besondere Speicherkraft hat und außerdem Energien, zum Beispiel Wünsche, verstärken kann. Das Wünschen wiederum ist oft Bestandteil des Festes und wird als rituelle Handlung begangen. Dafür werden in das Zentrum des rituellen Kreises die mitgebrachten Bergkristalle gelegt. Dann nehmen wir uns Zeit für einen Moment der Stille, um nachzuspüren, was wir uns gerade wünschen. Der Wunsch, den wir wahrnehmen, kann ganz konkret und materieller Art sein, wie eine (andere) Wohnung oder eine (neue) Arbeit. Er kann aber auch auf einer anderen Ebene liegen und sich als Wunsch nach einer Beziehung, nach einer Erkenntnis, nach einer Erfahrung oder nach Heilung zeigen. Wenn der Wunsch klar ist, verbinden wir ihn mit einem Symbol, das uns hilft, ihn loszulassen – damit er in Erfüllung gehen kann. Das kann eine kleine Kerze sein, der wir beim Herunterbrennen zuschauen. Oder eine Wunderkerze, was sehr schön ist, da die Lichtfunken beim Abbrennen Freude wecken. Freude ist mit Leichtigkeit verbunden und die wiederum ist hilfreich beim Loslassen des Wunsches. Der Kreativität sind hier keine Grenzen gesetzt. Manche bauen auch kleine Schiffchen mit Kerzen und lassen sie schwimmen, bis diese abgebrannt sind.

Das Wichtigste beim rituellen Wünschen sind die Stärke der Energie, die im Wunsch selbst liegt, und die Fähigkeit, ihn vertrauensvoll loszulassen, was in der Regel der schwierigste Teil ist. Denn der Verstand ist der Meinung, dass es besser funktioniere, wenn wir ganz viel an ihn denken. Das Gegenteil ist aber der Fall, denn wir halten den Wunsch sonst nur fest. Auch müssen wir nicht wissen, wie er sich verwirklichen soll, das können wir den kosmischen Kräften überlassen. Um das Loslassen auch nach dem Ritual zu unterstützen, ist es hilfreich, ein inneres Bild dafür zu haben, zum Beispiel die abgebrannte Kerze. Wenn wir versucht sind, an den Wunsch zu denken, können wir uns dieses Bild in Erinnerung rufen und ihn einfacher loslassen.

Neben dem Wünschen ist die Verbindung mit dem göttlichen Licht eine weitere rituelle Handlung des Wintersonnenwendfestes. Das symbolische Anzünden eines Lichtes am Licht der Kreismitte, das für das göttliche Licht steht, hat eine tiefe Wirkung. Vor der rituellen Handlung des Lichtanzündens begeben wir uns im Ritual für eine Weile in die Dunkelheit und Stille. Alle Lichter sind gelöscht. Wir stellen uns vor, dass die Dunkelheit sich schützend um uns legt und finden in uns selbst einen Raum der Stille. In einer Meditation tauchen wir tief darin ein und berühren das Vertrauen, dass das Licht wiederkehren wird, symbolisch für das Wissen um unsere eigene Wiedergeburt. Wir meditieren:

Lass dich jetzt ganz von Stille und Dunkelheit einhüllen. Spür, wie die Dunkelheit sich wie ein schützender Mantel um dich legt, der dir Geborgenheit gibt. Öffne dich jetzt ganz dem, was die Dunkelheit an Schätzen für dich bereit hält und verweile in ihr, bis das Licht neu geboren wird.

In der tiefsten Stille zündet die Ritualleiterin die Kerze in der Mitte an, und jede Teilnehmerin bringt anschließend ihre Verbundenheit mit der Göttin zum Ausdruck, in dem sie ihre (mitgebrachte) Kerze an der Kerze in der Mitte anzündet. Um die Erinnerung daran durch die Rauhnächte zu tragen, nimmt sie diese Kerze mit Nach Hause und kann sie in jeder der Rauhnächte neu anzünden und ihr Vertrauen, dass das Licht wiederkehren wird, erneuern.

WINTERSONNENWENDE / JUL
Element: Erde
Zeitpunkt: Sonne 0° Steinziege, 21. bis 23. Dezember
Thema: Wiedergeburt des Lichtes
Farben: Gold, Gelb, Orange, Weiß (die hellen Lichtfarben) und Schwarz
Symbole: Kerzen, Bergkristall, Sterne, Lebensbaum
Tiere: Steinbock, Steinziege, Gazellen
Rituelle Handlungen: Verweilen in Stille und Dunkelheit, Anzünden einer Kerze am Licht der Mitte, Wünschen
Göttinnen: Isis, Lucia, Akka Larentia

12.1.3 Lichtmess – Die Macht der Vision

Das nächste Fest im Jahreskreis ist Lichtmess (Imbolc). Imbolc bedeutet so viel wie »im Bauch« und ist der keltische Name für dieses Mitwinterfest, das gleichzeitig das Fest der zunehmenden Mondsichel ist. Es wird gefeiert, wenn die Sonne 15°

im Zeichen Wassermann/-frau steht, Anfang Februar, oder wenn die ganz zarte zunehmende Mondin sich im Wassermann- oder im Fischezeichen befindet. Die Tage sind jetzt schon spürbar länger geworden, doch die Kälte ist in dieser Zeit in Nordeuropa am stärksten. Trotzdem sind Anfang Februar meistens schon die ersten Schneeglöckchen zu sehen, und wir können fühlen, dass eine Bewegung in der Tiefe der Erde stattfindet, obwohl die meisten Pflanzen noch ruhen. Doch beginnt jetzt die Zeit, allmählich die Schwere des Winters abzuschütteln und sich für das Neue, das sich in diesem Jahr verwirklichen will, zu öffnen.

Wir legen bei diesem Ritual besonders viel Wert auf die Reinigung des Raumes und der einzelnen Teilnehmerinnen und führen die Reinigung als erste rituelle Handlung aus. Wir räuchern dazu mit reinigenden Harzen und Kräutern, besonders gerne mit Salbei. Der Raum wird im Uhrzeigersinn mit Rauch gereinigt, dabei bekommen die Ecken besondere Aufmerksamkeit, da sich dort gerne alle möglichen Energien ablagern. Anschließend wird die Aura jeder Teilnehmerin mit dem Rauch gereinigt. Zusätzlich oder alternativ können Rasseln benutzt werden, mit denen wir durch die Aura und um den rituellen Platz herum rasseln. Auch ätherische Öle, in Duftwasser gelöst, können versprüht werden, um die Aura zu reinigen. Empfehlenswert sind erfrischende Düfte wie Zitrusdüfte, die gleichzeitig wach und klar machen. Wenn Frauen mit dem Feuerelement reinigen mögen, können sie mit der Flamme einer Kerze durch die Aura gehen. Schüttelmeditationen sind ebenfalls zur Vorbereitung für das Lichtmessritual hilfreich. Sie können den Körper durchlässiger machen, Verspannungen und Blockaden lösen, sodass die Energie wieder besser fließen kann.

Imbolc bildet den Übergang von den Dunkelheitsfesten Samhain und Wintersonnenwende, die der schwarzen Göttin zugehörig sind, zur Kraft der weißen Göttin, die Erneuerung und Wachstum initiiert und begleitet. Zu den weißen Göttinnen gehören Artemis (griechisch), Diana (römisch) und Brighid (keltisch). Sie alle sind Kämpferinnen, sie tragen Schwerter oder Pfeil und Bogen. Gleichzeitig sind sie Geburtshelferinnen und beschützen Kinder und Tiere. Sie helfen, das Leben auf die Erde zu bringen, neues Wachstum auch auf geistiger Ebene zu fördern und schenken uns die Kraft, für unsere Ideen zu kämpfen.

In Irland symbolisiert Brighid den weißen Aspekt der uralten dreifachen Göttin, die in dieser Zeit des Jahres beginnt, ihre Haut als Alte Weise (Cailleach) abzustreifen, sich zu erneuern und die Kraft bereitstellt für das neue Wachstum. Brighid gilt zwar vielen als Feuergöttin – während wir Imbolc als Luftfest feiern –, doch ist sie auch die Göttin der Inspiration, der Poesie, was wiederum Luftqualitäten sind. Außerdem ist sie eine Beschützerin der Kinder, besonders der Neugeborenen. Ihr Symbol, das aus Stroh geflochtene Kreuz, wird den Babys zum Schutz in die Wiege gelegt und ist noch heute in Irland überall zu finden. Viele Kraftplätze, besonders Quellen, gelten dort als Brighids Heiligtümer. Das Brighidkreuz ist dem Sonnenrad sehr ähnlich und verkörpert in dieser Jahreszeit die Kraft des zunehmenden Lichtes, des Wachstums. An Imbolc flechten noch heute in Irland Frauen dieses Kreuz aus Stroh und legen es zum Schutz in die Häuser und Ställe.

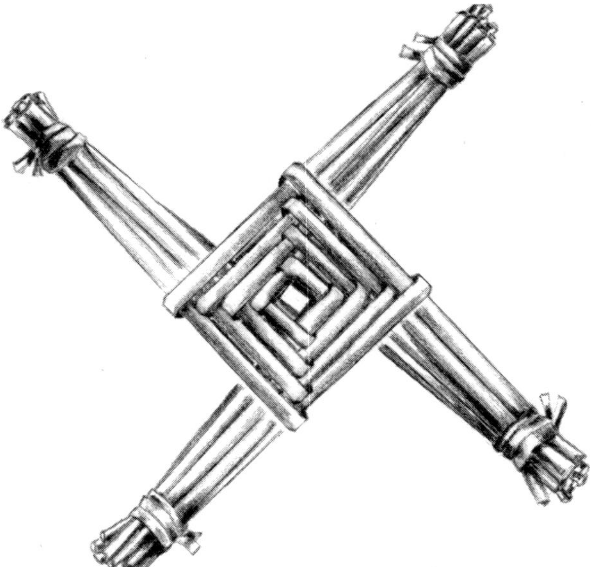

Das Brighidkreuz verkörpert unter anderem Wachstum, Dynamik, Wandlung

Es ist eine sehr tiefe und schöne Meditation, das Bewusstsein auf das den Mittelpunkt des Kreuzes zu richten. Sie führt schnell zum Zentrum der schöpferischen Kraft und kann auch als Tor zur Begegnung mit der weißen Göttin genutzt werden.

Die Farben dieses Festes sind Weiß und Grün, für das beginnende Wachstum. Einige Frauen gestalten das Ritual, indem sie dunkle Kleidung abwerfen und weiße Kleider anziehen, um die Wandlung zum Ausdruck zu bringen und die Kraft der weißen Göttin in sich zu wecken, sich mit ihr symbolisch zu verbinden. Andere kleiden sich von Anfang an in Weiß und Grün.

Das Element des Festes ist Luft. Sie eignet sich gut, um uns innerlich aufzurütteln und Platz zu schaffen für neue Ideen. Manchmal muss dafür etwas gehen, vielleicht eine zu fest gewordene Struktur, bequeme Gewohnheiten, Routinen oder zu eng gewordene innere Einstellungen. Die Qualität dieser Zeit fordert auf, sich auf Ungewohntes einzulassen, die Perspektive einmal zu verändern, zu experimentieren, Verrücktes zu wagen. Nicht das rationale Denken ist gefragt, sondern das Öffnen für Inspiration, für Ideen aus anderen Ebenen des Bewusstseins, für neue Gedanken, neue Wege. So können wir die Bereitschaft zu einem inneren Wachstumsschritt deutlich machen und zum Ausdruck bringen, dass wir offen sind für innere Bilder, Fantasien, Träume, die uns zeigen, welcher Teil unseres Potenzials sich jetzt verwirklichen möchte.

Erneuerung und Wachstum können sich im Rahmen des Lichtmessrituals in Form einer Vision zeigen, die wir im Zentrum einer Spirale empfangen. Die Spirale ist ein uraltes und über alle Kulturen verbreitetes Symbol mit vielen Bedeutungen (siehe Kapitel 2). Im Imbolcritual machen wir uns mit der Spirale folglich ein energetisch stark geladenes Symbol zunutze, indem wir rituell einen Spiralweg gehen. Die Erfahrung der Spiralbewegung gibt uns innerlich eine Orientierung in Zeiten des Chaos und der Desorientierung und erinnert daran, dass es eine tiefe Ordnung und Harmonie im Kosmos gibt, die sich auch in unserer eigenen persönlichen Entwicklung spiegelt.

Um einen Spiralweg im Ritualraum zu legen, können Steine, Muscheln, Tarotkarten oder ähnliches benutzt werden. Die gelegte Spirale sollte so groß sein, dass sie mindestens zwei Umdrehungen beschreibt. Wir legen sie so, dass der Weg hinein in die Spirale gegen den Uhrzeigersinn erfolgt. Symbolisch bedeutet dies, dass wir auf dem Weg in die Mitte der Spirale etwas zurücklassen. Während wir den Weg in die Spirale hinein gehen, lassen wir uns reinigen und durchschütteln, legen die Winterschwere ab und drücken dies auch durch Bewegungen oder Abstreifen alter Energien vom Körper aus. Unterstützt wird der rituelle Weg durch die alte Trancetechnik des Rasselns. Um die Spirale herum sitzen die Teilnehmerinnen des Rituals mit ihren Rasseln. Sie begleiten diejenige, die in die Spirale geht mit ihrem Rasseln, das rhythmisch jede einzelne Körperzelle ins Schwingen bringt.

Während des Rituals geht jeweils eine Frau einzeln in die Spirale hinein und lässt dabei symbolisch Schritt für Schritt alte Strukturen und Begrenzungen hinter sich. Durch das Rasseln werden nicht nur die Körperzellen ins Schwingen gebracht, sondern es wird auch leicht, die Grenzen des rationalen, logischen Verstandes zu verlassen und sich für die Ebene erweiterter Bewusstheit zu öffnen, die wir brauchen, um eine Vision zu finden.

Im Zentrum der Spirale ist der Raum der Stille, der Leere. Hier nehmen wir uns Zeit, das dritte Auge zu öffnen. Dazu können wir uns einen blauen Lichtpunkt in der Mitte der Stirn vorstellen, der sich dem Zentrum des Kopfes nähert, wo sich die Zirbeldrüse[5] befindet, und ihn von innen her mit Licht erfüllt. Damit öffnen wir uns für eine Wahrnehmungsebene jenseits der üblichen fünf Sinne. Anschließend bitten wir um eine Vision oder auch um eine Botschaft von unserem Höheren Selbst oder der Göttin und warten ab, was geschieht. Im Zentrum der Spirale ist die Energie so dicht, dass der Kontakt zur göttlichen Ebene leicht ist und sich die Vision meistens erstaunlich schnell einstellt.

Der Weg aus der Spirale hinaus wird im Uhrzeigersinn gegangen. Er soll symbolisch die Absicht stärken, Schritte in die Zukunft zu wagen und die empfangene Vision zu verwirklichen. Wenn die Spirale auch aus Tarotkarten gelegt wurde, kann zur Unterstützung dafür eine Karte auf dem Weg hinaus gezogen werden.

Als Vorbereitung für das Ritual kann die folgende Traumreise hilfreich sein, um den Kontakt zu der Göttin Brighid herzustellen. Wenn es keine Möglichkeit gibt, im Ritual eine Spirale zu legen, kann sie zudem die rituelle Handlung ersetzen. Sie beginnt mit einer energetischen Reinigung des Körpers und der Aura.

Reise, um sich für eine Vision zu öffnen

Richte deine Aufmerksamkeit erst einmal auf deinen Atem und nimm das Ein- und Ausströmen deines Atems wahr, ohne irgendetwas zu verändern. Überlasse dich ganz seinem natürlichen Fluss ... du kannst dir dabei vorstellen, dass deine Wirbelsäule sich an den Stamm eines kräftigen Baumes anlehnt, der dir Halt gibt. Erlaube jetzt deinem Körper, alle überflüssige Spannung abzugeben, lass ihn schwer werden, schwer, gelöst und warm ... Lass den Atem in die Tiefe deines Schoßes strömen und erlaube dem Bauch, weich zu werden, weich und warm ... Dann wandere mit deiner Aufmerksamkeit hinauf in den Brustraum ... spüre den Raum, den du dort zum Atmen hast und lass ihn so weit werden, wie es angenehm ist. Die Schultern dürfen nach unten sinken, alle Last kann von ihnen abströmen, sodass sie schwer werden, schwer, gelöst und warm ... Alle Spannung in deinem Unterkiefer kann sich jetzt lösen und die Lippen können sich leicht öffnen ... Erlaube dir jetzt auch, deine Alltagsgedanken loszulassen ... lass sie vorbeiziehen wie Wolken am Himmel ... nimm sie wahr, ohne sie zu bewerten, und lass sie gehen ... was wirklich wichtig ist, wird nach der Meditation zu dir zurückkehren.
Öffne jetzt dein Kronenchakra, so wie eine Blüte sich für das Licht der Sonne öffnet. Stell dir ein stückweit oberhalb des Kronenchakras eine weiße Lichtkugel vor. Ihr klares weißes Licht strömt in dein geöffnetes Kronenchakra, fließt durch deine Wirbelsäule hindurch und nimmt dabei alle Ablagerungen und Schlackestoffe mit, sodass dieser Energiekanal gereinigt wird. Das Licht strömt durch deinen ganzen Körper und reinigt jede einzelne Zelle, bis sie wieder klar und durchlässig ist. Jetzt spürst du, wie das weiße Licht auch durch deine Aura strömt, reinigend, klärend und alles davon spült, was nicht zu dir gehört. Alle dunklen Bereiche werden hell und klar und du spürst, wie deine Aura zu leuchten beginnt.
Das weiße Licht beginnt jetzt, sich zu verdichten, wird zu einer Lichtwolke, die dich schützend einhüllt und sicher trägt. Lass dich ganz und gar von deiner weißen Lichtwolke einhüllen und forttragen. Weit fort aus deinem Alltag trägt sie dich und landet mit dir auf einer schneebedeckten Ebene. Du genießt für eine Weile die klare kalte Luft, die unendlich vielen Schneekristalle, die im Licht der Sonne glitzern. In der Weite des blauen Himmels siehst du einen Vogelschwarm, hörst das Schwingen ihrer Flügel und ihre Stimmen ...
Plötzlich löst sich einer dieser Vögel aus dem Schwarm und nähert sich dir. Zu deinem Erstaunen landet er direkt neben dir. Du kannst

die Kraft seiner Flügel bewundern, die schönen Federn und du nimmst wahr, dass er dich einlädt, mit ihm zu fliegen. Wie durch ein Wunder bist du plötzlich genauso groß, dass du einen Platz in seinem Gefieder findest und schon fliegt ihr davon. Du genießt für eine Weile den Blick auf die schnee- und eisbedeckte Landschaft unter dir ... Jetzt fliegt ihr über das Meer, und da entdeckst du eine kleine, grün schimmernde Insel im Meer, die dich fasziniert.

Schon beginnt der Vogel tiefer zu fliegen und es dauert nicht lange, da landet er mit dir fast im Zentrum der Insel am Fuße eines grasbewachsenen Hügels. Dort setzt er dich ab und du streckst dich wieder zu deiner normalen Körpergröße. Neugierig schaust du dich um und entdeckst einen kleinen schmalen Pfad, der sich den Hügel hinauf schlängelt. Der Vogel gibt dir zu verstehen, dass er auf dich warten wird und dass du jetzt allein weiter gehen musst.

Du folgst dem kleinen Pfad den Hügel hinauf und schon von Weitem kannst du die Silhouetten einiger mächtiger Steine erkennen, die sich auf dem Hügel befinden. Im Näherkommen erkennst du, dass es sich um einen sehr alten Steinkreis handelt, der von einem Wächterstein gehütet wird. Einige der Steine sind schon sehr verwittert, doch immer noch geht eine starke Kraft von ihnen aus, die dich magisch anzieht, und du weißt mit einem Mal, dass du hergekommen bist, um in das Zentrum dieses Kreises zu gehen.

Du begrüßt den Wächterstein mit deinen Händen und deinem Geist und bittest ihn, deinen Besuch im Steinkreis zu schützen. Dann beginnst du, den Steinkreis zu umrunden und begrüßt jeden einzelnen Stein auf deine Weise. Dabei spürst du schon die besonderen Schwingungen, die von ihnen ausgehen. Schließlich betrittst du den Kreis und beginnst, dich auf einem spiralförmigen Weg der Mitte zu nähern, denn dies ist der Verlauf der Erdkraftströme, die dieser Steinkreis bündelt. Schritt für Schritt näherst du dich so der Kreismitte ...

Dort angekommen nimmst du dir Zeit, die Kraft zu spüren, die dieser Platz für dich bereit hält. Du spürst die Achse zwischen Erde und Kosmos, die starken Schwingungen, die hin- und her strömen, und schließt die Augen. Vor deinem inneren Auge erscheint das Kreuz der Brighid, es beginnt, sich zu drehen und während deine Aufmerksamkeit ganz und gar auf sein Zentrum gerichtet ist, spürst du, wie sich in dir ein weiter Raum öffnet. Jetzt ist der Moment, Brighid um das zu bitten, weshalb du wirklich hierher gekommen bist, um eine Vision, eine Botschaft, eine Inspiration? Lass sie wissen, worum es geht und dann nimm wahr, was ihr Geschenk an dich ist ...

Wenn du deine Botschaft erhalten hast, bedanke dich. Dann kannst du noch eine Weile im Steinkreis bleiben, um seine Kraft auf dich wirken zu lassen. Wenn du genug hast, verlasse ihn wieder auf dem Spiralweg und verabschiede dich von den Steinen. Danke nun auch dem Wächterstein.
Jetzt nimmst du das Schwingen von Flügeln wahr und siehst, dass dein Vogel gekommen ist, um dich zurückzutragen. Kaum ist er gelandet, wirst du wieder so klein, dass er dich tragen kann und sicher bringt er dich zurück auf die schneebedeckte Ebene. Von dort aus lässt du dich von deiner weißen Lichtwolke, die hier auf dich gewartet hat, wieder zurück in dein Alltagsbewusstsein tragen …
Lass ihr Licht jetzt verblassen und nimm dir Zeit, wieder die Grenzen deines Körpers zu spüren. Du bist weit gereist und brauchst jetzt besondere Aufmerksamkeit für deinen Körper. Spür deinen Atem, lass deinen Körper sich räkeln und strecken. Spür die Kraft deiner Muskeln und nimm dir Zeit, allmählich aufzustehen.

LICHTMESS / IMBOLC
Zeitpunkt: Sonne 15° Wassermann, Anfang Februar oder zunehmende Mondsichel
Thema: Reinigung, um eine Vision bitten
Element: Luft
Farben: Weiß, Grün
Symbole: geflochtenes Brighidkreuz, zunehmende Mondsichel, Spirale, Rasseln, Räucherwerk, Federn
Rituelle Handlung: Weg in die Spirale, Visionssuche, Reinigung, Aufnahme neuer Teilnehmerinnen in eine Gruppe/Gemeinschaft, Taufe
Göttinnen: die weißen Göttinnen Artemis, Diana, Brighid, Arianrhod

12.1.4 Frühjahrstag- und Nachtgleiche – Die Macht des Lebenswillens

Licht und Dunkel sind an diesem Punkt des Jahresrads im Gleichgewicht, von nun an wird die Sonne täglich mehr und mehr an Kraft gewinnen. Wenn sie in das Widderzeichen eintritt, dem Neubeginn im astrologischen Zyklus, feiern wir die Frühjahrstag- und Nachtgleiche (Ostara), die Zeit des Werdens.

Die Kraft der Erde wird nun durch den Tanz der Frühlingsgöttin Ostara geweckt, ein neuer Wachstumszyklus beginnt. Ostara wird mit dem »im Osten aufgehenden Stern« verbunden, damit kann die Sonne, aber auch die Venus als Morgenstern und Geliebte der Sonne gemeint sein. Als eines ihrer Heiligtümer gelten die Externsteine im Teutoburger Wald, ursprünglich Eccestan, Steine der Urgöttin Ecce, die auch Acce oder Acca genannt wurde. Ecce bedeutet Urmutter[6], wir kennen sie schon als Todesgöttin von Samhain und als Göttin der Wiedergeburt zur Wintersonnenwende. Ostara verkörpert die neugeborene Tochter der Urgöttin, das wiederkehrende, sich erneuernde Leben auf der Erde.

Dieses Frühlingsfest wurde in einer Zeit, in der es noch keine Sonnenfeste gab, an dem Vollmond im Zeichen der Jungfrau gefeiert, also dann, wenn die Sonne noch im Fischezeichen steht. Das Symboltier des Tierkreiszeichens Jungfrau aber war der Hase, der deshalb dem Fest der Frühjahrstag- und Nachtgleiche zugeordnet wird. Neben dem Hasen spielt natürlich das Ei eine wichtige Rolle bei diesem Fest, bei dem es um Geburt, Wachstum und Fruchtbarkeit geht, denn es symbolisiert Nahrung und Fruchtbarkeit, da es ähnlich wie ein Samenkorn das ganze Potenzial des Lebens enthält. Deshalb verwundert es auch nicht, dass das Ei ist in fast allen Kulturen der Erde ein Ursymbol der Menschheit.

Das Ei ist ein Symbol für das Universum, das die Göttin geschaffen hat. Alte Schöpfungsmythen aus Ägypten, Indien und Griechenland beschreiben die Entstehung unseres Universums als den Tanz der Göttin mit einer Schlange, die daraufhin ein Ei gebar. Die Schlange ist in diesen Mythen oft ein Symbol für die Milchstraße, das von ihr gelegte Ei symbolisiert unser Sonnensystem. In vielen Kulturen war das Ei Symbol für unser Sonnensystem, manchmal auch für die Sonne selbst oder für die Bahn, die die Erde um die Sonne zurücklegt. In anderen Mythen tanzt die Göttin mit einem Vogel, der ein Ei legt. Aus Persien ist die Vorstellung des gesamten Kosmos als Weltenei bekannt. Maria Gimbutas beschreibt in ihrem Buch »Die Sprache der Göttin«, wie sich in Europa die symbolische Bedeutung des Eis bis in die frühen Phasen des Neolithikums zurückverfolgen lässt. So wurde es zum Beispiel auf Gefäßen und Wandmalereien früher Balkankulturen aus dem 5. und 4. Jahrtausend v.u.Z. gefunden.

Besonders das rote Ei symbolisiert Lebenskraft und Vitalität. Um die Erneuerung der Pflanzen zu unterstützen, wurden in bäuerlichen Kulturen Eier in die gepflügte Erde gelegt. Während dieser Handlung als Teil eines Frühlingsrituals wurde von Frauen in Finnland folgendes Gebet an die Frühlingsgöttin gesprochen:

Große Ernährerin des Getreides,
dein Heim und deine Wohnstätte ist im Ackerrain,
dort lebst du,
du gehst in der Feldmark auf dem gepflügten Land umher,
zwischen gesätem Getreide.
Gib dem Getreide Wachstum,
einen dicken Halm und eine schwere Ähre;
wie wir uns jetzt verneigen,
so möge sich auch das Getreide neigen.
Sieh hier, Eier und ungesäuerte Brote für dich!
Mit Verneigungen haben wir sie dir dargebracht,
empfange das Alte, gib Neues ...[7]

Das symbolische Bemalen von Eiern ist ebenfalls ein alter Brauch (der sich bis heute erhalten hat). Traditionell wurden sie mit Wirbeln, Spiralen, Schlangen, Mondsicheln und Pflanzenmotiven bemalt, um die Ankunft des Frühlings zu feiern – alles sehr dynamische Symbole, die Lebendigkeit, Neuanfang und Bewegung ausdrücken.

Das Ei ist jedoch nicht nur ein Symbol für den Neubeginn, sondern auch für die Wiedergeburt und erinnert damit wieder an die zyklische Natur des Lebens. Die Verbindung von Ei und Tod ist ebenso alt wie die Frühlingsbräuche. Im Mittelmeerraum, zum Beispiel auf den Balearen, auf Korsika, Sardinien und Malta, wurden eiförmige Grabkammern aus der Zeit der Megalithkulturen gefunden, die die Geborgenheit und den Schutz im Schoß der Göttin symbolisieren. Außerdem war es dort offenbar üblich, den Toten Beigaben in Eiform mit ins Grab zu legen, um an das sich erneuernde Leben zu erinnern.

Darüber hinaus symbolisiert das Ei Schutz, was in den alten Bräuchen, zu Ostara Eier in Haus und Stall aufzuhängen, zum Ausdruck kommt.

Begeisterung, Lust, etwas Neues zu beginnen, die eigene Kraft zu spüren und einzusetzen sind Energien, die jetzt geweckt werden sollen. Sich gegenseitig mit Ruten aus Hasel- und Birkenzweigen zu schlagen, ist ein heute noch praktizierter Brauch in Osteuropa, um die Lebenskraft auch im Körper anzuregen. Die Kraft, die jetzt gestärkt wird, ist die Kraft, einen starken Willen zu entwickeln, den eigenen Weg zu gehen: »Ich will, ich handle auch danach und kämpfe dafür«. Die Verbindung zur Kraft von Ostara stärkt innerlich das Vertrauen in die eigenen Kräfte des Werdens, auf das wir gestaltend Einfluss nehmen können und so zur Schöpferin unseres Lebens werden.

Runde Ostarabrote, die zu diesem Fest gebacken werden, symbolisieren die Sonne, deren Kraft jetzt zurückkehrt. Das Zopfmuster der Brote ist Ausdruck für die Verbindung zur dreifachen Göttin (Werden, Bewahren, Vergehen). Als Nest für das Ei symbolisieren sie wieder den Schoß, den Schutz der Göttin.

In Anlehnung an die alten Bräuche werden im Ritual zu Ostara gerne bemalte und rotgefärbte Eier verspeist, um ihre Kräfte symbolisch in sich aufzunehmen. Es schenkt damals wie heute symbolisch Vitalität, Lebensfreude und Lebendigkeit und alles, was wir brauchen, um uns durchzusetzen, zu handeln. Je nachdem, welche Energien wir zu diesem Zeitpunkt besonders brauchen, können wir die rot gefärbten Eier zusätzlich mit bestimmten Symbolen bemalen. Dies können astrologische Zeichen, Runen oder Schutz-, Wachstums- und Heilungssymbole sein. Bevor wir im Ritual ein Symbol auf das Ei malen, visualisieren wir es. Welches Symbol wir aufmalen wollen, haben wir bereits bei der Vorbereitung des Rituals entschieden.

Da wir uns während eines Rituals schon in einem nichtalltäglichen Bewusstseinszustand befinden, können wir direkt mit der Visualisierung beginnen (ohne eine Entspannungsübung vorher).

Stell dir dein Symbol vor deinem inneren Auge in einer Lichtfarbe vor. Dann lasse es allmählich wachsen. Stell dir für einen Moment vor, dass es so groß wird, dass es den ganzen Raum ausfüllt und immer stärker leuchtet, bis es seine ganze Kraft entfaltet hat. Dann lass es wieder so klein werden, bis es auf dein Ei passt; dabei verliert es nichts von seiner Kraft, es bewahrt sie ganz und gar in seiner Form und Farbe. Bleibe in diesem Zustand und male das Symbol nun mit einem Farbstift auf dein Ei.

Anschließend werden die bemalten Eier rituell verspeist.

Eine weitere rituelle Handlung, die zu diesem Fest gehört, ist das Säen und die Segnung der Saat, die jetzt in die Erde gelegt wird. Das Säen kann mit der Absicht verbunden werden, etwas innerlich oder auch äußerlich wachsen zu lassen, etwas, das sich im Jahreszyklus verwirklichen soll. Vielleicht ist es die Idee, die Vision, die sich zu Imbolc gezeigt hat (siehe Kapitel 12.1.3). Das, was wachsen soll, wird in der Vorstellung mit dem Samenkorn, der Knolle oder Blumenzwiebel verbunden, das/die in die Erde gelegt wird/werden. Das Samenkorn wiederum enthält zu diesem Zeitpunkt ja auch vorläufig nur die Idee, das Bild, das das energetische Potenzial der zukünftigen Pflanze in sich trägt.

Im Ritual geben wir die Saat in die Erde und vertrauen auf das Wunder des Werdens, des Entfaltens. Die Idee kann nun beginnen, sich im Feststofflichen zu verwirklichen, sich zu manifestieren. Wenn alle Ritualteilnehmerinnen ihre Saat gesät haben, erhält sie noch den Segen der Kräfte der vier Elemente und der Göttin. Den Segen geben dabei stellvertretend diejenigen, die zu Beginn des Rituals die vier Elemente angerufen haben (siehe Kapitel 11.2.5).

Gesegnet wird mit einfachen Gesten. Für das Element Erde zum Beispiel kann nahrhafte Muttererde in die Blumentöpfe mit der Saat gestreut werden; für das Feuer kann mit einer Kerze ein schützender Kreis um den Blumentopf gezogen werden oder es kann etwas Asche darüber gestreut werden; für das Element Wasser kann die Erde mit Wassertropfen aus dem rituellen Kelch besprengt werden; für die Luft kann gesungen werden, es können Flötentöne über die Erde gespielt werden, oder der Segen des Luftelementes wird durch ein Darüberhauchen gegeben. Um die Saat mit der Kraft der Göttin zu segnen, kann ein Segnungstanz getanzt oder ein Klangraum aus Herzenstönen aufgebaut werden, deren Schwingungen auf die Saat übergehen.

Wie die Sonne im Widderzeichen deutlich macht, ist Ostara ein Fest des Elementes Feuer. Die Farben sind daher alle Feuerfarben, Rot, Orange, Gelb und zusätzlich Grün für das Wachstum. Das Feuerelement kommt zudem in den alten Ostarabräuchen zum Ausdruck, die mit Wettkämpfen und dem Anzünden von großen Feuern verbunden waren – in einigen Regionen Deutschlands sind Osterfeuer heute noch Brauch, vermutlich ohne dass den meisten deren traditionelle Bedeutung bewusst ist. Mit der folgenden Meditation kannst du dich auf die Frühlingskräfte einstimmen.

Meditation zum Wachsen

Richte deine Aufmerksamkeit erst einmal auf deinen Atem und nimm das Ein- und Ausströmen deines Atems wahr, ohne irgendetwas zu verändern. Überlasse dich ganz seinem natürlichen Fluss ... du kannst dir dabei vorstellen, dass deine Wirbelsäule sich an den Stamm eines kräftigen Baumes anlehnt, der dir Halt gibt. Erlaube jetzt deinem Körper, alle überflüssige Spannung abzugeben, lass ihn schwer werden, schwer, gelöst und warm ... Lass den Atem in die Tiefe deines Schoßes strömen und erlaube dem Bauch, weich zu werden, weich und warm ... Dann wandere mit deiner Aufmerksamkeit hinauf in den Brustraum ... spüre den Raum, den du dort zum Atmen hast und lass ihn so weit werden, wie es angenehm ist. Die Schultern dürfen nach unten sinken, alle Last kann von ihnen abströmen, sodass sie schwer werden, schwer, gelöst und warm ... Alle Spannung in deinem Unterkiefer kann sich jetzt lösen und die Lippen können sich leicht öffnen ... Erlaube dir jetzt auch, deine Alltagsgedanken loszulassen ... lass sie vorbeiziehen wie Wolken am Himmel ... nimm sie wahr, ohne sie zu bewerten, und lass sie gehen ... was wirklich wichtig ist, wird nach der Meditation zu dir zurückkehren.

Stell dir jetzt vor, dass du dich in ein Samenkorn verwandelst, das tief im Schutze der Erde liegt. Die Erde ist weich, lange war es still, und du hast einfach in ihr geruht. Doch jetzt beginnt sich etwas zu verändern. Leben ist erwacht in der Erde, du spürst Bewegung um dich herum und auch in dir fühlst du ein Drängen. Etwas in dir möchte sich bewegen, diese Kraft wird stärker, und plötzlich spürst du, wie die Schale des Samenkorns aufbricht und dein Inneres durch die Erde hindurch an ihre Oberfläche drängt.

Du spürst wärmende Sonnenstrahlen, die dich auffordern, weiter zu wachsen. Du spürst einen sanften Windhauch und die Feuchtigkeit des Taus, und du nimmst wahr, dass es Tiere oberhalb der Erde gibt. Du hörst Vögel zwitschern, Insekten summen und erkennst, dass auch andere Pflanzen um dich herum ihre Köpfe herausgestreckt haben. Spür, wie es ist, zu wachsen, sich zu entfalten. Lass dich von den Kräften der vier Elemente nähren und zu der werden, die du bist.

FRÜHJAHRSTAG- UND NACHTGLEICHE / OSTARA
Zeitpunkt: Sonne 0° Widder, 21. bis 23. März, Frühlingsanfang
Thema: Wachstum
Element: Feuer
Farben: Gelb, Orange, Rot, Grün
Rituelle Handlung: Säen, Segnen, Eier bemalen und verspeisen
Symbole: Ei, Saat, Ostarabrot, Ostarazopf, Zweige
Tiere: Hase
Göttin: Ostara, Freya (als germanische Frühlingsgöttin)

12.1.5 Walpurgis – Die Macht der Sinnlichkeit

Walpurgis (Beltane) ist inzwischen das vermutlich bekannteste Hexenfest. Auf dem Rad des Jahreskreises liegt es direkt gegenüber von Hexenneujahr, wo es um das Vergehen, Auflösen, Sterben geht. Jetzt aber geht es darum, das Leben auf der Erde zu feiern, alle Sinne zu öffnen und besonders die Lust und Freude zu genießen, die die Natur und der Körper uns schenken.

Die Sonne steht Anfang Mai mitten im Zeichen Stier, in der Natur ist es die Zeit, in der fast alle Pflanzen blühen. Die Göttin Venus ist die Kraft, die uns in dieser Zeit einlädt, die Sinne zu öffnen, die Schönheit der Natur zu genießen und die Lust im eigenen Körper fließen zu lassen. Die Farben dieses Festes sind die der Apfelbäume, die jetzt blühen: Weiß, Rosa und Grün. Der Apfelbaum gilt als Symbol für die Liebe der Göttin. Avalon, die mystische Insel der Göttin zum Beispiel, war eine Insel der Apfelbäume. Es ist ein uralter Initiationsritus, von einer Priesterin der Göttin einen Apfel als Symbol für die Liebe der Göttin überreicht zu bekommen, die uns auf dem Weg der Erkenntnis und Bewusstwerdung unserer Selbst begleitet.

Zu den bekannten Bräuchen dieser Zeit zählt der Tanz in den Mai, meist ein Bändertanz. Bänder werden verflochten und wieder gelöst, so wie Beziehungen eingegangen und wieder aufgelöst werden. Der Tanz um den Maibaum erinnert an das Symbol des Lebensbaumes, der in vielen Kulturen Ausdruck der Kraft der Schöpfergöttin war. Der Maibaum verkörpert die Achse zwischen Erde und Kosmos. Mit beiden Kräften sind wir zutiefst verbunden. Die Göttin erinnert uns in dieser Zeit besonders daran, dass alles Leben aus einem Überfluss an Liebe, Freude und Lust entstanden ist. Auch der gemeinsame Sprung über das rituelle Walpurgisfeuer soll bestehende Verbindungen vertiefen beziehungsweise neue knüpfen.

Ein bekanntes magisches Werkzeug ist der Besen, der zu Walpurgis zum Einsatz kommt. Mit ihm wird der Ritualplatz von energetischen Besetzungen gereinigt.

Das Ritual soll dazu dienen, alle fünf Sinne, Sehen, Hören, Riechen, Schmecken, Tasten, zu öffnen und uns zu erinnern, auf welche unterschiedliche Weise wir Lust spüren können. Wir können uns gegenseitig verwöhnen mit Düften, schöner Musik, Massage oder köstlichem Essen und uns selbst schmücken. Es geht bei Walpurgis darum, eine sinnliche Beziehung zur Erde zu erfahren, zum eigenen Körper, zu Pflanzen, Steinen, zu all ihren Schätzen und das Bewusstsein dafür zu wecken, dass die Natur beseelt ist, dass wir auf einer Seelenebene mit allen ihren Geschöpfen verbunden sind.

Der keltische Name des Festes, Beltane – heute in Irland der Name für den Monat Mai –, soll von bel = Feuer abgeleitet sein. In Irland werden zu Beltane große Feuer angezündet, zu denen auch die Wesen der Anderswelt eingeladen werden, besonders Elfen und Feen, die die feinstoffliche Welt der Pflanzen verkörpern.

Tanz ist ein wesentliches Element dieses Rituals, denn er weckt die Freude am eigenen Körper. Besonders im Bauchtanz können wir die eigene Sinnlichkeit erfahren. Die Priesterinnen im Garten der Venus wiederum tragen Gürtel oder Tücher um die Hüften, um die Aufmerksamkeit auf den Schoß zu richten.

An Walpurgis verwandeln wir uns in Hexen. Wir erlauben uns wild und ausgelassen zu sein und alle Seiten unseres Wesens zu zeigen. Wir können unsere magischen Kräfte einsetzen und im Hexenkessel rühren. Wir können uns in Trance versetzen und innere Reisen unternehmen oder uns berauschen.

Im Ritual bringen wir unsere tiefe und leidenschaftliche Liebe zur Erde zum Ausdruck und danken ihr für alles, was sie uns schenkt. Wir erinnern uns an besonders schöne und kraftvolle Orte auf der Erde und schicken ihr unsere Freude, im Bewusstsein, dass sie ein spirituelles Wesen ist. Für jedes Volk dieser Erde war sie einst eine Göttin: Gaia, Pachamama, Gula, Aruru, Erke sind einige ihrer Namen.

Eine Göttin, die Hexenneujahr und Walpurgis miteinander verbindet, ist Sheela-na-gig. Sie wird besonders in Irland und Schottland an vielen Plätzen verehrt. Wir finden sie in Irland häufig als Steinskulptur, als Reliefbild über dem Eingang sehr alter Frauenklöster und einiger Kirchen. Viele Reliefs wurden allerdings vernichtet, da die christliche Kirche sich natürlich nicht als Schoß der Göttin verstand. Doch die Menschen hörten nicht auf, sie zu verehren. Es gibt in Irland heute noch 99 bekannte Darstellungen der Sheela, in Großbritannien mehr als 50. Ihre weit geöffnete Vulva ist gleichzeitig das Tor zum Leben wie zum Tod, denn sie nimmt die Sterbenden wieder in ihren Schoß auf. Zu Beltane aber ist sie eine Einladung in den Schoß der Lust und Leidenschaft, den wir auch in Meditation aufsuchen können.

Sheela-na-gig

Reise in den Schoß der Göttin

Richte deine Aufmerksamkeit erst einmal auf deinen Atem und nimm das Ein- und Ausströmen deines Atems wahr, ohne irgendetwas zu verändern. Überlasse dich ganz seinem natürlichen Fluss ... du kannst dir dabei vorstellen, dass deine Wirbelsäule sich an den Stamm eines kräftigen Baumes anlehnt, der dir Halt gibt. Erlaube jetzt deinem Körper, alle überflüssige Spannung abzugeben, lass ihn schwer werden, schwer, gelöst und warm ... Lass den Atem in die Tiefe deines Schoßes strömen und erlaube dem Bauch, weich zu werden, weich und warm ... Dann wandere mit deiner Aufmerksamkeit hinauf in den Brustraum ... spüre den Raum, den du dort zum Atmen hast und lass ihn so weit werden, wie es angenehm ist. Die Schultern dürfen nach unten sinken, alle Last kann von ihnen abströmen, sodass sie schwer werden, schwer, gelöst und warm ... Alle Spannung in deinem Unterkiefer kann sich jetzt lösen und die Lippen können sich leicht öffnen ... Erlaube dir jetzt auch, deine Alltagsgedanken loszulassen ... lass sie vorbeiziehen wie Wolken am Himmel ... nimm sie wahr, ohne sie zu bewerten, und lass sie gehen ... was wirklich wichtig ist, wird nach der Meditation zu dir zurückkehren.

Jetzt schicke deine Aufmerksamkeit in den Bereich deines Kronenchakras und lass es sich wie eine Blüte öffnen. Stell dir ein stückweit oberhalb deines Kopfes eine Kugel aus grünem Licht vor. Nimm wahr, wie dieses Licht in dein geöffnetes Kronenchakra strömt. Es erfüllt deinen ganzen Körper mit seinem sanften Licht.

Spür, wie es jetzt auch durch deine Aura fließt und dich ganz und gar einhüllt. Allmählich beginnt das Licht, sich zu verdichten, wird zu einer Lichtwolke, die dich schützend einhüllt und sicher trägt. Sie trägt dich weit fort und ganz langsam beginnt sie zu sinken, tiefer und tiefer ... und schließlich landet sie mit dir auf einer wunderschönen Wiese voller Frühlingsblumen. Die Erde ist weich, es ist warm und du spürst die Sonne auf deiner Haut. Die Luft ist frisch und klar und voller Düfte. Während du dich umschaust, hörst du das leise Plätschern einer Quelle ganz in deiner Nähe. Du nimmst dir Zeit, die Quelle aufzusuchen, denn du spürst, dass sie eine besondere Kraft besitzt. Ihr Wasser ist sehr klar und schmackhaft. Du reinigst deine Hände und dein Gesicht und trinkst von ihr ... Allmählich entsteht in dir das Gefühl, nicht allein zu sein, du spürst die Gegenwart anderer Wesen, die sich freundlich und liebevoll anfühlen und hin und wieder ein wenig zu kichern scheinen.

Jetzt wird dein Blick auf einen Weg gelenkt, der durch eine Allee von blühenden Apfelbäumen führt. Ihre weiß-rosa Blütenblätter leuchten in der

Sonne und verströmen einen zarten Duft. Der Weg ist sehr einladend und du beginnst, ihm zu folgen. Ganz sanft steigt er höher und schlängelt sich einen Hügel hinauf. Bald wird er ein wenig steinig und plötzlich stehst du vor einer Felswand. Während du genauer auf diese Wand schaust, entdeckst du einen Spalt in ihr, der wie eine Vulva geformt ist, so groß, dass du gerade hindurch passt. Dahinter scheint es eine Höhle zu geben.
Du zwängst dich durch den Spalt in die Höhle, in der es unerwartet warm ist, als gäbe es irgendwo ein Feuer. Gleichzeitig nimmst du wahr, dass die Wände der Höhle feucht sind und immer wieder Wassertropfen auf den Boden fallen. Du bist neugierig und begibst dich tiefer in die Höhle hinein, die sehr einladend wirkt und wieder hast du das Gefühl, nicht allein zu sein. Aus der Tiefe der Höhle nimmst du Töne war, die tiefen Töne einer Trommel, die in einem gleichbleibenden Rhythmus schwingt, und plötzlich hast du den Eindruck, dass die Wände der Höhle nicht mehr ganz fest sind, sondern in diesem Rhythmus pulsieren.
Mit deinen Händen betastest du sie und nimmst wahr, dass sie sich warm und lebendig anfühlen. Du gehst noch tiefer in die Höhle hinein. Von dort, wo die Trommelklänge herkommen, schimmert jetzt ein rötliches Licht wie von einem Feuer und du hörst wieder dieses Kichern, das immer lauter wird, zu einem fröhlichen Gelächter vieler Stimmen … Folge deiner Neugier und überlasse dich ganz dem, was dort auf dich wartet …
Wann immer du zurückkehren möchtest, kannst du deine grüne Lichtwolke zu dir rufen, sie wird dich in der Zeit, die du brauchst, wieder in dein Alltagsbewusstsein zurücktragen.

WALPURGIS / BELTANE
Zeitpunkt: Sonne 15° Stier, Anfang Mai
Thema: Lebenslust und Sinnlichkeit feiern, Verbundenheit vertiefen
Element: Erde
Farben: Weiß, Rosa, Grün
Symbole: Bänder, Maibaum, Besen, Feuer, Kessel
Rituelle Handlung: Sprung übers Feuer, Verflechten von Bändern, Tanz um den Baum
Göttinnen: Sheela-na-gig, Venus, Aphrodite

12.1.6 Sommersonnenwende – Die Macht der Freude

Zur Sommersonnenwende (Litha) ist der Höhepunkt der Lichtkraft, der längste Tag des Jahres erreicht. Wenn die Sonne ins Tierkreiszeichen Krebs eintritt, beginnt der Sommer. Wir feiern die Kraft der Sonne auf dem höchsten Punkt ihrer Bahn, und auch wenn die Tage ab jetzt wieder kürzer werden, so wird ihre Wärme eher weiter zunehmen. Litha bedeutet so viel wie sanft, was sich auf die Luft bezieht, die jetzt meist sanft und still und voller Düfte ist.

Es ist die Zeit der roten Göttin, die verschwenderisch ihre Gaben verteilt. Einige Früchte, besonders die roten, wie Erdbeeren und Himbeeren, sind jetzt reif, die Rosen stehen in voller Blüte, und die Obstbäume beginnen, Früchte zu tragen. In der Natur ist es bunt und vielfältig. Die unterschiedlichsten Blumen verströmen ihren Duft. Johanniskraut, Holunder und Jasmin blühen, wir finden in der Natur eine Vielfalt an Farben und Formen. So sind auch die Farben dieses Festes alle Farben außer Schwarz. Sommersonnenwende ist ein Fest des Überflusses und der Freude, daher wird wieder viel getanzt und gesungen, und jede Teilnehmerin bringt zum Ritual etwas mit, das ihr Freude bereitet.

Weit verbreitet sind vor allem im Norden von Europa die Mitsommernachtsfeuer, an denen getanzt und gesungen wird. Saule, die Goldene, ist eine der Sonnengöttinnen im baltischen Raum, der zu Ehren heute noch Sonnenwendfeste stattfinden. Es heißt, sie habe einst ihrer Tochter erlaubt, auf die Erde zu kommen, um den Menschen die Freude zu bringen, sie Tanz und Musik zu lehren, ihnen zu zeigen, wie sie sich schmücken und sich gegenseitig um Lachen bringen können.

Sunna und Sol sind weitere nordische Namen für die Sonnengöttin, die Strahlende, das Himmelsfeuer. Die in Kleinasien angesiedelten HethiterInnen verehrten bereits vor 4.000 Jahren die goldene Arinna als Sonnengöttin und fertigten Skulpturen von ihr an, die sie mit ihrer Tochter auf dem Schoß zeigen. Sie zeigen eher die mütterlichen, nährenden, stärkenden und beschützenden Aspekte der roten Göttin. In dieser Zeit ist der kindliche Teil von uns eingeladen, ausgelassen und fröhlich zu sein und ihre heilende Kraft zu genießen.

Die Sonne wird mit dem Feuerelement verbunden, doch ist

die Sommersonnenwende auch ein Fest des Elementes Wasser, was sich leider oft im Wetter zeigt, da es meistens regnet. Wenn es das Wetter aber zulässt, wird das Ritual draußen gefeiert und ein Sonnenwendfeuer entzündet, das uns Gelegenheit gibt, der wandelnden Kraft des Feuers etwas zu übergeben, das reif ist zu gehen. Vielleicht ist es etwas, das uns daran hindert, unser Herz zu öffnen und der Seite in uns Raum zu geben, die sich einfach nur am Leben freuen will.

Auf geistiger Ebene schenkt uns die Sonnenkraft Erkenntnisse, fördert Bewusstseinsprozesse und kann auch etwas ans Licht bringen, das in der Tiefe des Unbewussten ruht. Wir können in ihr goldenes Licht eintauchen und unsere eigene innere Sonne erstrahlen lassen. Ihr Licht kann in den Raum unseres Herzens strömen, ihn öffnen, wärmen und heilen.

Das magische Werkzeug des Wassers ist der Kelch. Deshalb ist es ein wunderschönes Ritual, zur Sommersonnenwende aus dem Kelch zu trinken, der die unerschöpfliche und bedingungslose Liebe der Göttin symbolisiert (siehe Kapitel 9.6.1). Sie verströmt ihre Liebe unendlich und möchte sie teilen. Im Ritual trinken wir gemeinsam aus dem Kelch, der im Kreis herumgereicht wird, und teilen, was jede mitgebracht hat. Wir teilen die Freude an Liedern und Tänzen, an Gedichten und Geschichten, ebenso wie an Berührungen, Früchten und andere Leckereien.[8]

Vielen Frauen fällt es leichter zu geben, doch wird die Freude des Gebens größer, wenn das Geschenkte auch angenommen werden kann. In Lettland gibt es eine Fülle wunderschöner Gedichte von Frauen an die Sonnengöttin, die zum Ausdruck bringen, wie offen sie für diese Liebe sind und wie tief ihr Wissen und Vertrauen ist, dass sie diese auch nehmen dürfen, dass sie liebenswert sind.

Gib,
liebste Göttin,
was du zu geben hast.
Ich nehme,
was es zu nehmen gibt,
mit offenen Händen,
ohne zu zögern.[9]

Das oben erwähnte Kelchritual könnte, wenn du es alleine durchführst, folgendermaßen aussehen:

Fülle deinen Kelch mit Wasser, wenn möglich von einer Quelle und halte ihn für eine Weile in deinen Händen.
Spüre, was du dir aus dem unerschöpflichen Kelch der Göttin wünschst.
Dann stelle den Kelch vor dich hin.
Stell dir ein stückweit oberhalb deines Kopfes den wunderschönen, überströmenden Kelch der Göttin vor. Dann halte die Arme ausgestreckt hoch über deinen Kopf, die Hände geöffnet, die Handflächen zeigen zueinander und nimm die Kraft auf, die du brauchst …
Dann halte die Hände über deinen Kelch und lass die Kraft in das Wasser strömen, das die Energie aufnimmt.
Nun trinke das Wasser aus und bedanke dich für das Geschenk.

Wenn du keinen eigenen geweihten Kelch hast, kannst du die rituelle Handlung auch in folgender Meditation visualisieren.

Entspanne dich und stell dir vor, du selbst wirst zu einem Kelch, in den die Liebe der Göttin wie flüssiges Licht strömt. Du darfst so viel davon nehmen, wie du kannst, du darfst überströmen und das Licht weitergeben, dorthin fließen lassen, wo du möchtest, dass es ankommt. Zu anderen Menschen, Tieren, Plätzen …
Und wenn du genug Liebe aufgenommen und weitergegeben hast, kehre langsam wieder in dein Alltagsbewusstsein zurück.

Wenn das Kelchritual in einer Gruppe gefeiert wird, wird ein mit Wasser gefüllter Kelch in die Kreismitte gestellt. Die Ritualteilnehmerinnen einigen sich zunächst, um welche Kraft sie die Göttin bitten wollen. Wenn wir die Göttin dann anrufen, stellen wir uns gemeinsam vor, wie ihre unerschöpfliche Kraft, die sie bedingungslos verschenkt, in den Kelch strömt. Anschließend wird der Kelch im Kreis herumgereicht und jede kann daraus trinken und die Kraft der Göttin in sich aufnehmen.

SOMMERSONNENWENDE / LITHA
Zeitpunkt: Sonne 0° Krebs, 21. bis 23. Juni
Thema: Freude teilen, Überfluss feiern, Nehmen
Element: Wasser
Farben: alle, außer Schwarz
Symbole: Kelch, Rosen, Johanniskraut, Holunder, Sonnenwendfeuer, Symbole für Freude
Rituelle Handlung: aus dem Kelch trinken, Freude miteinander teilen
Göttinnen: Sonnengöttinnen wie Saule, Sol, Sunna, Arinna und Amaterazu (japanisch), rote Göttinnen der Fülle, des Überflusses wie Fortuna und Göttinnen des Mitgefühls wie Kuan Yin

12.1.7 Kräuterweihe – Die Macht der magischen Kräuterzauber

Rot und Gold sind die Farben des Kräuterweihfestes (Lammas), das von manchen auch Schnitterinnenfest genannt wird. Rot wie die Lebens- und Schöpfungskraft und Gold wie das Sonnenlicht, der Reichtum in der Natur und das Getreide, das jetzt geerntet wird. Die Sichel, das Werkzeug der Schnitterin, ist ein wichtiges Symbol dieses Rituals. Mit ihr werden die Kräuter geschnitten, die in dieser Zeit reif zum Ernten sind und die im Ritual verarbeitet werden. Die Sichel kann aber auch für einen symbolischen Schnitt genutzt werden. Ähnlich wie zu Hexenneujahr können bei diesem Fest Verstrickungen, überholte und einschränkende Muster mit einem rituellen Schnitt getrennt werden (siehe Kapitel 12.1.1). Einige Frauen nehmen daher auch die Farbe Schwarz als weitere Festfarbe mit hinzu.

Die Sonne steht jetzt mitten im Zeichen der Löwin, meistens ist es die Zeit der größten Hitze im Jahr. Lammas, so der keltische Name des Kräuterweihfestes, ist wie Ostara ein Feuerfest. Nach Möglichkeit wird wieder ein rituelles Feuer entzündet, in dem diesmal die Kräutersträuße und -zauber des Vorjahres verbrannt werden.

Anfang August ist die Zeit im Jahr, in der die meisten Heilkräuter reif sind, geerntet zu werden. Jetzt beginnen die sogenannten Frauendreißiger, die 30 Tage der Kräuterernte. Dies ist ein Zeitraum, der sich für die Verarbeitung von Kräutern am besten eignet, da ihre Kraft jetzt am konzentriertesten ist.

Der Altweibersommer beginnt nun ebenfalls allmählich, die Jahreszeit der Spinnen, deren Netze morgens voller Tautropfen sind. Sie erinnern uns daran, dass es bei diesem Fest nicht nur um das Schneiden geht, sondern auch um das Weben. Das Weben neuer Verbindungen oder das Stärken des Netzes bereits vorhandener. In der keltischen Tradition war Lammas das Fest der Eheschließungen, des Eingehens verbindlicher Beziehungen.

Spider woman, die göttliche Spinnenfrau der Navajo, erinnert daran, dass alles miteinander verwoben ist und wir auf das

große gemeinsame Netzwerk mit Magie einwirken können.

Geistig nutzen wir die Feuerkraft bei diesem Ritual zum einen, um unsere Energie kraftvoll auf ein Ziel zu richten und etwas zu bewirken, zum anderen, um einen entschiedenen Schnitt zu tun, Muster oder Verbindungen zu trennen. Das astrologische Zeichen der Löwin erinnert an die eigene Macht/Stärke und an die Kreativität, die wir jetzt für magisches Wirken einsetzen können. Die Löwin war das Krafttier ägyptischer Göttinnen wie der löwenköpfigen Sachmet, »die Mächtige und die Zornige«.[10] Tefnut, die ägyptische »Herrin der Flamme«, wurde mit Löwen und Katzen dargestellt und konnte mit ihrem Feuerhauch ihre Feinde vernichten. Auch der Wagen der Göttin Kybele, der Wagenlenkerin, wurde von zwei Löwen gezogen. Sie wurde in Kleinasien als die Große Erdenmutter und Kriegerin gleichzeitig verehrt.

Göttinnen, mit deren Kraft wir uns an diesem Punkt des Jahresrads ebenfalls verbinden, sind erneut die Sonnengöttinnen sowie die Göttinnen der Ernte, des Getreides, die für unsere Nahrung sorgen. Demeter ist die griechische Kornmutter, ihr römischer Name ist Ceres; die SkandiavierInnen verehrten in der Zeit der Ernte die Korngöttin Sif, die als Frau mit langen goldenen Haaren beschrieben wird.

Als rituelle Handlung kann ein Kräuterstrauß gebunden oder ein magischer Kräuterbeutel hergestellt werden. Magische Kräutersträuße können dem Schutz eines Hauses oder einer Wohnung dienen und die Bewohnerinnen und all diejenigen schützen, die im Haus willkommen sind. Magische Kräuterbeutel können unterschiedliche Wirkung haben. Sie können der Heilung dienen oder dem Schutz. Sie können stärken, den eigenen Mut und die eigene Kreativität fördern, oder sie können Reichtum anziehen. Das Binden eines Kräuterstraußes und das Herstellen eines Kräuterbeutels ist magische Arbeit. Sie folgt dem bereits ausführlich beschriebenen Prinzip aller magischen Arbeit (siehe Kapitel 5). Magie wirkt zum einen durch die Kraft der Absicht. Das bedeutet, dass die innere Absicht in Bezug auf das, was erreicht werden soll, ganz klar sein muss. Diese Absicht gilt es, vor der eigentlichen magischen Handlung zu klären. Am besten ist es, sich dafür in einer Meditation Zeit zu nehmen, da wir auf einer Ebene jenseits des Alltagsdenkens bessere Informationen über unsere wahren Wünsche beziehungsweise Absichten bekommen. Das Ziel, das wir mit der magischen Arbeit verfolgen, soll so konkret wie möglich definiert werden, ohne jedoch die Verwirklichungsmöglichkeiten einzuschränken. Anders ausgedrückt: Ich bringe zwar klar zum Ausdruck, was ich erreichen möchte, gebe jedoch nicht vor, wie es geschehen soll, welchen Weg die Energie nehmen soll, um sich zu gestalten. Für das Kräuterweihfest legen wir vorab fest, welche Wirkung der Kräuterstrauß oder der Kräuterbeutel haben soll.

Zum anderen erfolgt die Wirkung einer magischen Arbeit durch Energieträger. Bei diesem Ritual sind es die Kräuter – es können sonst auch Steine oder Wasser sein. Die Kräuter, die wir für die magische Handlung benutzen, sollten eine Entsprechung zu der beabsichtigten Wirkung haben. Wenn es zum Beispiel um Schutz geht, wählen wir Pflanzen, die Stacheln haben wie Disteln, Rosen oder Feuerdorn, oder wir nehmen Pflanzen, die eine andere abschreckende Wirkung aufweisen wie Brennnesseln, Pfeffer oder Knoblauch, oder Pflanzen mit Früchten, die eine harte Schale haben wie Nüsse. Wenn es um innere Stärke geht, können die Kräfte von Bäumen wie der Eiche helfen, deshalb sollten wir ihre Blätter oder ihre Rinde wählen.

Bei der Auswahl der Pflanzen ist es wichtig, ihr Wesen zu erkennen und zu spüren, ob es dem inneren Anliegen entspricht. Es ist daher gut, sich viel Zeit für die Wahl und das Schneiden der Pflanzen zu nehmen, denn hierbei entsteht bereits eine energetische Verbindung.

Im Ritual selbst wird, bevor es ans Binden oder Herstellen

geht, zunächst die eigene geistige Energie in einer Meditation gebündelt und dann konzentriert auf das gewünschte Ziel beziehungsweise die beabsichtigte Wirkung gerichtet. Dabei halten wir die ausgewählten und mitgebrachten Kräuter in den Händen und lassen die Kraft unserer Absicht in sie hineinfließen. Dazu reicht aber nicht allein das Denken, vielmehr brauchen wir auch eine energetische Ladung, die aus dem Fühlen kommt. Ein Wunsch, der keine emotionale Ladung hat, ist sehr flüchtig und hat wenig Kraft. Die energetische Ladung kommt zum Beispiel aus einer Sehnsucht, sie kann ebenso durch die Vorstellung geweckt werden, dass wir uns freuen, das bekommen zu haben, was wir uns wünschen.

Wenn wir unsere Absicht in die Kräuter gegeben haben, werden die Sträuße zusammengestellt, die Beutel gefüllt. Anschließend werden die Kräutersträuße oder Kräuterbeutel mit einem Band gebunden, das dreimal verknotet wird. Drei Knoten für die dreifache Göttin. Wir bekräftigen den Zauber mit dem alten Hexenspruch »So wie ich es will, so soll es sein«. Damit dieser Spruch wirken kann, brauchen wir jedoch eine innere Erlaubnis, Einfluss zu nehmen, stark zu sein, Macht auszuüben, gestaltend auf das eigene Leben zu wirken. Diese Erlaubnis und das Einverständnis, die damit verbundene Verantwortung zu tragen, machen das Wesen einer Hexe oder Magierin aus. Die Verbindung mit der Kraft der Göttin ist dabei sehr hilfreich, denn sie erinnert uns daran, dass wir freie und schöpferische Wesen sind.

Zum Abschluss segnen wir die gebundenen Kräuterzauber im Namen der Göttin und der vier Elemente, die zum Wachstum der Kräuter beigetragen haben, und laden ihn dadurch zusätzlich energetisch auf. Zuletzt danken wir noch den Pflanzenwesen dafür, dass sie sich für unseren Zauber zur Verfügung stellen.

Die gefertigten Kräutersträuße werden später in den Häusern oder Wohnungen aufgehängt, die Kräuterbeutel können wir bei uns tragen oder dort hinlegen, wo sie ihre Wirkung entfalten sollen. Gleichzeitig lassen wir unseren Wunsch, unsere Absicht los, damit sie sich verwirklichen können (siehe Kapitel 12.1.2). Wir lassen los, im Vertrauen, dass alles getan wurde, was auf geistiger Ebene notwendig war und dass die Kräuter ihre Wirkung tun; dass sie die Kraft anziehen, mit der wir sie geistig im Kräuterweihritual verknüpft haben.

KRÄUTERWEIHE / LAMMAS
Zeitpunkt: Sonne 15° Löwin, Anfang August oder abnehmende Mondin
Thema: beginnende Ernte, magisches Wirken
Element: Feuer
Farben: Rot und Gold
Symbole: Sichel, Kräuter, das erste Getreide
Rituelle Handlung: Schneiden der Kräuter, Wirken von Kräuterzaubern, Binden von Kräutersträußen zum Schutz der Hauses
Göttinnen: Sonnengöttinnen und Getreidegöttinnen wie Demeter, Ceres, Sif, Feuergöttinnen wie Sachmet, Tefnut, Kybele

12.1.8 Herbsttag- und Nachtgleiche – Die Macht des Ausgleichens

Zum Zeitpunkt der Herbsttag- und Nachtgleiche (Mabon) sind auf dem Rad des Jahreskreises Licht und Dunkel erneut im Gleichgewicht, doch diesmal nehmen wir Abschied von der hellen Jahreszeit. Wir schauen an Mabon, so der keltische Name des Festes, zurück auf die Zeit des Wachsens und Reifens und ernten die Früchte unserer inneren und äußeren Arbeit. Grün und Violett sind die Farben dieses Festes, so wie die vieler Früchte, die jetzt geerntet werden, wie die Trauben, die Äpfel, Feigen und Pflaumen. Aber auch alle warmen Braun-, Gelb- und Rottöne, die die herbstlich-bunten Blätter symbolisieren, gehören dazu.

Die Sonne tritt jetzt ins Tierkreiszeichen Waage, dessen Themen Gleichgewicht, Gerechtigkeit und die Sehnsucht nach Harmonie und Frieden sind. Rituelle Symbole sind daher zum Beispiel die Waagschalen und alles andere, was für Gleichgewicht steht. Die Früchte der Zeit, besonders Äpfel, sowie Ähren, Brot, Wein und Honig gehören unbedingt in die Mitte des rituellen Kreises dieses Festes. Honig ist das Geschenk der Biene, die wiederum das alte Symboltier des Waagezeichens ist. Die Biene ist ein Gemeinschaftstier und verkörpert die Arbeit, die gemeinsam zum Wohl aller geleistet wurde. Außerdem baut sie ihre Waben in der Form eines Sechsecks, ein Symbol der Harmonie.

In diesen Wochen beginnt in vielen Regionen die Zeit der Erntedankfeste. Kränze aus Getreide werden geflochten und Erntaköniginnen werden gewählt. Die geleistete Arbeit von Menschen und Tieren wird gewürdigt, den Kräften der vier Elemente wird gedankt, und die Saat für das kommende Jahr wird gesammelt und aufbewahrt. Zu den Früchten, die wir im September ernten, gehören in Europa vor allem die Äpfel, die ja eine Liebesgabe der Göttin sind (siehe Kapitel 12.1.5). Idun ist eine nordische Göttin, deren Garten voller Apfelbäume ist. Ihre Äpfel, so heißt es, verleihen Unsterblichkeit und ewige Jugend. Auch im Reich von Frau Holle werden Apfelbäume geschüttelt, deren Ernte Reichtum verspricht. Wird der Apfel quer durchgeschnitten, erhalten wir ein Pentagramm, Symbol der Liebesgöttin Venus, die ebenfalls mit dem astrologischen Zeichen der Waage verbunden ist.

Im Ritual nehmen wir uns Zeit für eine Rückschau auf die helle Jahreshälfte. Wir schauen, ob die Saat von Ostara aufgegangen ist, was gewachsen ist und ob sich unsere Visionen, Ideen haben verwirklichen können. Wir fragen uns, welche Kräfte sich entwickelt, welche Erkenntnisse wir gewonnen haben und ob neue Verbindungen entstanden sind.

Neben der Rückschau ist ein weiteres Thema des Festes die Frage nach dem inneren Gleichgewicht und dem Frieden mit sich und der Welt. Wo gibt es etwas auszugleichen, zu berichtigen, zu bereinigen, zu verzeihen, um sich von Negativbindungen zu befreien? Um in Frieden mit sich selbst zu sein, ist es wichtig, sich auch die eigenen Fehler und Schwächen verzeihen zu können.

Manchmal sind es innere Gegensätze, die ins Gleichgewicht gebracht werden sollen. Manchmal geht es darum, die eigenen Licht- und Schattenseiten miteinander zu verbinden, sodass ihre Kräfte uns unterstützen statt gegeneinander zu arbeiten. Ein Weg, dies rituell zu tun, ist das Gehen beziehungsweise Tanzen der Doppelspirale als eine rituelle Handlung an Herbsttag- und Nachtgleiche. Denn die Doppelspirale hat zwei Mittelpunkte, die jeweils eine Seite dessen verkörpern, was ins Gleichgewicht gebracht werden soll.

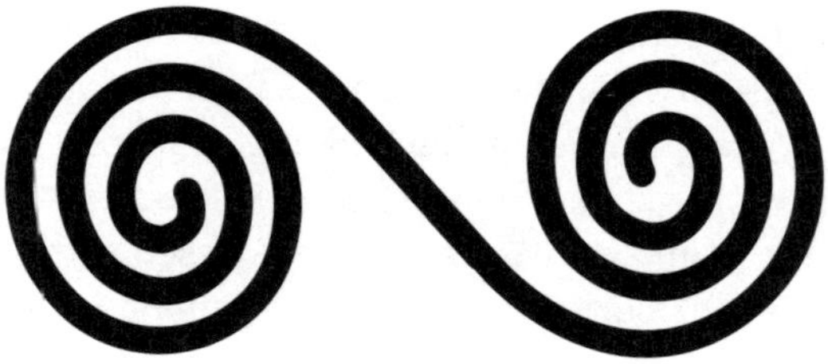

Doppelspirale

Eine weitere rituelle Handlung, mit der das Ritual begonnen werden sollte, ist, über all das Unrecht, das in der Welt geschieht, gemeinsam eine Klage anzustimmen – ein ebenfalls alter, tradierter Brauch. Diese Art der Klage hat nichts mit Jammern zu tun, obwohl das auch seinen Platz haben darf, sondern sie hat eine tiefe reinigende, lösende Wirkung für allen Groll, der sich angesammelt hat, und öffnet Räume für Mitgefühl und Liebe. Sie wird gemeinsam und mit der Stimme zum Ausdruck gebracht. Alle Geräusche, Worte, Töne haben Raum, laut, leise, bis alles seinen Platz bekommen hat. Auf diese Weise befreit und entlastet, können wir uns für die weiteren rituellen Handlungen öffnen, zu denen das Gehen beziehungsweise Tanzen der Doppelspirale gehört.

Bevor der ausgleichende Weg der Doppelspirale gegangen wird, muss in einer vorbereitenden Meditation geklärt werden, welche Kräfte ins Gleichgewicht gebracht werden sollen. Dabei ist es gut, sie so konkret wie möglich zu benennen. Es kann zum Beispiel um ein Gleichgewicht zwischen Aktivität und Ruhe oder zwischen Geben und Nehmen gehen. Im nächsten Schritt werden Symbole gesucht, die die jeweiligen Seiten darstellen, die es auszugleichen gilt. Sowohl das Benennen der Kräfte als auch das Suchen der Symbole sollte bereits in der Ritualvorbereitung geschehen, damit sich am Tag des Rituals ganz auf den Weg konzentriert werden kann. Im rituellen Raum werden die mitgebrachten Symbole so auf dem Boden angeordnet, dass sie jeweils ein Zentrum der Doppelspirale bilden. Jede Ritualteilnehmerin hat also jeweils ein Symbol in jedem Spiralzentrum liegen. In einem Tanz mit sehr einfacher Schrittfolge werden die beiden Zentren dann immer wieder spiralförmig umtanzt, bis ein Gefühl des Gleichgewichts entsteht.

Das Gleiche können wir mit dem Symbol der liegenden Acht gestalten, die für Ausgleichung steht. Dadurch verändert sich zwar der Tanzweg ein wenig, die Wirkung ist jedoch die gleiche.

Zu den wichtigsten rituellen Handlungen an Mabon gehört der Dank. Er ist mit der Wertschätzung dessen verbunden, was wir getan haben, beziehungsweise der Unterstützung, die wir erfahren haben. So gilt der Dank uns selbst und denjenigen Menschen, Tieren und anderen Wesen, die uns geholfen haben. Diesen Dank bringen wir im Ritual in Worten, Gesten, in Liedern und Tänzen zum Ausdruck; jede wie sie mag.

Dankbarkeit gilt als einer der Schlüssel zum Glück und bewirkt, dass wir uns dessen bewusst werden, was wir alles bekommen, auch in schweren Zeiten. Eine vorbereitende Übung für die rituelle Handlung des Dankes ist es, sich für eine Weile täglich, am besten abends, in Erinnerung zu rufen, wofür wir an diesem Tag dankbar sind. Manchmal ist es »nur« die Begegnung mit einer Blume, das Lächeln eines fremden Menschen oder ein Wort der Wertschätzung. Da wir oft eher das erinnern, was wir nicht bekommen haben, ist es zum Ausgleich wertvoll, auf das zu schauen, was wir erhalten haben – und meist ist es sehr viel mehr, als wir vermuten.

Ein kleines Dankgebet aus Litauen richtet sich an die Erdgöttin Zemyna (»Erdmütterchen«), zu deren Ehren an Mabon Brot und Salz in die Erde gelegt werden.

Liebe Erde, du hast mir gegeben,
so gebe ich dir auch.[11]

Die folgende Meditation kann dich auf Mabon einstimmen und dir die Themen dieses Jahresfestes in Erinnerung rufen.

Stell dir vor, du sitzt wieder an den Wurzeln des mächtigen Baumes, der dir schon vertraut ist und spürst seine Kraft in deinem Rücken. Sein Stamm stärkt die Mittelachse deines Körpers, die Wirbelsäule, und hilft deinem Körper, im Gleichgewicht zu sein. Du spürst die Verbindung zu den Wurzeln des Baumes und dass die Zeit gekommen ist, in der sich die Kraft allmählich in die Wurzeln zurückzieht. Du spürst hinauf in seine Krone und nimmst wahr, wie das goldene Licht der Herbstsonne durch sie fällt, seine Blätter zum Leuchten bringt. Noch sind einige Früchte am Baum, doch die meisten hat er schon losgelassen.

Während du das goldene Herbstlicht genießt, nimmst du dir Zeit, auf die helle Jahreshälfte zurückzuschauen. In dem Raum vor dir nimmst du diejenigen Menschen wahr, mit denen du etwas zu bereinigen hast, mit denen Konflikte offen sind, wo es Fehler zu begleichen gibt ... Nimm dir Zeit, wahrzunehmen, ob du ihnen etwas mitteilen möchtest ... Jetzt spürst du in den Raum hinter dir. Dort kannst du diejenigen Menschen und auch andere Wesen wahrnehmen, die dich unterstützt, die dich gestärkt haben ... Nimm dir Zeit, ihnen zu danken.
Dann löse dich in deiner Vorstellung wieder von dem Baum und kehre in dein Alltagsbewusstsein zurück.

Schließlich nehmen wir in diesem Ritual bewusst Abschied vom Sommer und der hellen Jahreshälfte und überschreiten symbolisch, etwa in einem Tanz, die Schwelle zur dunklen Jahreszeit, das Tor zum Herbst. Das Licht der Sonne wird sanfter, für eine Weile bleibt ihr Leuchten noch in den bunten Blättern erhalten. Die Zeit der Herbstnebel beginnt. Sie laden uns ein, in andere Wirklichkeiten zu schauen und unsere Wahrnehmung für die feinstoffliche Welt zu öffnen – als Vorbereitung für Hexenneujahr, mit dem das Rad des Jahreskreises sich aufs Neue zu drehen beginnt.

HERBSTTAG-UND NACHTGLEICHE / MABON
Zeitpunkt: Sonne 0° Waage, 21. bis 23. September
Thema: Dank, Gerechtigkeit, Gleichgewicht
Element: Luft
Farben: Violett und Grün
Symbole: Äpfel, Trauben, Wein, Getreide, Waage
Rituelle Handlung: Dank, etwas ins Gleichgewicht bringen, Tanz der Doppelspirale oder liegenden Acht
Göttinnen: Justitia, Idun, Demeter

13. Eine Reise zur Cailleach Beara

Zum Abschluss möchte ich die Leserin einladen, mir in einer Traumreise zu einem Frauenkraftort zu folgen, der tatsächlich auch noch auf der feststofflichen Ebene existiert. Dieser Ort liegt auf einer Halbinsel im Westen Irlands, die der Mythologie nach von der Cailleach geschaffen wurde, einer Göttin, die von den Menschen dort verehrt wird.

Große Teile dieses Buches sind dort, gestärkt durch ihre Kraft, entstanden und mein besonderer Dank gilt ihr und den anderen Wesen und Kräften Bearas, die mich aufgenommen und willkommen geheißen haben.

Die Halbinsel Beara im Südwesten Irlands ist ein wunderschöner Ort, an dem der Zugang zu den alten spirituellen Kräften noch leicht ist. Dort finden wir eine besondere Konzentration von Steinkreisen, vor ca. 5.000 Jahren entstanden, die bereitwillig ihre Tore öffnen, wenn wir uns auf ihre Energie, ihre Schwingung einstimmen.

Die bis heute überlieferten Geschichten erzählen von der Cailleach Beara, die auch Hag (übersetzt Alte Hexe/Weise) genannt wird, der Erschafferin dieser Halbinsel. Sie wird als unglaublich stark beschrieben, mal sehr wild und rau, furchtlos, aber auch nährend und versorgend – ihr Krafttier ist die weiße Kuh. Mal ist sie alt, mal jung, sie ist stärker als alle Männer, mit denen sie gerne Wetten abschließt und dabei immer gewinnt. Voller Zorn stiehlt sie den Mönchen, die sich an dem alten Platz ihrer Priesterinnen ein Kloster gebaut haben, deren Bibel. Eine Riesin ist sie, mit blauer Haut und einem Auge in der Mitte der Stirn, einer Schürze voller Steine, mit denen sie die Berge und die raue Küste Bearas erschaffen hat.

Heute ist dies ein ungewöhnliches Bild weiblicher Schöpfungskraft. Die Cailleach Beara ist nicht die sanfte, liebevolle, etwas leidende Mutter Maria der katholischen Kirche, sondern sie verkörpert auch Zorn und Stärke. Die Menschen auf Beara haben offenbar ein tiefes Vertrauen in sie, denn der Stein – der Hagstone –, der an ihrem Kraftort steht, ist voller Geschenke als Dank für ihre Hilfe.

Der Platz, auf dem dieser Stein steht, ist ebenfalls ein rauer Ort an den Klippen, an dem die Kraft der Nord- und Westwinde zu spüren ist; hier toben die Naturgewalten häufig. Gleichzeitig hat man eine wunderschöne Sicht nach Westen auf das offene Meer hinaus, dorthin, wo die Sonne untergeht.

In der westlichen Kultur ist das Bild der untergehenden Sonne ein Bild des Sterbens, des Abschiednehmens. Auch dieses Thema ist ein wichtiger Teil ihrer Kraft, die Cailleach Beara erinnert an die Sterblichkeit, die zum Menschsein gehört, an das Altwerden, die Notwendigkeit des Loslassens. Die Zeit der Hag ist die dunkle Hälfte des Jahres, doch im Frühjahr verwandelt sie sich in eine junge Frau und erinnert damit an die zyklische Natur des Lebens, an die wiederkehrende Erneuerung, an die Wiedergeburt.

Frauen, die diesen Ort besucht haben, sind oft gerade tief berührt von ihrer wilden, ungestümen Kraft, mit der sie an uns rüttelt, bis wir in uns die Türen zur eigenen Macht und Stärke öffnen. Dieser oft lange verborgene Teil wird mit ihrer Hilfe berührt und geweckt, ein manchmal schmerzhafter Prozess, der aber notwendig für die Ganzwerdung und damit Heilung ist.

Die folgende Reise ist in der keltischen Anderswelttradition geschrieben, dort ist es üblich, gemeinsam auf Reisen zu gehen. Die Anleitung ist daher in Wir-Form formuliert. Wir stellen uns zu Beginn der Reise vor, dass wir uns in einer Gruppe von Frauen befinden, die neugierig und offen für spirituelle Erfahrungen sind und bereit, sich für die Kraft der Cailleach zu öffnen.

Unsere Reise beginnt am Eingang einer Höhle. Die Höhle befindet sich an einer felsigen Küste und hat einen Zugang zum Meer. Wir befinden uns an einem kleinen Stück Strand, voller verschieden großer Steine und können in die Höhle hineinschauen, denn sie hat eine weite Öffnung zum Strand hin. Zunächst aber schließen wir die Augen und lauschen für einen Moment dem Gesang der Höhle. Wir nehmen sehr tiefe Töne wahr, die manchmal wie ein Grollen aus uralten Zeiten klingen, dann ein leichtes Plätschern, ein Seufzen, ein Kichern … Während wir dem Lied der Höhle zuhören, werden wir uns der Anwesenheit einer Kraft gewahr, die sich uns genähert hat. Sie fühlt sich machtvoll und freundlich an und es ist, als ob sie uns willkommen heißt. Wir öffnen jetzt die Augen und erkennen die Gestalt einer Frau, die nach Art der Druidinnen in einen langen Umhang gehüllt ist, der vorne von einer silbernen Brosche mit verschlungenen Mustern zusammengehalten wird. In einer Hand hält sie einen langen

Stab, auf dem Symbole eingeritzt sind. Sie schaut jeder von uns für einen Moment direkt in die Augen und unter diesem Blick fühlt jede sich in ihrem Wesen erkannt und angenommen. Sie gibt uns zu verstehen, dass sie uns auf unserer Reise führen wird und für jede von uns einen Umhang mitgebracht hat, der jeweils die Farbe hat, die sie am besten schützt. Wir nehmen unsere Umhänge dankbar entgegen.

Jetzt weist unsere Führerin mit ihrem Stab auf die inneren Wände der Höhle, an denen wir nach einer Weile verschiedene Gesichter erkennen können, die wie Skulpturen wirken. Es sind Gesichter aus unterschiedlichen Zeiten, manche wirken, als ob sie schliefen, manche scheinen uns anzuschauen.

Wir gehen etwas tiefer in die Höhle hinein, bis dorthin, wo das Wasser beginnt, und können jetzt den Ausgang auf das Meer hinaus sehen. Unsere Führerin berührt mit ihrem Stab die Höhlenwand und während die Wasseroberfläche plötzlich wie in der Sonne glitzert, sehen wir ein Boot vor uns liegen, das gerade so groß ist, dass alle Platz darin haben. Eine nach der anderen steigen wir mit Hilfe unserer Führerin in das Boot, das sofort ablegt und ein stückweit auf das Meer hinaus gleitet. Heute ist die See ruhig, sodass keine Gefahr besteht, an den steilen Klippen, die wir jetzt vom Boot aus sehen können, zu zerschellen. Unsere Bootsfahrt führt uns eine Weile recht nahe am Ufer der Halbinsel entlang, von wo aus wir ihre Schönheit bewundern können. In der Ferne sehen wir hohe Berge, deren Gipfel teilweise in den Wolken liegen. Grüne sanfte Hügel, eine Fülle von Blumen in allen Farben, kleine Seen und sandige Buchten in der steilen felsigen Küste.

Schließlich erreichen wir eine größere Bucht, an deren flachen Klippen unser Boot anlegt. Eine nach der anderen klettern wir aus dem Boot über die flachen Felsen, die sich wie lange Finger in das Meer ausstrecken. Die felsige Küste steigt allmählich an bis zu einem Platz, an dem wir einen schroffen seltsamen Stein erkennen, der vielleicht anderthalb Meter hoch und eigenartig geformt ist.

Unsere Führerin gibt uns zu verstehen, dass wir uns um den Stein herum versammeln sollen, und zwar so, dass jede einen Platz findet, von dem aus sie den Stein berühren kann. Während wir ihren Anweisungen folgen, spüren wir, dass ein rauer Wind aufgekommen ist, dunkle Wolken ziehen schnell über den

Himmel und die Wellen des Meeres klatschen heftig an das Ufer. Wir hören die Schreie von Möwen, Krähen und anderen Vögeln, die wir nicht kennen. Für eine Weile lauschen wir dem Wind, dem Meer und den Vogelschreien, dann schließen wir die Augen und spüren in unsere Hände, die den seltsamen Stein berühren. Dabei spüren wir, dass auch von dem Stein Schwingungen ausgehen, die sich mal wie die Rhythmen von Trommeln anfühlen, mal wie Steine, die vom Wasser über den Meeresboden geschoben werden. Dann wieder scheinen tiefe Klänge aus der Erde selbst zu kommen. Geschützt durch unsere Umhänge stehen wir im rauen Wind. Jetzt scheint in der Ferne ein Gewitter zu grollen, dichte Wolken ziehen von den Bergen hinunter und bringen Regenschauer mit. Unsere Führerin lächelt und bedeutet uns, die Verbindung zu dem Stein zu halten. Wir wissen jetzt, dass wir an dem Stein der Cailleach angekommen sind. Die Verbindung unserer Hände mit dem Stein lässt uns ihre Kraft auch von innen her spüren. Während um uns herum Wind und Regen toben, fühlt jede von uns, wie eine mächtige Kraft sie im Innersten berührt und mit ihrer tiefsten eigenen Stärke in Verbindung bringt.

Für eine Weile ist jede ganz ihrer eigenen Erfahrung mit der Macht der Cailleach in sich selbst überlassen ...

Jetzt spüren wir, dass der raue Wind sich gelegt hat, die Wolken sind vorbeigezogen, das Meer ist ruhiger geworden. Wir öffnen die Augen und nehmen wahr, dass die Sonne über dem Meer zu sinken beginnt und es in ein goldenes Licht taucht. Unsere Führerin gibt uns zu verstehen, dass es Zeit ist, uns zu bedanken und zu gehen. Jede dankt auf ihre Weise und eine nach der anderen klettern wir auf den Felsen zurück zum Boot. Während es ablegt, zeigt unsere Führerin auf einen Platz in der Bucht, an dem ein sehr hoher stehender Stein zu sehen ist. Wir können ihn kaum sehen, aber deutlich wahrnehmen, dass er eine Verbindung zum Stein der Cailleach hat, wie viele andere Orte auf der Halbinsel auch.

Im Licht der untergehenden Sonne fährt uns das Boot zurück zu der Höhle, wo unsere Reise begann. Hier verlassen alle wieder das Boot, und wir müssen uns auch von unserer Führerin verabschieden. Wir danken ihr und geben ihr unsere Umhänge zurück. Zum Abschied lässt sie uns wissen, dass ihr Name Kathryn ist und wir sie unter diesem Namen rufen können, wenn wir ihre Führung benötigen. Wir erinnern uns, dass dies der Name der Priesterinnen der Cailleach war und dass es einen Platz in der Nähe ihres Steines gibt, an dem sie gelebt haben, um den Menschen der Insel im Sinne der Göttin zu dienen. Wir danken ihr noch einmal, da nehmen wir auch schon wahr, dass grüne Lichtwolken uns einzuhüllen beginnen, die gekommen sind, um uns zurückzutragen. So nehmen wir auch Abschied voneinander und jede lässt sich in ihre alltägliche Wirklichkeit zurücktragen, bis wir uns auf einer neuen Reise wieder begegnen.

Dank

Mein Dank gilt vor allem meiner Lebensgefährtin Barbara Schumacher, die mich auch während der Arbeit an diesem Buch immer wieder ermutigt und mit konstruktiver Kritik gestärkt hat.

Ich danke all den Frauen aus meinen spirituellen Gruppen dafür, dass sie ihre Erfahrungen mit mir geteilt haben, für ihre Neugier, ihren Wissensdrang, ihr Vertrauen, ihre Abenteuerlust und Kreativität.

Viel Unterstützung und Hilfe habe ich von Margot J. Schwarz bekommen, der ich auch die Idee zum Coverbild verdanke.

Birgit Schreiber, meiner geistigen Schwester, danke ich und hoffe, bald ihr Buch über Runen in der Hand zu halten.

Anne Kathrin Coordes einen herzlichen Dank für die Fotos von den Jahreskreisfesten!

Sylvia Söth war eine große Hilfe beim Lektorat. Susanne Broos als Lektorin und Verlegerin einen herzlichen Dank für ihre Unterstützung und ihre Geduld!

Anmerkungen

Einleitung

1) Vgl. Paula Gunn Allen, Grandmothers of Light, in: Frederik Hetmann, Wie Frauen die Welt erschufen. Unionsverlag 1999

Kapitel 1

1) Vera Zingsem hat zum Beispiel in dem Buch »Und sie erschuf die Welt« Schöpfungsmythen aus aller Welt, darunter viele aus matrilinearen Kulturen, zusammengetragen (Irdana-Verlag 2012).

2) Die Meditation des kleinen Satzes »Tao ist nicht Tao« ist sehr wirkungsvoll und öffnet für die Erfahrung ihrer grenzenlosen Kraft.

3) Vgl. Gerald Hüther, Die Macht der inneren Bilder. Vandenhoeck & Ruprecht 2011

Kapitel 2

1) und 2) Vgl. Carola Meier-Seethaler, Von der göttlichen Löwin zum Symbol patriarchaler Macht. Kreuz Verlag 1994

Kapitel 3

1) Vgl. Terence Dowling, The Roots of the Collective Unconscious, in: L. Janus (Hg.), Pränatale und Perinatale Erlebnisvorgänge als Kernelemente des Unbewussten. Heidelberg Textstudio Gross 1989

2) Vgl. Terence Dowling/Dirk Leinweber, Das Urbild des Lebensbaumes, in: Deutsche Hebammen Zeitschrift 12/2001. Elwin Staude Verlag Hannover

3) Vgl. Cornelia Enning, Heilmittel aus der Plazenta. Books on Demand 2003

Kapitel 4

1) Vgl. Mary Daly, Gyn/Ökologie (Frauenoffensive 1991), Erika Wisselinck, Hexen (Frauenoffensive 1986), Susan Greenwood, Hexen im Mittelalter (Edition Xxl 2003)

2) Zu ihnen gehörten im deutschsprachigen Raum unter anderem Judith Jannberg mit ihrem Buch »Ich bin eine Hexe« (Edition Die Maus 1987), Luisa Francia und Ute Schiran.

3) Das Wissen über die magische Urlehre wurde mir von Dr. Barbara Gissrau mündlich übermittelt.

4) Ausführlich beschrieben habe ich diesen Weg in dem Buch »Die Kabbala als weiblicher Einweihungsweg« (Irdana-Verlag, 2010).

Kapitel 5

1) Das 1985 gegründete Arkuna Frauenforschungs- und Bildungszentrum existiert heute immer noch, die 2008 verstorbene Barbara Gissrau gehört nun zu seinen Ahninnen.

2) Unter Medialität verstehe ich unter anderem die Fähigkeit von Menschen, mit Geistwesen zu kommunizieren und die Wahrnehmung weit in die feinstofflichen Ebenen hinein ausdehnen zu können.

3) Vgl. Niels Birbaumer, Biologische Psychologie (Springer 2005). Ein gutes Beispiel für die Wirkung der Vorstellungskraft ist die Arbeit mit Menschen, die einen Schlaganfall erlitten haben. Forschungen haben gezeigt, dass in vielen Fällen die Kraft des Denkens, der inneren Vorstellung, des Wollens und der Absicht ermöglicht haben, die durch einen Schlaganfall verursachten Lähmungen wieder rückgängig zu machen. Forschung, die beobachtet, was Meditation und Achtsamkeitsübungen bewirken, hat wiederum

gezeigt, dass geistige Arbeit eine starke Auswirkung auf Depressionen, Traumatisierungen, Burnout-Zustände und andere Folgen psychischen Stresses hat.

4) Aus der magischen Arbeit kann zum Beispiel »Der Kessel der Wandlung« (siehe Kapitel 10 in diesem Buch) eingesetzt werden; aus der Psychotherapie sind besonders die Methoden hilfreich, die mit der Meridian-Energiearbeit arbeiten, zum Beispiel Klopfakupressur.

Kapitel 6

1) Zitiert mit freundlicher Genehmigung des Verlags nach Manfred Böckl, Cerridwen (Verlag Neue Erde 2003)

2) Dies hat die Kulturanthropologin, Tranceforscherin und Schriftstellerin Dr. Felicitas D. Goodman in ihrer Trancearbeit beschrieben. (Vgl. Trance, ein uralter Weg zum religiösen Erlebnis. Gütersloher Verlagshaus 2003)

Kapitel 8

1) bis 3) Vgl. Volker J. Becker, Gottes geheime Gedanken. Volker Becker, 2006

Kapitel 9

1) Mit freundlicher Genehmigung des Verlags zitiert nach Brigitte Regler-Bellinger, Die Himmelsherrin bin ich, Gebete und Hymnen an Göttinnen. © Gisela Meussling Verlag 1993, ISBN 978-3922129240

2) Die Inschrift »INRI« auf dem biblischen Kreuz zum Beispiel wird in der Regel mit der lateinischen Übersetzung »Jesus Nazarenus Rex Judaeorum« verbunden. Auf Aramäisch/Hebräisch jedoch bedeutet sie »Jam = Wasser, Nour = Feuer, Ruach = Luft, Jabeschah = Erde«, entsprechend der Zuordnung der vier Evangelisten zu den vier Elementen und Tierkreiszeichen: Matthäus (Wassermann/Luft), Markus (Löwe/Feuer), Lukas (Stier/Erde) Johannes (Adler/

Wasser; Adler bzw. Adlerschlange ist ein altes Symbol für Skorpion).

3) Vgl. Ralph Tegtmeier, Die heilende Kraft der Elemente. Hermann Bauer Verlag 1991

4) Nicht zufällig hat das Pentagon in Washington diese Form, aber dort hat es nicht nur die Bedeutung des Werkzeugs der Erde, sondern wird auch mit dem kabbalistischen fünften Astraltempel verknüpft, der dem Planeten Mars und damit aggressiver Kraft zugeordnet wird.

5) Der Wert des Goldenen Schnitts berechnet sich mathematisch aus der Quadratwurzel aus 5 minus 1 geteilt durch 2, das ergibt 0,618. Der Wert spiegelt uns zugleich eine kosmische Ordnung, nämlich den Rhythmus der Bahnen von Erde und Venus um die Sonne. Venus braucht 225 Tage, Erde 365 Tage, 225 geteilt durch 365 ergibt 0,62. Die synodische Umlaufzeit der Venus dauert 584 Tage (365:584=0,62). Es gibt eine Fülle solcher kosmischer Rhythmen, die die tiefe Ordnung und Harmonie des Universums zum Ausdruck bringen. (Vgl. Hans Cousto, Die kosmische Oktave. Synthesis Verlag 1984)

6) Heinrich von Kleist widmete ihr ein Drama, das bis heute häufig aufgeführt wird.

7) Vgl. die Nibelungensage

8) Vgl. Masaru Emoto, Die Heilkraft des Wassers. Koha 2004

9) Bekannte Kraftorte des Kelches sind Glastonbury und Silburyhill (U.K.), Jerusalem und Anjou (Frankreich).

Kapitel 10

1) Ein wunderschöner, noch aus keltischer Zeit erhaltener Kessel ist der Kessel von Gundestrup in Dänemark. Er ist etwas über 2.000 Jahre alt und im Museum Kopenhagen zu sehen. Ein ähnlicher Kessel ist der bronzene, von einer

Göttin gehaltene Kessel von Strettweg (Österreich), er ist ca. 1.300 Jahre alt. (Vgl. Miranda Green, Celtic Goddesses. George Braziller 1986)

Kapitel 11

1) Salbei ist sehr wirksam zur energetischen Reinigung eines Raumes, es können aber auch Kräutermischungen oder Weihrauch benutzt werden.

2) Bei medialen Menschen geschieht es manchmal, das die angerufene Kraft direkt in Ichform durch sie spricht, das nennt sich dann Offenbarung oder Channeling.

Kapitel 12

1) Der Zeitpunkt der einzelnen Jahreskreisfeste wird von den verschiedenen spirituellen Gruppen unterschiedlich bestimmt. Manche haben sich auf feste Termine geeinigt, andere beziehen sich auf die ursprünglich zugrundeliegenden Rhythmen von Sonne und Mond.

2) Es gibt auch Jahreskreisgruppen, die den Zyklus mit Lichtmess beginnen.

3) Wenn eine Seele einen noch lebenden Menschen als neues Zuhause nimmt, wird von Besetzung gesprochen.

4) Der Sensenmann oder Gevatter Tod ist ebenfalls ein gängiges Bild, das jedoch meistens angstbesetzt ist und deshalb beim Umgang mit dem Thema nicht förderlich.

5) Die Zirbeldrüse (Epiphyse) ist ein evolutionär verkümmertes Organ im Zentrum des Kopfes. Sie ist zuständig für die Wahrnehmung feinstofflicher Schwingungen, elektromagnetischer Felder und ähnlichem. Sie arbeitet zwar, wenn es dunkel ist, kann aber auch über die Vorstellung von innerem Licht angeregt werden.

6) Im Lateinischen finden wir Acca Larentia, Seelenmutter.

7) Mit freundlicher Genehmigung des Verlags zitiert nach Brigitte Regler-Bellinger, Die Himmelsherrin bin ich, Gebete und Hymnen an Göttinnen. © Gisela Meussling Verlag 1993, ISBN 978-3922129240

8) Manchen Frauen fällt es schwer, die Geschenke des Kelches anzunehmen. Zweifel, ob sie das »einfach so« dürfen, tauchen auf und es können Ängste entstehen, die das Annehmen der Liebe und Fülle verhindern. Erfahrungsgemäß hängt dies meistens mit emotionalen Verletzungen zusammen, die entstanden sind, wenn Liebe abgelehnt wurde oder zu wenig gegeben werden konnte. Dann hütet die Angst einen Schmerz, und es ist wichtig, die Angst ernst zu nehmen und von den Geschenken nur so viel anzunehmen, wie es gerade gut tut.

9) Mit freundlicher Genehmigung des Verlags und der Autorin zitiert nach Zsuzsanna Budapest, Der Einfluss der Schicksalsgöttinnen. © 1999 Droemersche Verlagsanstalt Th. Knaur Nachf. GmbH & Co. KG, München / Zsuzsanna Budapest (www.ZBudapest.com)

10) »Mein Pfeil verfehlt sie nicht. Ich bin Sachmet, die Macht hat über eine Million von Gegnern ...«; vgl. Brigitte Regler-Bellinger, Die Himmelsherrin bin ich, Gebete und Hymnen an Göttinnen. Gisela Meussling Verlag 1993

11) Vgl. Haussig, H., Götter und Mythen im Alten Europa, in: Brigitte Regler-Bellinger, Die Himmelsherrin bin ich, Gebete und Hymnen an Göttinnen. Gisela Meussling Verlag 1993

Literaturhinweise

Angelika Aliti: Macht und Magie,
Frauenoffensive, München 1998

Dolores Ashcroft-Nowicki: Magische Rituale,
Bauer Verlag, Freiburg 2000

John Barrow: Der Ursprung des Universums,
Goldmann Verlag, München 2000

Volker Becker: Gottes geheime Gedanken,
Books on Demand, Norderstedt 2006

Jes Bertelsen: Traumarbeit und Meditation,
Goldmann Verlag, München 1988

Annie Besant: Uralte Weisheit,
F. Hirthhammer Verlag, München 1981

Manfred Böckl: Cerridwen,
Verlag Neue Erde, Saarbrücken 2003

Zsuzsanna Budapest: Der Einfluss der Schicksalsgöttinnen,
Knaur Verlag 1999

Zsuzsanna Budapest: Herrin der Dunkelheit-Königin des Lichts,
Bauer, Freiburg 1999

Walter Butler: Die hohe Schule der Magie,
Bauer, Freiburg 1994

Moyra Caldecott: Frauen in keltischen Mythen,
Verlag Neue Erde, Saarbrücken 1996

Anne Cameron: Daughters of Copper Woman,
Press Gang Publishers, Vancouver 1985

June Campbell: Göttinnen, Dakinis und ganz normale Frauen,
Theseus Verlag 1997

E. R. Carmin: Das schwarze Reich,
Heyne Verlag, München 1997

Hans Cousto: Die kosmische Oktave,
Synthesis Verlag, Fulda 1984

Vivianne Crowley: Wicca,
Verlag M. Sperlhofer, Bad Ischl 1993

Mary Daly: Gyn/Ökologie,
Frauenoffensive, München 1980

Anna Dinkelmann: Kreisen,
Selbstverlag, Holthausen 1983

Cornelia Enning: Heilmittel aus der Plazenta,
Books on Demand, Norderstedt 2003

Sheila Farrant: Die Kraft weiblicher Symbole,
Labyrinth Verlag, Braunschweig 1987

Dion Fortune: Die mystische Kabbala,
Hermann Bauer Verlag, Freiburg 1995

Dion Fortune: Glastonbury,
Goldmann Verlag, München 1986

Gardenstone: Germanische Magie,
Arun Verlag, Engerda 2001

Christina Gehse: Die Kabbala als weiblicher Einweihungsweg,
Irdana-Verlag, Hamburg 2010

Adele Getty: Göttin,
Kösel Verlag, München 1993

Marija Gimbutas: Die Zivilisation der Göttin,
Zweitausendeins Verlag, Frankfurt/M. 1996

Marija Gimbutas: Die Sprache der Göttin,
Zweitausendeins Verlag, Frankfurt/M. 1995

Barbara Gissrau: Sehnsucht nach Verbindung,
Books on Demand, Norderstedt 2005

Felicitas D. Goodman: Trance,
Gütersloher Verlagshaus, Gütersloh 1996

Thelma Jean Goodrich (Hg.): Frauen und Macht,
Campus Verlag, Frankfurt/M. 1994

Elizabeth Gould Davis: Am Anfang war die Frau,
Frauenoffensive, München 1977

Miranda Green: Celtic Goddesses,
British Museum Pres, London 1997

Frederik Hetmann: Wie Frauen die Welt erschufen,
Unionsverlag, Zürich 1999

Kaye Hoffman: Tanz, Trance, Transformation,
Knaur Verlag München 1989

Murry Hope: Geistige Selbstverteidigung,
Sphinx, Basel 1987

Murry Hope: Magie und Mythologie der Kelten,
Heyne Verlag, München 1990

Gerald Hüther: Die Macht der inneren Bilder,
Vandenhoeck & Ruprecht, Göttingen 2005

Barbara Hutzl-Ronge: Feuergöttinnen, Sonnenheilige, Lichtfrauen,
Frauenoffensive, München 2000

Prudence Jones & Nigel Pennick: Heidnisches Europa,
Arun-Verlag, Engerda 1997

Holger Kalweit: Das Totenbuch der Kelten,
AT Verlag, Aarau 2002

Holger Kalweit: Das Totenbuch der Germanen,
AT Verlag, Aarau 2001

Verena Kast: Die Dynamik der Symbole,
Deutscher Taschenbuch Verlag, München 1997

Gareth Knight: Tarot and Magic,
Destiny Books, Rochester 1991

Karin Lachmeir: Das Silberrad der Sterne,
Ebertin, Freiburg 1999

Lao Tsu: Tao Te Ching,
London 1972

Judith Laura: She Lives!,
Judith Laura, USA 1999

Caitlin Matthews: Die Göttin,
Aurum-Verlag, Braunschweig 1992

John Matthews: Keltischer Schamanismus,
Hugendubel Verlag, München 2000

Carola Meier-Seethaler: Von der göttlichen Löwin zum Wahrzeichen männlicher Macht,
Kreuz Verlag Zürich 1993

Edain McCoy: Die keltische Zauberin,
Hugendubel Verlag, München 2000

Douglas Monroe: Merlins Vermächtnis,
Schirner Verlag, Darmstadt 2004

Christa Mulack: Die Weiblichkeit Gottes,
Kreuz Verlag, Stuttgart 1992

Jeremy Narby: Die kosmische Schlange,
Deutscher Taschenbuch Verlag, München 2004

Marko Pogacnik: Elementarwesen,
Knaur Verlag, München 1995

Rachel Pollack: Tarot-Weisheit,
Königsfurt-Urania Verlag, Krummwisch 2009

Layne Redmond: Frauen Trommeln,
Sphinx, München 1999

Brigitte Regler-Bellinger: Die Himmelsherrin bin ich, Gebete und Hymnen an Göttinnen,
Gisela Meussling Verlag, Bonn 1993

Ingrid Riedel: Die vier Elemente im Traum,
Deutscher Taschenbuch Verlag, München 1997

Sonja Rüttner-Cova: Die gestürzte Göttin,
Heyne Verlag, München 2000

Ute Schiran: Menschenfrauen fliegen wieder,
Knaur Verlag, München 1988

Rupert Sheldrake: Das schöpferische Universum,
Goldmann Verlag, München 1994

Monika Sjöö/Barbara Mor: Die Wiederkehr der Göttin,
Labyrinth Verlag, Braunschweig 1985

Starhawk: Wilde Kräfte,
Phönix, Freiburg 1987

Ian Stewart: Die Zahlen der Natur,
Spektrum Verlag, Heidelberg 2001

Ingrid Straube: Die Quellen der Philosophie sind weiblich,
Ein-Fach-Verlag, Aachen 2003

Ralph Tegtmeier: Die heilende Kraft der Elemente,
Hermann Bauer Verlag, Freiburg 1986

Luisah Teish: Jambalaya,
Heyne Verlag, München 1990

Pete Tompkins/Christopher Bird: Das geheime Leben der Pflanzen,
Fischer Verlag, Frankfurt/M. 1979

Björn Ulbrich: Im Tanz der Elemente,
Arun-Verlag, Engerda 1995

Gisela von Frankenberg: Der Schwarze Kontinent.
Pharaonensymbolik,
Gisela Meussling Verlag, Bonn 1988

Gisela von Frankenberg: Die Göttin Europa und die Doppelaxt,
Gisela Meussling Verlag, Bonn 1990

Gisela von Frankenberg: Kulturvergleichendes Lexikon,
Gisela Meussling Verlag, Bonn 1985

Marie-Louise von Franz: Traum und Tod.
Walter Verlag, Zürich 1999

Edmund und Michaela von Hollander: Vatan – Der Pfad des Nordens,
Verlag Neue Erde, Saarbrücken 2001

Robert von Ranke-Graves: Die weiße Göttin,
Rowohlt Verlag, Reinbek 1992

Ziriah Voigt: Ritual und Tanz im Jahreskreis, Gisela Meussling Verlag, Bonn 1997 (Neuauflage: Irdana-Verlag 2012)

Barbara Walker: Die Weise Alte,
Frauenoffensive, München 1986

Ulrich Warnke: Gehirn-Magie,
Popular Academic Verlags-Gesellschaft, Saarbrücken 1998

Gerda Weiler: Der enteignete Mythos,
Ulrike Helmer Verlag, Königstein 1996

Victor K. Wendt: Das Geheimnis der Hyperboreer,
Basel 1984

Erika Wisselinck: Hexen, Frauenoffensive,
München 1986

Vera Zingsem: Die Erde ist mein, der Himmel ist mein,
Klöpfer & Meyer, Tübingen 1995

Abbildungsverzeichnis

S. 9 und 16 © Staatliches Museum Ägyptischer Kunst, Fotografin: Marianne Franke
S. 26, 38, 126 (unten), 130 (oben), 144 © Susanne Broos
S. 31, 40, 81, 106, 107, 133, 188, 231 © pixelpfad.de
S. 32, 36, 43, 206 © Sigrid Lickteig
S. 40, 182 © Christina Gehse
S. 41, 57, 61 © Bo Krett/Irdana-Verlag
S. 44 © Zenodot Verlagsgesellschaft mbH – http://www.zeno.org
S. 67 © Alan Ward – Fotolia.com
S. 125-132, 170 © Anne Kathrin Coordes
S. 219 © Gargoyles Statuary (www.gargoylestatuary.com)

Über die Autorin

Christina Gehse ist in Glücksburg aufgewachsen und arbeitet als Psychotherapeutin und spirituelle Lehrerin in eigener Praxis in Hamburg. Sie leitet seit 25 Jahren spirituelle Frauengruppen, arbeitet dabei unter anderem mit Ritualen, den Jahreskreisfesten, den Kräften der vier Elemente und mit Kreistanz. Darüber hinaus bietet sie zusammen mit Barbara Schumacher regelmäßig Frauenreisen zu Orten der Kraft nach Irland und in ihre Heimat Angeln an.

Christina Gehse wurde unter anderem von Dr. Barbara Gissrau in der magischen Arbeit des »Pfad des Nordens« ausgebildet. Sie selbst hat eine Ausbildung in magischer Arbeit für Frauen entwickelt und mehrere Gruppen darin ausgebildet.

Auch mit der Kabbala beschäftigt sie sich seit mehr als 25 Jahren. Ihr erstes Buch »Die Kabbala als weiblicher Einweihungsweg« ist 2010 im Irdana-Verlag erschienen.

Mehr Informationen finden Sie unter: www.tinagehse.de

Wegweisend

Dieses theoretisch fundierte und zugleich praxisbezogene Buch führt in die Weisheit der Kabbala ein und es ist zugleich das erste, das Meditationsanleitungen oder Fantasiereisen zu allen Kräften und Pfaden des kabbalistischen Lebensbaums bietet. Es beruht auf dem reichen spirituellen Erfahrungsschatz von Christina Gehse und beschreibt den von ihr entwickelten Einweihungsweg, der die weiblichen spirituellen Kräfte stärkt.

Christina Gehse
Die Kabbala als weiblicher Einweihungsweg

Originalausgabe
196 Seiten, broschiert
€ 15,90 (D) / € 16,40 (A)
ISBN 978-3-9813609-1-2

Spiritualität tanzend erfahren

Dieses neu aufgelegte Standardwerk von Ziriah Voigt führt zu den matriarchalen Wurzeln des Jahreskreises, zu weiß-rot-schwarzen Bewegungen und zu einer Veränderung im Alltag. Zugleich bietet dieses Lese-, Lehr- und Arbeitsbuch mit seinen umfangreichen Tanzkapiteln eine Einführung in den rituellen Kreistanz.

Ziriah Voigt
Ritual und Tanz im Jahreskreis

Neuausgabe
264 Seiten
€ 23,90 (D) / € 24,50 (A)
ISBN 978-3-9813609-5-0